W0383620

L'ÉCOLE ET LES PARENTS

LA GRANDE EXPLICATION

Philippe MEIRIEU

en collaboration avec Daniel HAMELINE

L'ÉCOLE ET LES PARENTS

LA GRANDE EXPLICATION

avec la participation de

Hervé BARO — Serge BOIMARE — Roland CHARNAY — Bernard DEFRANCE — Cécile DELANNOY — François DUBET — Walo HUTMACHER — Albert JACQUARD — Gilbert LONGHI — Danièle MANESSE — Jean-Jacques PAUL — Claude REBAUD — Dominique SÉNORE — Jean-Michel ZAKHARTCHOUK

PLON

Le Code de la propriété intellectuelle n autorisant, aux termes de l'article L. 122-5 (2e et 3e a), d'une part, que les « copies ou reproductions strictement réservées à l'usage privé du copiste et non destinées à une utilisation collective » et, d'autre part, que les analyses et les courtes citations dans un but d'exemple et d'illustration, « toute représentation ou reproduction intégrale ou partielle faite sans le consentement de l'auteur ou de ses ayants droit ou ayants cause est illicite » (art. L. 122-4).
Cette représentation ou reproduction, par quelque procédé que ce soit, constituerait donc une contrefaçon sanctionnée par les articles L. 335-2 et suivants du Code de la propriété intellectuelle.

© Plon, 2000

ISBN 2-266-11433-6

Aux parents d'élèves qui ne liront jamais ce livre.

À leurs enfants.

INTRODUCTION

Les enseignants et les parents sont dans un bateau... Un ministre tombe à l'eau...

Les historiens jugeront, dans quelques années, l'action de Claude Allègre. Ils tireront le bilan des chantiers qu'il a ouverts en matière de réforme scolaire, d'évolution des programmes, de gestion de l'Éducation nationale. Ils se demanderont comment son action a pu provoquer la coalition de jacqueries qui, finalement, entraîna sa chute. Il est trop tôt pour un bilan objectif. Les passions sont encore vives. Et ce sont, précisément, ces passions qui apparaissent aujourd'hui comme l'élément le plus frappant de son passage à la rue de Grenelle.

La « période Allègre » fut, en effet, profondément passionnée. Il faut, sans doute, remonter à Jules Ferry pour trouver, en France, un tel déchaînement autour de la question scolaire. Depuis l'époque héroïque de la constitution de « la laïque », on ne parla jamais autant d'éducation. Partout. Dans les gazettes nationales comme dans les réunions de famille. Dans les salles des professeurs comme aux comptoirs des cafés de quartier. Jamais on n'y mit tant de fougue. Jamais on ne s'invectiva avec autant de violence en des propos aussi radicaux : « Les enseignants sont des irresponsables qu'il faut mettre au pas ! Allègre a raison : assez de complaisance avec les fonctionnaires ! » Ou bien : « Le ministre veut livrer l'École à l'économie de marché. On assassine la culture. On méprise ceux qui la transmettent ! » Ou encore : « Allègre est la dernière chance du service public : si ce dernier ne se modernise pas, il périra inévitablement ! » Ou aussi : « Le ministre joue les parents contre les profs. Il casse une institution fondée sur la résistance au pouvoir des familles, la lutte contre les particularismes et les privilèges familiaux. Il sape l'unité de la République ! »

Difficile d'y voir clair dans ces affirmations contradictoires. Mais, au moins, une chose est sûre : Claude Allègre n'a peut-être pas apporté les bonnes réponses, mais il a posé les bonnes questions. Il a mis le doigt sur la plaie. Sa manière, toute personnelle, de s'exprimer aurait pu, en d'autres temps ou sur d'autres sujets, faire sourire et susciter, selon les affinités des uns ou des autres, amusement ou agacement. Ce ne fut pas le cas. Chacun de ses propos fut repris, amplifié dans une immense caisse de résonance nationale : les parents et les enseignants s'en emparèrent, chacun de leur côté, pour manifester leur inquiétude, dire leur désarroi.

Car la crise est bien là : entre l'École et les familles, le contrat de confiance est rompu. Certes, les parents gardent, globalement, une bonne opinion des enseignants qu'ils considèrent comme plutôt compétents et dévoués. Les enseignants, tout en précisant que « les parents doivent rester à leur place », affirment les respecter et souhaiter, tout à la fois, une meilleure information à leur égard et une plus grande implication de leur part dans le fonctionnement des instances des établissements. Mais la suspicion s'est installée : chacun pense que l'autre poursuit ses propres intérêts. On ne voit plus clairement d'intérêt commun. Aux uns, le souci jaloux de la réussite de leurs enfants. Aux autres, l'obsession de leurs conditions de travail et de leur carrière. Ils sont dans le même bateau, mais ils ne semblent pas s'entendre sur le cap à tenir. Et le capitaine est passé par-dessus bord !

Voilà où nous en sommes. Pendant des dizaines d'années, parents et enseignants ont ramé à peu près ensemble pour la réussite d'une institution qui faisait leur fierté commune. Les parents louaient la qualité et, surtout, la droiture et l'équité des maîtres : la réussite scolaire était une reconnaissance publique du mérite de l'intéressé ; son échec lui était imputable et n'était que justice. Aujourd'hui, la réussite est le fruit des stratégies habiles des parents qui ont su trouver le bon établissement et dénicher la perle rare pour donner les meilleures leçons particulières possibles. L'échec d'un élève, en revanche, est attribué aux mauvais enseignements qu'il a reçus. De leur côté, les enseignants considéraient les parents comme des alliés dans une entreprise d'éducation où les meilleurs élèves étaient naturellement promus. Aujourd'hui, ils voient en eux des « consommateurs d'école », prêts à entraver le bon fonctionnement de l'institution pour favoriser leur progéniture.

Qu'un ministre, alors, parle de « restaurer la qualité du service public » et chacun flaire le danger : pour les enseignants, les parents, qui sont d'affreux égoïstes, vont en profiter pour accroître leur emprise sur l'École ; pour les parents, les enseignants, qui sont d'affreux corporatistes, vont chercher à améliorer leur situation, déjà privilégiée. Évidemment, dans les discours officiels des syndicats de maîtres comme des fédérations de parents d'élèves, on ne trouve guère trace de cela : partout, on parle de se serrer les coudes pour servir l'intérêt de tous les jeunes. Mais c'est bien parce que ces discours ne recouvrent plus les comportements des personnes sur le terrain que la crise est patente et les débats si vifs.

Le ministre n'a pas créé le problème. Volontairement ou involontairement, il lui a permis de surgir dans le débat public. Il a quitté le bateau. Le problème demeure. Quelles que soient les velléités de ses successeurs pour calmer le jeu, il resurgira. Il faudra bien alors, un jour, que survienne « la grande explication ».

Philippe MEIRIEU.

PREMIÈRE PARTIE

POUR UN NOUVEAU « PACTE ÉDUCATIF »

Philippe Meirieu
professeur à l'université Lumière-Lyon 2

À en juger par la violence des polémiques qui sévissent aujourd'hui, la question de l'École doit, sans aucun doute, nous occuper d'une manière toute particulière. Nous sommes là, en effet, dans un domaine où s'entrecroisent les préoccupations privées et les exigences de la « chose publique », les intérêts les plus intimes et les enjeux les plus politiques. Car il s'agit bien, tout à la fois, du sort de nos propres enfants et de l'avenir collectif de la nation. Et nous ne pouvons, décemment, nous désintéresser ni de l'un ni de l'autre... même quand l'un et l'autre sont difficilement compatibles.

Qui pourrait nous reprocher, en effet, de chercher à procurer à notre fils ou à notre fille les meilleures conditions de scolarisation, quitte à prendre quelques libertés avec la carte scolaire et à faire pression, quand c'est possible, pour qu'ils soient dans une « bonne classe » ? Et comment ne pas voir qu'en agissant ainsi nous contribuons à ruiner l'idéal d'une École de la République offrant à tous, équitablement, le même instrument d'intégration sociale et la même égalité des chances ?

Rien n'est pire, en fait, que cette situation de rupture du « pacte scolaire » : les Français ne sont pas fâchés avec leur École – toutes les enquêtes d'opinion le montrent –, mais ils sont profondément déstabilisés parce que leur École les fâche en quelque sorte avec eux-mêmes. Le sens de l'institution leur échappe, laissant la bride sur le cou aux stratégies individuelles. Le consensus social, la fierté collective qui soutenaient « l'École de la République » semblent avoir disparu. Il ne s'agit plus d'adhérer à un projet politique mais de discuter de la plus ou moins bonne réputation des établissements. La légitimité des enseignants, jusque-là incontestée, est battue en brèche par des parents qui cultivent, par ailleurs, la nostalgie du « maître d'école » de jadis. On voudrait, tout à la fois, « une grande et belle École pour la France » et « une petite école sur mesure » pour ses propres enfants. Nul dessein commun susceptible d'emporter l'adhésion d'une majorité de citoyens n'apparaît. Dans ces conditions, les conflits d'opinion se développent dans tous les sens, les slogans simplificateurs font florès et aucune ligne de force ne semble pouvoir se dégager.

L'enjeu est de taille : un nouveau « pacte scolaire » peut-il être défini aujourd'hui ? Comment réarticuler, en son sein, les intérêts individuels – légitimes dans toute démocratie – et le « bien commun » capable de les transcender ? Pour avancer dans ce domaine et tenter de sortir des interminables parties de bras de fer entre adversaires qui ne s'écoutent plus, nous proposons de reprendre ici la question à partir d'un paradoxe rarement repéré et sur lequel, pourtant, il pourrait y avoir un large consensus : *l'instruction est obligatoire, mais l'apprentissage, lui, ne se décrète pas.* Voilà ce qu'on ne dit jamais et qui, pourtant, détermine tout.

« L'instruction est obligatoire... »

Voilà qui est écrit dans la Constitution et, plus que jamais, d'actualité. Il est d'ailleurs normal que les Français exigent de leur École que tous les élèves, à l'issue de la scolarité obligatoire, maîtrisent un ensemble de connaissances leur permettant de comprendre la société dans laquelle ils arrivent et d'y devenir de véritables citoyens. Il est indispensable qu'au-delà de la scolarité obligatoire, des formations adaptées permettent aux adolescents et aux adultes d'accéder à une activité professionnelle leur assurant une insertion économique et sociale durable, contribuant au bien-être général.

Dans un univers où les connaissances se renouvellent à une vitesse vertigineuse, où tous les métiers supposent la maîtrise de savoirs théoriques et de compétences technologiques de plus en plus poussés, où la participation à la vie publique requiert la compréhension de phénomènes complexes, l'enseignement devient un enjeu capital, une activité essentielle. Peut-être même l'activité essentielle.

Comme le notait déjà Jacky Beillerot dans *La Société pédagogique* en 1982, s'instruire et se former, sous diverses formes, sont devenus, juste après le sommeil et bien avant toutes les autres activités auxquelles nous nous livrons pour nous distraire ou nous nourrir, la principale occupation des hommes de notre époque. C'est à elles que, globalement, nous consacrons le plus de temps et d'énergie. C'est elles qui semblent porter tous nos espoirs : à l'école et en formation continue, dans des domaines aussi divers que la santé, l'environnement, la vie affective, la sécurité routière, l'aménagement de son intérieur, l'usage des transports en commun... Tout est « affaire d'éducation ». Et il faut apprendre. Apprendre toujours plus et mieux.

Ainsi la pression scolaire, démultipliée en une infinité de dispositifs, d'institutions et de supports technologiques, n'a jamais été aussi forte. De quelque côté qu'on se tourne, l'injonction est là : les *Encyclopédies de A à Z* envahissent les kiosques. On y apprend tout : à restaurer sa cheminée et à faire l'amour, la peinture romantique et la mécanique des fluides. Des fournisseurs en tout genre veulent, pour notre bien, nous apprendre la législation du travail, l'informatique, la cuisine exotique, les méthodes pour bien dormir ou l'art d'éviter le surendettement. Les médias recyclent à l'infini la rubrique *« Le saviez-vous » ?* des almanachs de notre enfance. Internet s'y met et, malgré ses efforts pour repeindre aux couleurs à la mode les traditionnelles notices de nos encyclopédies, reste prisonnier de ce que les sociologues nomment à juste titre « la forme scolaire » : progressivité, exhaustivité, contrôle progressif des acquisitions, retour en arrière en cas de difficulté ou d'échec. Nous n'y échappons nulle part : exposé, résumé, exercices d'application, vérification des acquis, palmarès. Avancez d'une case ou revenez à la case « départ » : admis en classe supérieure ou autorisé à redoubler.

Le monde moderne devient ainsi une « grande école » où, à marche forcée, nous devons apprendre. Et nos enfants n'ont jamais autant, aussi tôt et de manière aussi forte, été mis en demeure d'apprendre.

... Mais l'apprentissage ne se décrète pas !

Voilà le *hic* ! Ce que nous avons fini par oublier tant nous sommes fascinés par notre propre fringale, envoûtés par les techniques que nous avons mises au point, subjugués par la rapidité de l'accès à l'information. La « grande école » nous a fait prisonniers au point qu'au milieu des écrans qui clignotent et entre lesquels nous nous agitons sans cesse, nous avons oublié que l'apprentissage est affaire de désir et que rien, dans ce domaine, ne peut se faire aux forceps.

Les instituteurs de Jules Ferry, eux, savaient pourtant déjà que la « machine à instruire » n'opère pas magiquement. Il leur fallait inscrire les savoirs qu'ils étaient chargés d'enseigner dans un projet qui leur donnait sens : on apprenait les poids et mesures, l'histoire, la littérature parce que tout cela permettait d'accéder à un statut social, à une identité nationale, de « faire bonne figure » dans un monde qui, si l'on en acceptait les règles, consentait à vous donner une place. Le désir d'apprendre était porté par un désir d'intégration à une communauté locale et nationale : les institutions de la République, de la commune à l'État, faisaient de l'accès à l'instruction une sorte de « brevet de citoyenneté » éminemment enviable. Chacun était soutenu dans ses efforts par la certitude de pouvoir faire partie, à terme, d'une nation dont on pourrait être fier. L'expression de ses difficultés personnelles, de ses états d'âme, voire de sa révolte, était contenue par une adhésion collective à une institution scolaire clairement articulée à une vision sociale et politique. Les velléités individualistes inévitables s'exprimaient au sein d'une configuration sociale largement admise. La République, en ce temps-là, célébrée à travers des symboles patriotiques puissants – son drapeau, ses « morts pour la Patrie », ses grands hommes et ses grands textes –, unifiait les Français – parents, enfants, enseignants, élus – dans un projet assez fort pour dépasser les revendications des minorités et des individualités.

En ces temps-là, seuls quelques anarchistes se levaient pour dénoncer le caractère « normalisateur » du projet républicain. Ils furent relayés bientôt par des « pédagogues » plus ou moins libertaires, réfractaires à « l'embrigadement de la jeunesse », soupçonnant la République de dévorer ses enfants sans se préoccuper de leur véritable « intérêt ». Mais ces « pédagogues » restèrent marginaux, se déchirant souvent entre eux et ne parvenant qu'à constituer quelques enclaves provisoires, vite récupérées par l'ordre établi. Tolérées malgré les soupçons et parfois même les insultes qui pesaient sur elles, les « écoles nouvelles » ne parvinrent jamais à constituer une véritable alternative au système scolaire. La plus célèbre d'entre elles, Summerhill, fondée par Alexander Neill en Angleterre en

1924, fit scandale pour la liberté de ses mœurs et le laxisme de ses méthodes, avant de devenir l'emblème, en 1968, de la révolte contre « l'éducastreur ».

Toutefois, il n'y avait rien là de bien dangereux : tant que la « machine à instruire » pouvait s'appuyer sur un projet collectif d'intégration par l'École et susciter la confiance en ses maîtres et en ses cadres, le désir d'apprendre venait en alimenter le fonctionnement. Certes, il existait bien des poches de résistance dans lesquelles de jeunes barbares mettaient en échec les meilleures intentions scolaires. Mais on trouvait toujours quelques illuminés, de-ci, de-là, en particulier dans le clergé et les mouvements extrémistes politiques, pour aller s'y colleter. On les laissait faire, le plus souvent avec condescendance, parfois en récoltant quelques subsides pour financer leurs œuvres, toujours en s'efforçant de circonscrire leurs initiatives : tant qu'elles restaient cantonnées à ceux que l'on ne nommait pas encore « les exclus », la « machine à instruire » restait intouchable.

Les choses basculèrent petit à petit après la Seconde Guerre mondiale : au moment où l'exigence envers l'école devint plus forte mais où les perspectives d'intégration sociale par les savoirs scolaires devinrent plus illusoires. Et le phénomène s'accélère considérablement depuis une trentaine d'années : la pression scolaire se renforce, l'allongement de la scolarisation fait l'objet d'une demande massive des parents, la course aux diplômes se développe... bref, l'instruction n'a jamais été plus obligatoire. Et, simultanément, le pouvoir symbolique des savoirs scolaires est battu en brèche. Ils ne représentent plus, pour beaucoup, un enjeu de désir fort. Ils ne valorisent plus ceux qui en acceptent les principes. Ils ne permettent plus de s'intégrer fièrement à une collectivité reconnue, d'espérer une reconnaissance sociale. La pression augmente, mais le désir n'est plus au rendez-vous. Il persiste encore une minorité chez une minorité de nos enfants : ceux qui ont trouvé leur panoplie de bon élève au pied de leur berceau, ceux qui ont appris très tôt, grâce à leurs parents, ce « métier d'élève » dont parle le sociologue Philippe Perrenoud. Eux sont aptes à trouver du sens dans ce qui est enseigné, à surseoir à leurs impulsions immédiates, à accepter une satisfaction différée, au terme d'un apprentissage ingrat et souvent difficile. Mais beaucoup d'autres n'aspirent plus guère à la promotion par l'École. Ils forment des poches de résistance de plus en plus nombreuses. Celles-ci se développent dans nos banlieues, s'incrustent au cœur de nos cités. Elles deviennent aussi de plus en plus insupportables – ce qui est tout à notre honneur ! – et plus difficiles que jamais à éradiquer – ce qui ne manque pas de nous mettre en colère ou de nous inquiéter !

Le « scandale pédagogique »

Il n'est pas étonnant, dans ces conditions, que les « pédagogues » viennent rappeler une évidence qui les a depuis longtemps frappés : *des connaissances peuvent être absolument essentielles pour l'avenir de l'élève ; leur importance peut être unanimement reconnue par la société et l'humanité tout entière ; leur transmission peut être aussi rigoureuse et attractive que possible ; l'institution scolaire peut être admirablement organisée ; son fonctionnement peut être étroitement contrôlé ; ses cadres peuvent être parfaitement formés... L'apprentissage, lui, reste toujours, irréductiblement, un acte libre, posé par un être qui décide d'apprendre et prend le risque, à un moment donné de son histoire, de « faire quelque chose qu'il ne sait pas faire pour apprendre à le faire ».*

Il y a là un phénomène d'une extrême banalité. Tellement banal qu'on l'oublie systématiquement. Tellement trivial qu'il en devient indécent, obscène même, au regard de notre rationalité d'adultes sérieux et responsables. Imaginez plutôt : voilà une institution, l'Éducation nationale, qui dispose du plus gros budget de la nation. Elle est le premier employeur de France. Elle mobilise une formidable armada d'experts reconnus, de services multiples, de Conseils en tout genre et de commissions de toutes sortes... voilà une immense machine, dotée des structures les plus sophistiquées. Chaque acteur, du ministre aux enseignants, en passant par les concepteurs de programme, les recteurs, les inspecteurs, les proviseurs, les directeurs et chefs d'établissement, les personnels administratifs et de service, se sent légitimement investi d'une mission essentielle... Et voici qu'*in fine* tout est suspendu à la décision d'un élève qui peut, parce qu'il regarde un oiseau par la fenêtre, mettre en échec tout le système. Prévert a désespérément raison quand il met en scène son « cancre ». Des élèves irresponsables et immatures, ignorant tout de « ce qui est bon pour eux », sont capables – parce qu'ils « ne veulent rien entendre » – de rendre dérisoires les investissements colossaux qui sont consentis en leur faveur !

La chose est inavouable. Et, néanmoins, le fait est bien là, au quotidien, dans toutes les classes. Il résiste. Sans le désir d'apprendre, enseigner est une entreprise vaine. Voilà le cœur du « malaise enseignant », l'objet du « malentendu » entre l'École et les familles, l'impensé de tous les débats savants sur l'éducation. Et, depuis Rousseau, depuis Pestalozzi, son disciple, qui tenta, pour la première fois, à Stans en 1799, d'instruire des « enfants du peuple » et se heurta à leur indifférence et leur hostilité, le « pédagogue » est celui qui enfreint la règle : il profère ce qui ne se dit pas. Il met le doigt sur une blessure à jamais ouverte : *l'écart, impossible à combler, entre la volonté d'instruire* – que nous ne pouvons pas abandonner – *et le désir d'apprendre* – que nous ne pouvons pas décréter.

Ainsi, contrairement à la réputation que certains s'obstinent à leur faire, les « pédagogues » – comme tous les enseignants et éducateurs qui se revendiquent de la pédagogie – ne sont pas les fossoyeurs de la culture : plus que d'autres, ils cherchent à la faire vivre et, en particulier, à la rendre familière à ceux qui en sont privés. Ils ne sont pas, non plus, les idolâtres béats d'une jeunesse dont il faudrait faire les quatre volontés : la construction de la loi est, à leurs yeux, essentielle. Ils n'invoquent pas le respect des différences pour enfermer chacun dans sa tradition, son caractère ou son milieu : leur énergie est mobilisée pour ouvrir des horizons, créer des occasions de découvertes. Ils ne cherchent pas à mettre au point des méthodes infaillibles ni, *a fortiori*, à s'adonner à la manipulation des personnes : bien au contraire, ils rappellent sans cesse le « scandale pédagogique » par excellence, l'irréductibilité du sujet, sa liberté fondatrice.

La pierre d'achoppement

Accepter cela, ce n'est pas nier le caractère fondamental de la transmission dans l'histoire des hommes. Car nul être humain ne peut devenir adulte sans que d'autres adultes l'aient accueilli et lui aient transmis l'héritage : une langue pour s'exprimer, une histoire pour se situer, une culture pour appréhender le monde, des savoir-faire et des outils pour faire face aux problèmes qu'il rencontre. L'adulte – parent, enseignant – a un impératif devoir d'antécédence envers ceux qui viennent au monde : il ne peut les abandonner à eux-mêmes sous prétexte de respecter leur liberté. Puisque l'enfant arrive infiniment démuni, incapable d'exercer son jugement, l'adulte doit décider à sa place de son éducation. C'est l'adulte qui parle le premier. Sans lui, l'enfant ne parlerait jamais. Mais seul l'enfant, en grandissant, peut décider de s'approprier ce qui lui est transmis. Si l'adulte a, incontestablement, le primat de l'antériorité, s'il est le seul à savoir « ce qui est bien pour l'autre » – car si l'autre le savait, c'est qu'il serait déjà éduqué ! – l'adulte ne doit pas, néanmoins, confondre éducation et fabrication... au risque de basculer dans le dressage ou bien d'encourager l'hypocrisie et la dissimulation.

Car, qu'on le veuille ou non, le fait est là : apprendre – au sens vrai du terme – requiert un « passage à l'acte » irréductible à toutes les conditions requises pour que cet acte soit posé : décider de « se lancer », se jeter à l'eau, faire un pas tout seul en lâchant la main de ses parents, prendre la parole devant des camarades ou un professeur en bravant la moquerie que peut susciter l'erreur ou la maladresse, s'engager dans la lecture d'un livre et la poursuivre au-delà des premières pages, accepter de s'immerger dans un problème de mathématiques ou de physique, chercher son chemin sur une carte en abandonnant les repères immédiats, écarter le confort des préjugés et des idées toutes faites pour examiner des hypothèses complexes, inévitablement déstabilisantes... rien de cela ne peut se faire sans une décision intérieure que nul ne peut jamais complètement dicter.

Certes, l'insistance et, parfois même, la contrainte, peuvent s'avérer « payantes » : elles permettent d'éviter un renoncement trop rapide, d'encourager la persévérance. Mais deux conditions que les parents et les enseignants connaissent bien sont alors indispensables. La contrainte doit être doublée d'une confiance explicite qui espère la réussite et favorise la prise de risque. Elle doit être relayée par une démarche personnelle qu'il faut, à tout prix, encourager... sinon, elle reste vaine, dérisoire même, fabriquant des pantins imbéciles ou sournois, des singes savants ou des calculateurs habiles. Dès que le gendarme a le dos tourné, ceux qui n'agissent que sous la contrainte tournent leurs regards ailleurs et reprennent tranquillement leurs vieilles habitudes !

Les enseignants connaissent ce risque. Ils quêtent

légitimement l'adhésion de leurs élèves plutôt que d'imposer, par la contrainte, des connaissances oubliées et des comportements abandonnés dès que la pression se relâche. Les parents, eux aussi, mesurent l'importance de la formation de la volonté et s'efforcent de susciter le désir d'apprendre et de grandir chez leurs enfants. Mais les uns et les autres sont dépassés parfois par leur propre impatience : il n'est pas facile de se voir mettre en difficulté, voire en échec, par des êtres qui refusent d'apprendre et de comprendre, ne veulent pas entendre qu'on s'efforce d'agir pour leur bien, hésitent à s'engager sur des terres nouvelles pour camper dans ce qui apparaît à nos yeux comme de la facilité. Il est exaspérant de voir notre détermination éducative se heurter à la volonté inflexible ou à l'indifférence établie d'enfants et d'adolescents qu'on voit courir à leur perte ou passer à côté d'une opportunité qui ne se représentera peut-être plus jamais.

C'est pourquoi il ne faut pas minimiser ou renvoyer trop vite du côté du corporatisme ce qu'on appelle le « malaise enseignant » : il est l'expression d'une contradiction qui ne fut jamais aussi vive entre la pression sociale pour que les élèves apprennent et la démobilisation de ces derniers, sollicités par mille choses qui leur paraissent infiniment plus séduisantes que les apprentissages scolaires. La pression sociale impose aux maîtres d'enseigner sans relâche et de rendre compte de leurs résultats. La démobilisation des élèves rend cet enseignement de plus en plus difficile. Plus que jamais *l'instruction est obligatoire*, mais *l'apprentissage est aléatoire*. Il nous faut donc trouver un chemin qui permette d'avancer en tenant ensemble ces deux évidences. Là est le véritable défi.

Un même problème... deux réponses contradictoires !

Dans la cacophonie actuelle des débats sur l'éducation se dessinent deux manières de se dégager de la contradiction que nous venons d'exposer.

D'une part, dans la grande tradition de la pensée française sur l'enseignement, de nombreux intellectuels expriment avec constance *la position classique d'une « école sanctuaire » dédiée à la transmission rigoureuse et exigeante des savoirs :* pour eux, la force d'attraction de la culture, dans ses formes les plus élevées, constitue la seule garantie contre la baisse du niveau, l'effondrement de nos références et la disparition progressive de notre élite. Pas question de se soumettre aux caprices de l'enfant-roi, de renoncer à l'autorité des maîtres, de chercher à rendre plus attractifs des savoirs qui imposent, pour être acquis, une véritable ascèse de la pensée. Pas question, non plus, de sombrer dans la « pédagogie compassionnelle » qui excuse tout comportement déviant en exhibant les misères sociales subies par une partie de notre jeunesse. Au contraire : il faut la « tirer vers le haut », lui donner à voir et à entendre ce qu'il y a de plus difficile et exigeant, assumer l'inévitable sélection entraînée par tout travail intellectuel. Il faut remplacer la hiérarchie des privilèges hérités dans la famille par le véritable mérite, lutter contre toutes les formes de complicité sociale en revalorisant les diplômes nationaux qui garantissent l'égalité des chances.

Pour les tenants de cette position, inutile de s'arrêter longtemps aux états d'âme de l'enfant : le rôle de l'École est de « transformer l'enfant en élève », d'ignorer les appartenances sociologiques et les problèmes psychologiques de chacun pour lui permettre, grâce aux savoirs, de s'exhausser jusqu'au plus hauts sommets de l'humain. Ainsi, pour ceux que l'on nomme parfois « les républicains de l'École » – parce qu'ils se réfèrent aux principes de l'École de Jules Ferry –, *la question du désir d'apprendre se résout en elle-même par la seule présence de l'exigence culturelle.* Restaurer les savoirs, c'est comme ouvrir les rideaux et faire entrer le soleil : les enfants et les adolescents, soumis, ne peuvent qu'être conquis par la force qui en émane et se réveiller ainsi de leur torpeur sociale. Il n'est pas question, au nom de ce « pédagogisme », de céder d'un pouce sur la culture universelle. Au contraire, il faut arracher les élèves à l'ignorance par la contrainte, afin qu'une fois instruits, ils deviennent enfin des hommes libres. D'ailleurs, la culture s'impose vite d'elle-même : que Molière advienne et l'on jettera les *game-boy* et autres *play-station* ! Que Newton apparaisse et c'en sera fini des feuilletons télévisés !

À l'opposé sur l'échiquier idéologique se trouvent *les « libéraux », partisans de faire du marché l'outil essentiel de régulation du système scolaire.* Pour eux, pas question de se réfugier dans le règne abstrait des savoirs qui fait le lit de l'irresponsabilité sociale des enseignants. Pas question, non plus, de résister à la pression sociale des parents et des entreprises sur l'École. Au contraire, c'est cette dernière qui est le vrai moteur de la transformation positive de l'institution scolaire. L'État doit fixer un cadre minimal (des programmes et des examens nationaux) : aux établissements et aux enseignants, ensuite, de faire preuve de leur savoir-faire et de parvenir à inventer les modalités les plus efficaces de transmission. Les « libéraux » considèrent qu'alors que toute la population active est soumise à l'obligation de résultats, il est scandaleux qu'une profession échappe à tout contrôle. Et ils croient qu'en matière éducative, comme ailleurs, le meilleur contrôle, c'est le marché, la loi de l'offre et de la demande. Laissons donc se développer les initiatives de toutes sortes, laissons les parents poursuivre avec ardeur l'intérêt de leurs propres enfants en choisissant pour eux les meilleures écoles, les meilleures filières, les meilleures options... et les meilleurs enseignants ! *La question du désir d'apprendre sera résolue pragmatiquement, à la base, dans des institutions contraintes de s'adapter aux publics qu'elles recevront* : restaurer le marché scolaire, lui donner des règles claires pour éviter le « marché noir » qui sévit aujourd'hui, c'est créer, en pratique, les espaces nécessaires pour régler une question qui ne peut trouver aucune solution théorique générale. Que les enseignants aient enfin à rendre des comptes et ils trouveront bien les moyens de mobiliser le désir des élèves !

Une opposition difficilement déchiffrable

L'opposition que nous venons de présenter est, évidemment, caricaturale. D'autant plus que les deux options ne recouvrent guère les clivages politiques habituels. La tradition politique française comporte, en effet, des spécificités qui contraignent les dirigeants de chaque camp à prendre de nombreuses précautions pour ne pas brutaliser leurs troupes. La pensée gaulliste, attachée au rôle de l'État et à la justice sociale, n'accepte pas facilement le triomphe du libéralisme scolaire. Même si elle s'efforce de libérer l'École de l'emprise d'une administration jugée inefficace, elle ne peut renoncer aux programmes et aux examens nationaux ou abandonner l'identité de statut et de traitement pour tous les fonctionnaires de même qualification exerçant les mêmes tâches... À l'inverse, la « deuxième gauche » française, quoique fondamentalement attachée à la justice sociale, n'en est pas moins sensible – de par sa tradition « autogestionnaire » – à l'importance des initiatives locales. Attentive à la « prise en compte des différences », elle n'échappe pas toujours à l'éloge systématique de « l'innovation ». Elle risque ainsi de laisser se creuser des écarts entre ceux qui savent bénéficier des initiatives pédagogiques et ceux qui sont incapables d'en comprendre les avantages. C'est pourquoi ses conceptions, pourtant souvent portées par des militants pédagogiques généreux, sont aujourd'hui considérées par certains comme faisant le lit d'un capitalisme triomphant : « *Lentement mais sûrement* – écrit Nico Hirtt dans son ouvrage *Les Nouveaux Maîtres de l'école – l'enseignement européen sous la coupe des marchés, on abandonne les structures d'enseignement centralisées, qui avaient porté la massification des années 50-70, et l'on y substitue des réseaux d'établissements autonomes, diversifiés, en situation d'intense concurrence mutuelle.* [...] *Derrière l'alibi de la lutte contre l'échec scolaire se cachent des motifs moins avouables : les milieux patronaux exigent un enseignement rationalisé et dérégulé. L'école doit fournir des travailleurs flexibles que réclame la concurrence économique. Elle doit s'adapter à un marché du travail dualisé et instable. Elle doit, aujourd'hui plus qu'hier, sélectionner, diviser, hiérarchiser les jeunes.* »

En fait, quand on lit les textes des uns et des autres, on s'aperçoit que tout le monde veut garantir « l'égalité des chances » et « la réussite de tous ». Mais les « républicains » – qu'ils appartiennent à la gauche jacobine ou à la droite gaulliste – pensent y parvenir en imposant une école unique, développant partout les mêmes pratiques et ayant les mêmes exigences pour tous, tandis que « les libéraux » – qu'ils appartiennent à la droite néo-libérale ou à la mouvance autogestionnaire – sont convaincus que seule la mobilisation des acteurs locaux dans des « projets d'établissements » disposant d'une grande marge d'autonomie peut permettre l'invention de méthodes pédagogiques adaptées à chacun.

Ainsi, plutôt qu'à deux idéologies politiques bien identifiées et s'incarnant dans des partis parfaitement repérés, nous avons affaire ici à deux sensibilités qui traversent la plupart des questions auxquelles se trouve confrontée notre modernité : d'un côté, s'exprime une pensée qui se veut attentive aux invariants de l'humain, à ce qui réunit les hommes au-delà – au-dessus – de toutes leurs différences et appartenances. Ici, on se réclame des valeurs universelles, on se dit fidèle au primat de l'Histoire et de son héritage, on fait confiance au pouvoir d'un État fort capable d'imposer, en des institutions adaptées, une conception transcendante du « bien commun ». D'un autre côté, c'est une pensée qui se veut plus respectueuse des expressions de l'humanité dans ses différences créatrices, soucieuse de mobiliser les énergies locales et d'associer les « acteurs » à la mise en œuvre et à l'évaluation de leurs entreprises. Là, on se réclame des valeurs de dialogue et de respect mutuel, on se dit attentif à la construction provisoire de compromis même imparfaits, on récuse les velléités de l'État à légiférer sans cesse sur le « bien commun » éducatif.

Ce qui complique encore les choses, c'est que ces deux positions, l'une plus « jacobine », l'autre plus « autogestionnaire », peuvent se retrouver alliées dans un refus commun de toute véritable réforme : la première parce que ces dernières compromettraient l'idéal républicain qu'elle veut conserver par-dessus tout, la seconde parce que son attachement à « l'innovation » et à « l'initiative de la base » lui fait craindre tout changement général et dirigé. Ainsi, chaque fois que l'Éducation nationale s'essaye à un changement, elle se trouve confrontée, en son sein même, à une coalition hétéroclite où militent ensemble les partisans du *statu quo* et ceux de la « révolution », ceux qui trouvent que les réformes vont trop loin et ceux qui les dénoncent comme un carcan interdisant toute véritable mobilisation de « la base ». L'appel commun à la concertation permet alors de surseoir à toute avancée : les uns l'utilisent pour bloquer toute évolution, les autres pour revendiquer une évolution plus radicale. Il est alors tentant pour le pouvoir politique de s'allier, tout à la fois et en un même mouvement, les conservateurs et les progressistes, ceux qui veulent que l'on ne change rien et ceux qui veulent tout changer eux-mêmes : il lui suffit de renoncer à tout projet global d'une certaine ampleur et de favoriser, ici ou là, quelques enclaves où l'on pratique, entre gens convaincus, une « pédagogie nouvelle ».

La confusion n'est pourtant pas encore à son comble. Car, en même temps qu'elles se déchirent idéologiquement et qu'elles s'allient stratégiquement, les deux positions que nous avons décrites suscitent des affrontements permanents et enveniment les rapports quotidiens des enseignants et des parents.

En effet, toute avancée des « libéraux », en particulier dans le sens d'une plus grande autonomie des établissements scolaires ou d'une plus grande liberté de choix des élèves et de leurs familles, est vécue par les « républicains » comme le ravalement de l'éducation à une marchandise. Pour ces derniers, faire appel à la responsabilité locale, c'est ouvrir une faille dans l'unité nationale, voire permettre la création d'écoles affinitaires – religieuses, politiques, sociales, économiques, ethniques – qui compromettraient jusqu'à la possibilité même de vivre ensemble dans la même République. Tout effort pour s'adapter aux publics différents et à leurs besoins est stigmatisé comme un renoncement à l'idée même de culture universelle. Toute prise en compte des difficultés spécifiques des élèves est présentée comme une déchéance pour la fonction enseignante : alors que les vrais maîtres doivent s'en tenir à l'exposé rationnel de savoirs objectifs, on voudrait transformer ces derniers en assistantes sociales ou en animateurs socioculturels, accompagnant avec bienveillance les caprices des jeunes.

À l'opposé, toute prise de position des « républicains » qui met en avant le travail intellectuel dans sa dimension nécessairement ingrate et insiste sur l'importance de transmettre des contenus forts, identiques pour tous, se heurte au soupçon sociologique : en refusant de « prendre les élèves comme ils sont », on laisse faire le darwinisme éducatif et seuls les plus adaptés – c'est-à-dire ceux qui sont privilégiés socialement – survivent. Il conviendrait, au contraire, de rechercher, par tous les moyens, d'adapter la pédagogie aux différences pour offrir à chacun ce qui peut l'aider, donner plus à ceux qui ont moins, fournir une aide personnalisée à ceux qui ne bénéficient pas d'une logistique familiale.

À cette dimension politique et sociologique des problèmes, s'en ajoute très vite une autre, qui touche aux « intérêts » les plus personnels – les plus intimes même – des partenaires en présence : chaque fois que les « libéraux » disent « évaluation », « responsabilité sociale des enseignants », les « républicains » entendent « triomphe du marché scolaire », « culpabilisation des enseignants qui doivent refuser de se plier au diktat des parents », « mondialisation ». Et, chaque fois que les « républicains » disent « sélection par le mérite », « exigence intellectuelle », les « libéraux » entendent « irresponsabilité sociale des enseignants », « arrogance des professeurs qui ne veulent rendre de comptes à personne », « sélection sauvage ». Quand les premiers font appel au sens de la responsabilité des seconds, estimant injuste qu'une profession échappe à la menace du chômage et que les compétences de ses membres ne soient jamais remises en question, les seconds en appellent justement à l'impossibilité de réduire l'École à une entreprise, l'éducation des personnes à la confection d'objets.

La rupture de l'équilibre entre les intérêts individuels des familles et le bien commun de l'École de la République

Ce qui fait vraiment problème, en réalité, c'est que chacun d'entre nous se trouve clivé entre les deux postures que nous avons décrites : que je sois enseignant ou parent d'élève, je suis légitimement attaché à la réussite scolaire de mes enfants et de mes proches, je cherche légitimement pour eux les meilleures conditions de scolarisation et le meilleur environnement culturel, je souhaite légitimement qu'ils aient les enseignants les plus compétents et dévoués. Personne, d'ailleurs, ne peut me le reprocher ! Il existe, dans la banlieue de Lyon, un collège dont tous les élèves habitent la même tour et dont toutes les familles vivent de l'aide sociale. Que l'une d'elles trouve du travail et puisse matériellement en assumer le coût et elle s'empresse de déménager à quelques kilomètres de là, dans un quartier plus « facile », où ses enfants trouveront un collège plus calme, mieux fréquenté et dont les résultats sont notoirement meilleurs. Personne n'a évidemment le droit de stigmatiser là un comportement contraire aux principes de la République. Personne... et surtout pas ceux qui ont eux-mêmes leurs enfants dans des collèges protégés ! Il reste, néanmoins, que la fuite des établissements « difficiles » et l'attraction pour les établissements réputés, à tort ou à raison, comme de « bonnes écoles » contribuent à accélérer la dislocation du tissu scolaire, accentuent les phénomènes de ghetto et entérinent le fonctionnement « en raffinerie » de l'École : on épure, en quelque sorte, la population scolaire au fur et à mesure qu'elle s'élève de classe en classe dans le système, tandis que les matériaux irrécupérables brûlent au sommet du *cracking*, en d'étranges rituels où se donne à voir l'image transfigurée par le feu de nos propres échecs.

Les parents d'élèves, eux-mêmes, ne sont nullement insensibles à ces phénomènes : les deux grandes fédérations représentatives ont maintes fois soulevé ce problème et s'inquiètent de la disparition progressive de la mixité sociale dans nos écoles. Là encore, parents et enseignants partagent souvent la même préoccupation de citoyens : les uns et les autres s'inquiètent d'être acculés à des comportements dont ils voient bien le caractère dangereux pour l'École de la République.

Ce qui se passe sous nos yeux est, en réalité, le signe de la rupture d'un équilibre qui a longtemps permis de contenir les intérêts individuels dans les limites de l'intérêt général. L'alliance de la bourgeoisie « éclairée » et de la frange « réformiste » du mouvement ouvrier constituait, en effet, une majorité suffisante pour imposer une conception de l'École de la République à laquelle ne s'opposaient que la droite monarchiste et cléricale, d'une part, et les militants révolutionnaires, d'autre part. L'institution scolaire disposait alors d'un ciment assez puissant pour résister aux pressions de ceux qui auraient voulu l'utiliser au service d'intérêts divergents. Ce fut le nationalisme triomphant à l'époque de Jules Ferry, quand il fallait se serrer les coudes pour reconquérir l'Alsace et la Lorraine et mener les guerres coloniales. Ce fut ensuite l'industrialisation galopante qui permettait d'espérer le plein emploi et où les échecs scolaires étaient presque tous « rattrapés » par les opportunités du tissu économique de proximité. Ce fut l'espérance d'une mobilité sociale, même très modeste et aux marges de la société, qui était soutenue par la réussite exemplaire de quelques bons élèves, ces élites sorties du peuple grâce à la bienveillance d'un instituteur dévoué et aux bourses obtenues d'un État attentif à récompenser les meilleurs. L'École de la République fut ainsi un formidable outil d'intégration parce que les forces centripètes étaient assez puissantes – relayées par une idéologie dominante que diffusaient aussi bien *Le Tour de France par deux enfants* que l'*Almanach Vermot* et les discours des sous-préfets – pour empêcher les forces centrifuges d'en menacer l'existence. La mobilité sociale était à la fois suffisante pour entraîner l'adhésion d'une large partie du peuple à « l'élitisme républicain » et assez ténue pour ne pas compromettre la répartition des richesses, l'organisation sociale des pouvoirs et l'ordre établi.

Il existait ainsi bel et bien une « religiosité laïque » qui garantissait l'unité nationale et favorisait l'allégeance des parents à une institution scolaire qui leur paraissait en être l'émanation et l'expression naturelles. Soupçonner l'École, lui mégoter sa confiance, critiquer ses enseignants, c'était s'attaquer à des croyances collectives auxquelles on adhérait et qu'il n'était pas bienséant de remettre en question. Or, cette « religiosité laïque » a été battue en brèche depuis la Seconde Guerre mondiale. D'une part, parce que son fondement philosophique – la conviction que le progrès de l'instruction et des sciences garantissait contre la barbarie et conduisait les peuples au bonheur et à la fraternité – ne peut plus guère être défendu sans nuances. D'autre part, parce que la forteresse de « l'instruction publique » a été attaquée par des vagues successives qui en ont érodé les bases et en menacent l'équilibre : le nationalisme et la mobilité sociale ne constituent plus le ciment de l'unité nationale ; la disparition des consensus philosophiques et moraux, de la confiance dans la promotion par le travail et le mérite, de l'espoir de voir l'École compenser – au moins partiellement – les inégalités de fortune, font naître chez les parents ce que Robert Ballion nomme, dès 1980, « la consommation d'école ». Plus question d'adhérer les yeux fermés au discours des maîtres : de tous côtés et dans tous les domaines émergent « le droit de regard » et, avec lui, l'expression des intérêts individuels qui ne sont plus contenus par une représentation consensuelle de l'intérêt général.

Ainsi, les minorités et les individualités viennent aujourd'hui, au nom de la démocratie, mettre en cause la légitimité de l'institution républicaine : plus question de lui faire confiance aveuglément pour qu'elle impose une culture unique et mette chacun à sa place dans l'organisation sociale. Chaque groupe revendique que sa langue, ses valeurs sociales propres (la solidarité et le respect de la nature, pour certains, la formation de jeunes « battants » capables de damer le pion à leurs rivaux, pour d'autres), ses intérêts culturels spécifiques (les technologies nouvelles ou les langues anciennes) soient enseignés à l'École. Chacun exige, surtout, que l'École fasse droit à sa demande sans cesse répétée : « Je veux que mes enfants réussissent en classe. Je ne tolérerai pas le moindre échec. » La revendication individuelle vient éroder chaque jour un peu plus le projet collectif.

D'une manière plus globale, nous assistons à la crise des institutions chargées de garantir « le bien commun ». La justice elle-même, censée arbitrer entre les intérêts des uns et des autres et qui rend ses arrêts « au nom du peuple français », est suspectée d'être l'instrument de ceux qui savent en profiter en utilisant à leur profit des textes trop nombreux et complexes pour permettre que chacun en maîtrise l'usage. Les magistrats, qui affirment depuis quelques années leur indépendance à l'égard des politiques au point de les faire trembler et même d'être suspectés de vouloir établir « la République des juges », ne peuvent enrayer la montée du juridisme. Or, le juridisme n'est pas le juridique : alors que ce dernier doit garantir l'intérêt général, le juridisme est l'utilisation, par les particuliers les mieux informés, de l'arsenal des dispositions réglementaires pour poursuivre leurs intérêts privés. Le juridisme fait même une percée importante dans l'institution scolaire : les recours devant les commissions d'appel se multiplient ; les récriminations des parents s'accumulent sur les bureaux des inspecteurs d'Académie et des recteurs au point que les « médiateurs », pourtant tout récemment nommés, ne suffisent plus à la tâche. Les plaintes devant le tribunal administratif, en particulier dans l'Université, deviennent monnaie courante. Nous n'en sommes pas encore à la situation américaine où des parents peuvent assigner un instituteur devant les tribunaux parce qu'ils estiment que son explication de la règle de trois n'a pas permis à leur enfant de réussir ses exercices... mais, néanmoins, ce type de situation n'est plus complètement improbable chez nous !

Tous ces éléments expliquent la confusion des querelles idéologiques autour de l'École : celle-ci n'est plus investie d'une mission claire capable d'assigner à chacun sa place et de garantir les droits et les devoirs de tous. Tout le monde se plaint : les enseignants, parce qu'ils ne sont plus respectés et que les élèves se croient tout permis ; les parents, parce qu'ils vivent le pouvoir des enseignants sur l'avenir scolaire de leurs enfants comme discrétionnaire ; les enseignants, parce qu'ils sont l'objet de pressions insupportables de la part des familles qui cherchent en permanence à faire intrusion dans leur champ de compétences ; les parents, parce qu'ils vivent les inégalités entre les établissements et les classes où sont placés leurs enfants comme des injustices inacceptables ; les enseignants, parce qu'ils sont mis en demeure de faire réussir des élèves dont ils disent que, par ailleurs, la famille a largement « démissionné » ; les parents, parce qu'ils se sentent tenus à l'écart ; les enseignants, parce qu'ils se sentent méprisés... et les élèves, pris en tenaille entre les deux camps, cumulent ou alternent les griefs contre les uns et les autres.

En réalité, ce que confirment les querelles scolaires, c'est *l'absence d'un « pacte éducatif » entre les différents partenaires, d'une conception commune du « bien commun éducatif », d'une véritable « institution » capable d'articuler intérêts particuliers et intérêt général.* Face à cette absence et aux déchirements qu'elle engendre, l'opposition entre ceux qui décrètent, au nom du « Savoir » et de la « République », le bien commun et ceux qui veulent remettre l'institution aux mains des communautés, affinitaires ou territoriales, apparaît bien vaine : les premiers n'ont aucune chance d'endiguer la montée des intérêts particuliers ; ils ne peuvent que la voiler pudiquement d'un discours volontariste mais vain. Les seconds laissent, sous couvert d'innovation sociale, se développer des inégalités qui risquent de compromettre la possibilité même de construction du lien social. Les premiers s'époumonent sur les ondes pour vanter les mérites de l'instruction égalitaire et s'épanchent dans les gazettes pour dire leur nostalgie d'une école qui n'a jamais existé. Les seconds en appellent à la responsabilité des acteurs et à la « démarche de projet » sans se soucier de la cohérence des projets qui vont se développer et en croyant naïvement qu'ils seront convergents. Les premiers décident du bien commun *in abstracto*, les seconds croient qu'il émergera tout seul. Les uns et les autres se leurrent.

Quelques principes fondamentaux pour sortir d'une situation difficile et d'une alternative trop simple

Il ne faut pas se laisser enfermer dans cette opposition entre un « bien commun » qui descendrait du ciel imposé par des clercs et un « intérêt collectif » qui émergerait du terrain par la juxtaposition des bonnes volontés locales. Le défi de la modernité, c'est, précisément, d'inventer des formes d'institutions capables de rendre compatibles les intérêts individuels et le bien commun. Cela est loin d'être simple et nous nous cassons régulièrement les dents sur cet enjeu, ne réalisant, le plus souvent, que de piètres compromis où alternent les deux : on tolère l'expression des intérêts individuels jusqu'à « un certain point ».... et l'on impose l'intérêt général jusqu'à ce que la résistance des individus devienne trop forte.

C'est ainsi que l'on traite, par exemple, du problème de la violence à l'école : non pas en se demandant quel « pacte éducatif » peut permettre l'élaboration des règles du « vivre ensemble », mais en établissant des frontières – nécessairement mouvantes et contestées –

entre ce qui est acceptable et ce qui ne l'est pas : chacun cherchera ensuite, de son côté, à faire avancer la frontière dans le sens qui lui est favorable, exigeant toujours plus de « respect des personnes », c'est-à-dire, en réalité, de considération à l'égard de lui-même, sans s'inquiéter du fait que c'est au détriment de l'autre. Les élèves dénoncent la violence des enseignants qui punissent de manière aléatoire, mettent des notes de façon arbitraire, humilient parfois ceux qui sont en difficulté et leur imposent de s'intéresser à des objets qui ne font pas partie de leurs préoccupations immédiates. Les enseignants, eux, réclament que les élèves respectent l'autorité qu'ils représentent et les laissent faire le travail pour lequel ils ont été recrutés : transmettre des savoirs ; les gêneurs doivent être sanctionnés ou écartés, quitte à les déverser dans des structures spécialisées où ils apprendront très vite à basculer de l'indolence ou de l'insolence dans la délinquance. Deux positions également intenables. Deux positions qui doivent être dépassées par un véritable travail d'« institutionnalisation » de l'École, c'est-à-dire par la construction commune d'un « pacte scolaire » qui « contienne » les revendications réciproques dans le cadre d'une « adhésion » à des règles collectives de fonctionnement.

Nous voilà donc au pied du mur. Nous ne pouvons plus nous contenter de renvoyer dos à dos des positions que nous récusons l'une et l'autre. « Nous sommes embarqués », comme disait Pascal, et il faut avancer, s'engager, quitte à affronter l'incertitude et la contradiction. Pour cela, nous proposons de partir de trois principes fondamentaux afin d'en dégager des hypothèses d'action collective. Premier principe : *« L'École doit être publique »* ; deuxième principe : *« L'École doit être un service public »* ; troisième principe : *« L'École est une institution dont la définition des missions et des moyens doit être du ressort de la représentation nationale. »*

Premier principe : « L'École doit être publique »

Levons un premier malentendu : en France, ce n'est certainement pas l'école privée sous contrat qui constitue aujourd'hui une menace pour l'École publique. Il n'y a guère de différences, en réalité, entre elles : un grand lycée privé catholique ne présente pas de différence notable avec son prestigieux voisin public : mêmes classes sociales, même politique de sélection, mêmes pratiques pédagogiques, mêmes références idéologiques à l'élitisme, mêmes destinées scolaires des élèves vers les grandes écoles. Certes, l'enseignement privé catholique ne scolarise pas autant d'enfants issus de l'immigration que l'enseignement public mais sans doute serait-il prêt à le faire si on lui en donnait les moyens comme en témoigne ce qui se passe dans les quartiers Nord de Marseille ou en Seine-Saint-Denis.

En réalité, la privatisation est aujourd'hui à l'œuvre au sein même de tout le système scolaire : filières prématurées et illégales dès la sixième, écarts qui se creusent entre établissements convoités et établissements fuis par les familles, pressions des parents pour s'introduire dans des classes ou des lycées de prestige, développement des cours particuliers et des officines privées de soutien scolaire qui viennent redoubler les injustices sociales, utilisation particulièrement inégalitaire des nouvelles technologies, etc.

Mais, au-delà de ces phénomènes déjà particulièrement graves, ce qui est en jeu dans le caractère « public » de l'École, c'est sa capacité à promouvoir des valeurs irréductibles aux principes qui régissent le « commerce entre les hommes ». La vie sociale, en effet, est « affaire de commerce » : il faut vivre en bonne entente, échanger des biens et des services, passer des marchés, faire des compromis. Les maîtres mots du « commerce entre les hommes » sont « négociation », « transaction », « contrat », « convention ». Tout cela est affaire d'arrangements et s'inscrit dans l'horizontalité : on aménage le présent pour qu'il soit vivable... il n'y a rien là qui soit inutile ou méprisable. Mais l'éducation, elle, est affaire de verticalité : il y va de ce qui relie les générations entre elles ; elle inscrit l'enfant dans une histoire qui transcende l'horizontalité de nos rapports humains, elle engage, tout à la fois, le passé et l'avenir. L'éducation nous dépasse et c'est pourquoi, pour elle, nous devons nous dépasser.

Nous dépasser, cela signifie nous fixer des exigences. Et il faut prendre ici le mot « exigence » comme un appel à inventer collectivement des modalités et des contenus éducatifs. Il faut y voir une invite à donner forme ensemble à ce qui assure le lien entre les générations, et à définir le rôle spécifique, dans la construction de ce lien, de la famille et de l'École.

Pour avancer sur ce chemin et nourrir le débat nécessaire, nous faisons l'hypothèse que, si la famille et l'École sont deux institutions éducatives, *la famille, elle, est organisée autour de la filiation, tandis que l'École se structure autour de la transmission des savoirs*. Bien évidemment, le fait que la famille soit structurée autour de la filiation ne signifie nullement qu'elle ne comporte aucune dimension de transmission de savoirs. De même, la centration de l'École sur cette dernière fonction ne doit pas faire oublier qu'elle est aussi un lieu de filiation (on y trouve souvent des pères ou des mères de substitution). Mais il ne faut pas confondre ce qui fonde et justifie une institution avec les activités périphériques qui peuvent s'y dérouler légitimement sans en constituer, pour autant, le principe organisateur : il est très important qu'un hôpital se soucie de la qualité de son hôtellerie et qu'un hôtel puisse indiquer à ses clients l'adresse d'un bon médecin, mais ce n'est pas d'abord sur cela qu'on jugera de leurs qualités respectives.

La famille pour assurer la filiation

Le rôle de la famille est essentiel pour assurer, à travers le rapport de filiation, l'ancrage dans une généalogie et la possibilité de se projeter dans l'avenir. La famille constitue une sorte de « tenon » : le tenon, pour le menuisier, désigne une pièce de bois que l'on a façonnée de manière à la faire entrer dans un trou de même dimension nommé « mortaise », pratiqué dans une autre pièce de bois destinée à être assemblée à la première. Le tenon familial est cette relation entre les parents et les enfants qui, au niveau d'une cellule sociale de base, permet que s'articulent passé, présent et avenir. Dans la famille, le « petit d'homme » peut appartenir à une histoire, être protégé pour grandir et engager les ruptures qui lui permettront de « se faire œuvre de lui-même », comme le disait déjà Pestalozzi au XVIIIe siècle.

Qu'on se rappelle ces cérémonies familiales où l'on raconte, pour la centième fois, une vieille anecdote, comme on feuillette un vieil album de photographies jaunies : chacun connaît l'histoire par cœur et fait semblant de la découvrir en éclatant de rire à l'endroit convenu. On touche là d'assez près ce qui constitue le noyau même de la filiation, en son culte d'un passé largement réinventé et pourtant largement consensuel : on se construit ensemble des souvenirs, on se raconte ensemble une histoire, on s'amuse et on s'agace ensemble de ce qui nous relie et dont nous devrons bien, pourtant, nous émanciper un jour. On existe dans une généalogie qui met de l'ordre dans une multitude de faits en désignant ce qu'il importe absolument de se rappeler parce que cela constitue un événement et marque une étape symbolique importante dans une histoire commune. Ici se construit le temps. Ici on échappe à la toute-puissance de l'immédiat et à la tyrannie du présent qui impose le « tout, tout de suite ». Ici on est protégé de l'emprise de tous ceux – leaders et vedettes de toutes sortes, bandes, sectes, gangs, groupes fusionnels en tout genre – qui voudraient vous enrôler trop vite et à trop bon compte.

Car, si l'autorité familiale est importante, c'est parce qu'elle permet d'échapper à la multitude des influences qui ne demandent qu'à s'emparer de l'enfant trop tôt et à le projeter prématurément dans un univers auquel il appartiendra alors tout entier, y ayant été intégré prématurément, avant que toute distance critique soit possible. On connaît bien aujourd'hui ce phénomène des « bandes » qui pratiquent systématiquement « l'effet jokari » : l'enfant ou l'adolescent appartient complètement au groupe... qu'il s'en écarte ou tente de s'en échapper et il est très vite repris, réintégré, culpabilisé de s'être un instant éloigné, stigmatisé comme un traître. L'abandon prématuré de l'autorité familiale ne signifie jamais l'accès précoce à la liberté : « Laissez traîner le pouvoir, il y aura toujours un petit tyran pour le ramasser. »

À la famille revient donc la lourde charge d'assurer la filiation et de garantir un espace pour grandir, pour surseoir à des engagements définitifs qui pourraient être dangereux pour l'intégrité psychologique et même physique de la personne. Mais la famille, précisément parce que sa fonction est de protéger l'enfant et que les rapports y sont éminemment affectifs, risque de devenir elle-même un lieu d'enfermement. Qu'on se souvienne maintenant de ces repas familiaux où, à propos d'un incident mineur – un vêtement emprunté, le choix d'une émission de télévision, l'organisation d'une soirée –, la pression monte : alors que rien ne le justifie, chacun hausse le ton, les choses s'enveniment, on en vient à l'insulte, on se traite de tous les noms... personne ne contrôle plus la situation et le pire est à craindre ! Vivement que les enfants partent à l'école, qu'ils aillent faire des mathématiques ou de la géographie et rencontrer des enseignants avec lesquels les rapports seront moins affectifs, plus « objectifs », plus sereins ! Vivement que du savoir vienne mettre un peu d'ordre et permette de prendre la distance nécessaire à l'exercice du jugement.

L'École pour accéder à la vérité

Alain décrit ainsi le rôle fondamental de l'École : aider les personnes à se dégager des rapports trop affectifs qu'elles peuvent entretenir avec leurs proches, introduire le temps de la réflexion, le détour par l'apprentissage, souvent ingrat, de savoirs qui ne dépendent pas de nous et échappent à toute forme de chantage affectif. Alain l'explique bien : *« Le maître ne doit point dire : "Faites ceci ou cela pour me plaire." C'est usurper sur les parents.* [...] *L'école fait contraste avec la famille et ce contraste même réveille l'enfant de ce sommeil biologique et de cet instinct familial qui se referme sur lui-même. »* Certes – et c'est un point que les disciples d'Alain oublient souvent – il faut savoir « mettre en situation » ce contraste : on ne peut arracher un enfant à sa famille en lui imposant brutalement des comportements en contradiction avec son univers familial. Cela ne ferait que susciter sa méfiance ou son hostilité. En revanche, il est possible, par la médiation de la culture d'amener un être à se dégager de la sphère familiale sans pour autant le contraindre à se renier. Tel est le privilège extraordinaire de la culture : ce que nous avons de plus singulier – nos désirs, notre curiosité, nos contradictions – y retrouve ce qu'il y a de plus universel : les œuvres élaborées par les hommes tout au long de leur histoire. Les œuvres dans lesquelles nous retrouvons ce qui nous habite au plus intime et qui nous relie aussi, en dépit de nos différences, à tous les autres humains : traces des hommes sur les parois de Lascaux et dans les livres les plus savants ; cartes au trésor de toutes sortes où nous cherchons notre chemin ; formules plus ou moins cabalistiques pour percer les secrets des choses et de nous-mêmes. Objets de toutes sortes que l'École doit proposer aux enfants pour qu'ils découvrent, hors d'eux, ce « monde commun », comme dit Hannah Arendt, qui peut les relier entre eux.

La famille dans sa fonction essentielle de filiation n'est pas ici niée, au contraire. L'École, parce qu'elle permet de s'en émanciper sans la trahir, donne les moyens à un enfant, devenu adulte, de fonder une autre famille. En lui fournissant des repères extérieurs, elle lui offre des points d'appui pour l'exercice de sa liberté : connaissance d'autres langages et d'autres mondes, d'autres cultures et d'autres métiers, d'autres hommes et d'autres femmes avec qui nouer de nouveaux liens. L'École joue alors un rôle absolument fondamental : on y découvre l'extériorité et l'on y rencontre des « objets ». On s'y frotte à des réalités qui résistent aux délires de notre imaginaire et à la toute-puissance de notre affectivité. Or, cette fonction de l'École n'a sans doute jamais été aussi importante qu'aujourd'hui, pour des raisons qui tiennent à la fois à l'organisation du débat public et à l'évolution du public scolaire.

D'une part, en effet, notre société, largement dominée par les médias, est de plus en plus construite sur des conflits d'opinions qui deviennent très vite des rapports de force et se soldent, le plus souvent, par la victoire de celui ou de ceux qui « en imposent le plus ». Le débat est devenu permanent et l'on en oublie que, dans une démocratie, tout débat, s'il ne veut pas sombrer dans le bavardage, doit porter sur un objet qui préexiste au débat : une assemblée se saisit de textes qu'elle n'a, dans la plupart des cas, pas rédigés. Pour débattre valablement, il faut débattre « de quelque chose », il faut qu'il y ait un objet « dont on débat » et qui doit constituer le référent commun de ceux qui débattent, ce à quoi ils acceptent de se soumettre ensemble, en cas de désaccord, pour être départagés. Dans le cas contraire, les opinions s'affrontent ; détruire l'opinion de l'autre devient l'objectif premier de chacun ; aucun arbitrage n'est possible puisque les faits ou les documents sont écartés au profit de la seule domination rhétorique. Le débat, pour être constructif, pour permettre l'accès à « la vérité », suppose qu'on abandonne le seul conflit des subjectivités qui s'affrontent afin de s'engager dans un échange d'arguments rigoureux. Or, l'École a, dans l'apprentissage de cette démarche, un rôle déterminant.

D'autre part, et sur un plan plus proprement scolaire, nous assistons aujourd'hui à la montée en puissance d'un phénomène majeur : les élèves arrivent de plus en plus « sous pression » au seuil de la classe. Les difficultés sociales, économiques, affectives qu'ils vivent par ailleurs les rendent peu disponibles à des savoirs scolaires qui s'exposent dans une sorte de transparence rationnelle. La jeune fille qui doit aider sa mère à vivre un divorce difficile, le garçon qui vient d'apprendre que son père est au chômage, l'enfant qui arrive le matin, à l'école, en ayant le sentiment qu'en traversant la rue il est passé du Sud au Nord, de l'économie souterraine et du royaume des bandes au pays de Descartes et à « l'ordre des raisons », ne sont pas spontanément capables de se dégager de leur « vécu ». Tout leur est à fleur de peau ; ce sont des écorchés vifs que la moindre réflexion, insignifiante pour l'enseignant qui la profère, va faire sortir de leurs gonds. Qu'on les fixe trop longuement du regard et ils sont persuadés qu'on les espionne, qu'on ne les regarde pas et ils croient qu'on les ignore. Dans ces conditions, le rapport entre le maître et l'élève va devenir lui-même un conflit d'opinions : il ne s'agit pas de « faire le vrai » sur quelque chose, il s'agit de savoir qui est le plus fort et pourra imposer son point de vue à l'autre. La classe va devenir le champ clos d'un rapport de force que rien d'extérieur ne vient arbitrer. Il s'agit là d'un phénomène essentiel pour comprendre la difficulté d'enseigner aujourd'hui : les rapports au sein de la classe n'ont jamais été aussi chargés affectivement et, dans bien des cas, la classe n'a jamais été aussi vide d'objets capables de venir lester des relations qui s'exaspèrent.

Une « pédagogie de la vérité » pour rendre possible le débat démocratique

C'est pourquoi les pratiques pédagogiques qui s'inspirent des « méthodes actives », de la « pédagogie Freinet » ou de ce que Georges Charpak a lancé récemment sous le nom de « La Main à la pâte » sont si intéressantes. Méthodes délibérément « actives », elles ne sont en rien « non directives ». Bien au contraire, elles rendent possible l'accès à la Loi, aux règles de vie collective et aux savoirs fondamentaux qui deviennent ici nécessaires pour mener à bien la tâche commune. Quand des élèves doivent rédiger un journal scolaire, les questions d'orthographe, de grammaire ou de style changent de registre : ce ne sont plus les obsessions d'un enseignant qui vient persécuter les élèves avec des exigences artificielles, c'est l'expression d'un « principe de réalité », extérieur au rapport maître-élève, qui permet de sortir de la soumission aveugle ou intéressée à celui qui détient le pouvoir. De même, quand des enfants sont confrontés à une expérience scientifique, quand ils disposent d'un protocole de travail et peuvent observer eux-mêmes « ce qui marche » et « ce qui ne marche pas », ils sont bien obligés de sortir du simple rapport de force. Pour autant que le maître soit attentif à ce qu'aucun membre du groupe ne dissimule des résultats ou n'impose le silence à quiconque, les enfants, même très jeunes, peuvent accéder à une délibération où la vérité se construit progressivement, en extériorité par rapport aux tensions affectives et aux problèmes sociologiques qui peuvent exister par ailleurs. De la même façon, le travail sur la littérature représente une occasion précieuse de se trouver confronté à un texte qui existe et résiste, qui dit ce qu'il dit, auquel on ne peut pas faire dire n'importe quoi... tout en se donnant le droit de l'investir dans les interstices, d'oser son interprétation dans les espaces ouverts entre les mots et les phrases. Et que dire d'une carte de géographie, d'un graphique économique, d'une page en langue étrangère ? Ce sont des « objets culturels » sur lesquels peut s'éprouver le rapport, constitutif de la construction de l'intelligence, entre l'extériorité et l'intériorité : car la réalité extérieure est « dure », elle nous résiste et nous ne pouvons jamais lui imposer complètement notre loi... mais elle nous permet, néanmoins, de « nous mettre en jeu », de dire : « je comprends », « je sais », « j'hésite », « je veux y voir clair »... C'est parce que l'École fait exister des objets qu'elle permet l'émergence de sujets.

Il s'agit donc, à l'École, de sortir du face à face entre des opinions qui cherchent à s'imposer par la force, la tradition ou simplement le pouvoir. Comme le dit si bien Bernard Rey, « l'École est le lieu où l'on apprend que la vérité d'une parole n'est pas relative au statut de celui qui l'énonce ». La vérité se découvre et se construit là dans une démarche exigeante de confrontation sereine, dans un travail où l'on se défait progressivement de ses velléités hégémoniques, où l'on accepte de se remettre en question, d'avoir tort, de reconsidérer son point de vue. L'École est un lieu où il faut se défaire de la tentation du « c'est à prendre ou à laisser », un lieu où il y a à discuter, à examiner avant d'adhérer.

À terme, l'enjeu est essentiel : il est question ici de distinguer, d'une part, ce qui relève de la *vérité* stabilisée – même provisoirement – par des hommes, de ce qui constitue, d'autre part, des *arguments réfutables* – grâce auxquels on progresse individuellement et collectivement dans la construction de la vérité –, et de ce qui renvoie, enfin, à des *choix personnels* – des préférences individuelles légitimes mais qu'on ne peut imposer à personne. Car le danger existe bien de mélanger en permanence ces trois niveaux de discours qu'il nous faut apprendre et réapprendre sans cesse à distinguer, tant pour exercer notre jugement personnel que pour permettre un débat public fécond. « Ceci est un arbre. Cet arbre est peut-être un chêne. Je n'aime pas bien cette sorte d'arbre. » Ou, en d'autres termes : « Dans la langue que nous utilisons cet objet est appelé "un arbre". Nous devons examiner sa forme, ses feuilles, ses fruits pour déterminer exactement la famille à laquelle appartient cet arbre. Cela posé, chacun garde sa liberté pour dire ce que cet arbre lui évoque, ce qu'il lui inspire et s'il aimerait le planter dans son jardin. » Distinction qui apparaîtra trop simple, simpliste même, mais qui constitue un exercice indispensable de la pensée auquel l'École a pour mission de former. Distinction qui requiert que l'on arrime la formation scolaire à une exigence de vérité incompatible avec la logique marchande.

Une « pédagogie du sens » pour susciter le désir d'apprendre

Sapere : savoir, saveur. Apprendre est affaire de désir : voilà bien ce que scelle l'étymologie elle-même. Et la vérité elle-même doit être désirée. Tant qu'on se contentait d'enseigner à ceux qui désiraient apprendre et savoir, on pouvait aisément se passer de pédagogie. Mais, puisque notre modernité a décidé d'enseigner aussi aux « barbares », il lui faut bien faire un peu de pédagogie, accepter de « ruser » avec ceux qui récusent jusqu'à l'idée même que nous puissions leur vouloir du bien.

La ruse pédagogique est vieille comme le monde, rabâchée sous mille formes depuis la leçon d'astronomie de Rousseau : le précepteur laisse Émile vagabonder jusqu'à la nuit dans la nature et se perdre au milieu des bois. Pour retrouver son chemin, il lui faudra repérer l'étoile Polaire, identifier les points cardinaux, apprendre ce qu'il n'aurait sans doute jamais voulu apprendre si le « besoin » ne s'en était pas fait sentir. L' « Éducation nouvelle » et les « méthodes actives » vont exploiter le filon : partir de « l'intérêt de l'enfant » (ce qui l'intéresse) pour placer sur son chemin des obstacles qu'il lui faudra franchir et qui lui permettront d'apprendre « ce qui est dans son intérêt ». Partout, le principe est le même : de l'imprimerie scolaire pour étudier l'orthographe jusqu'à la maquette de la ville romaine pour découvrir l'histoire et assimiler la proportionnalité, les pédagogues ont décliné à l'infini la ruse rousseauiste. Et il n'y a pas à en avoir honte. Ça marche encore souvent... les parents le savent bien qui n'hésitent pas à faire réaliser une recette de gâteau d'anniversaire pour réviser la table de multiplication ou à faire préparer un voyage pour revoir un chapitre de géographie ! Bien prétentieux qui pourrait dire aujourd'hui au précepteur d'Émile : « Fontaine, je ne boirai plus de ton eau ! »

Pourtant, la ruse pédagogique apparaît aujourd'hui un peu usée : les élèves, peut-être moins facilement dupes qu'hier, récusent des projets dont ils voient assez vite qu'il ont été greffés artificiellement aux leurs. Ils ne s'enthousiasment pas nécessairement pour faire un journal scolaire et dédaigne de plus en plus les maquettes des villes romaines ! Même les chansons anglaises que l'on glisse entre deux exercices sur le cas possessif pour faire un peu de « grammaire appliquée » finissent par être suspectes ! Comme si l'École, en scolarisant tout ce qu'elle touche, réussissait cet exploit d'en éloigner les élèves ! De plus, l'obstacle rencontré lors d'une activité motivante n'est pas automatiquement investi comme occasion d'apprentissage ; bien au contraire, si l'on peut « réussir » sans comprendre, lever l'obstacle sans perdre du temps pour apprendre, on ne se gêne pas. Tout y invite d'ailleurs dans notre univers technologique où les objets permettent maintenant, presque toujours, précisément, de « réussir sans comprendre » : il n'est plus nécessaire de calculer le rapport entre la profondeur de champ et le diaphragme pour obtenir une photo nette ; l'appareil le fait à votre place. Pourquoi perdre du temps et de l'énergie à apprendre, dans des exercices nécessairement ingrats, ce qu'on peut faire faire par un autre ou par une machine ?

Plus profondément encore, la traditionnelle ruse pédagogique se heurte à une étrange détermination chez certains élèves : « Cela ne m'intéresse pas... De toute façon, ça ne sert à rien ! L'École, c'est des bobards ! » La résistance prend même parfois des formes irréductibles : l'enseignant s'efforce, par la raison, de convaincre les élèves de l'importance de ce qu'il doit leur enseigner mais les arguments, aussi rationnels soient-ils, ne sont pas entendus. Ils engendrent même, au contraire, encore plus de résistance, voire de violence. C'est que, en cherchant à démontrer le caractère utile des savoirs scolaires, on rate le problème central : leur place dans l'univers symbolique des jeunes. Soyons volontairement triviaux : je peux vous démontrer que, comme l'affirment les Amérindiens, le chien est une viande goûteuse, nourrissante, bon marché, sans danger pour votre santé. La démonstration est imparable. Mais vous n'en préférerez pas moins consommer des *fast-foods* ! Et je doute que, malgré la qualité rhétorique et toute l'autorité scientifique que je pourrai mettre dans la balance, beaucoup de lecteurs fassent un méchoui avec leur chien dans les jours qui viennent. C'est que « la place » du chien, l'espace symbolique qu'il occupe dans les familles contemporaines occidentales, sont plus importants que le caractère « utile » de son usage. Et, toutes proportions gardées, il en est de même pour les savoirs scolaires refusent les « barbares » : inutile de perdre du temps à démontrer leur utilité, ils sont d'avance disqualifiés.

La question du désir d'apprendre doit donc être posée à un autre niveau : de didactique, la question est devenue anthropologique. Impossible, bien souvent, de commencer par faire miroiter aux élèves de belles activités scolaires, aussi intéressantes nous apparaissent-elles... Il faut d'abord réinstaller le savoir dans l'ordre du désirable. Retrouver le goût du secret : au Népal, les adultes qui veulent enseigner aux enfants les rites ancestraux et les savoir-faire quotidiens se gardent bien de les leur présenter dans des écoles. Au contraire, ils se cachent pour en parler, se regroupent la nuit, mystérieusement, pour « se dire des choses que les enfants ne doivent pas savoir ». Ils montent même la garde pour empêcher « le vol des connaissances » et, s'ils laissent parfois passer un enfant, transi de peur, qui vient espionner les secrets des adultes, ils n'hésitent pas, quand l'enfant est surpris, à le punir pour son impudence. Ruse plus ancienne et pourtant sans doute infiniment plus moderne que celle de Rousseau : ruse pour restituer aux savoirs leur place dans un univers symbolique où la transmission fait grandir et permet d'accéder à une autre place, plus enviable.

Là est sans doute l'enjeu essentiel : l'École a abandonné le symbolique au marché. Walt Disney, les mangas, les thrillers américains et les films d'horreur font fortune en exploitant l'espace laissé vide par une laïcité frileuse. Après avoir dépensé tout leur argent de poche dans les jeux vidéos et les superproductions cinématographiques, les enfants retournent en classe « parce que c'est obligatoire » et pour obtenir, si possible, quelques notes leur permettant de « limiter les dégâts ». Plus rien de ce qui est essentiel à l'homme ne vibre dans les savoirs scolaires, tout entiers récupérés par la « pédagogie bancaire », comme disait Paolo Freire.

C'est sur ce terrain-là qu'il faut travailler si nous ne

voulons pas laisser l'École se vider de toute substance : elle ne trouvera le chemin du désir d'apprendre que si elle se donne explicitement la mission de transmettre une culture universelle qui reconstitue la chaîne généalogique et restaure la filiation de l'« humain » sans imposer aux forceps une culture scolaire standardisée. Mais en s'attachant à ce qui, dans les cultures qui s'expriment, résonne au-delà de chacun, touche aux invariants de l'humain et relie un être singulier à ses semblables. Aucune renonciation dans cette démarche, bien au contraire. Une exigence forte qui articule l'intime et l'universel. Car c'est bien là l'enjeu de toute éducation. On n'aide pas un homme à se construire en l'obligeant à renoncer à son histoire et à ce qui, au plus intime de lui-même, nourrit son désir. Mais on ne l'aide pas, non plus, à se construire en le privant de ce qui peut donner forme à son désir, l'inscrire dans l'histoire des hommes, le relier aux autres dans une filiation ou trouvent place les « grandes œuvres », les questions fondamentales de la science, les créations les plus marquantes de l'histoire humaine : Lascaux et le calcul infinitésimal, les cartes au trésor et la Déclaration des droits de l'homme, Homère et Einstein, Hérodote et Mozart...

C'est donc bien parce que la culture n'est jamais seulement une marchandise, ni une affaire strictement privée, que l'École doit être publique : seul l'État est en mesure de garantir l'existence et la nécessaire autonomie d'une institution qui échappe, dans son principe même de fonctionnement, aux lois qui régissent le « commerce des hommes ».

Deuxième principe : « L'École doit être un service public »

Il n'est pas certain que le caractère public de l'École soit facilement compatible avec sa fonction de « service public ». Qui dit « service public », en effet, dit

« service du public », évaluation de la qualité de ce service par le public, contrôle direct ou indirect par les « usagers ». C'est là, précisément, que le problème se pose : comment concilier une « École publique », dévouée à la construction d'une vérité qui dépasse et réunit les hommes, et un « service public », livré aux pressions de ceux qui, recherchant inévitablement « leurs intérêts », menacent toujours l'indépendance, la cohérence et l'unité de l'institution ? Comment concevoir une « institution publique » pour qu'elle échappe aux tensions sociales sans la faire basculer dans l'arrogance, l'irresponsabilité, la suffisance ?

À ceux qui récusent l'idée que l'École puisse être un « service public », craignant que la satisfaction des usagers vienne y faire la loi et y introduise le marché le plus débridé, le sociologue genevois Walo Hutmacher rétorque : *« En vertu de quel principe peut-on admettre que le jugement des usagers n'entre pas en ligne de compte dans la régulation de l'école ? Peut-on vraiment admettre que les usagers n'aient pas voix au chapitre, qu'ils n'aient rien à dire, que leur jugement soit indifférent ? Si l'on accepte ce principe, quelle autre instance peut légitimement juger de la qualité de l'école, selon quels critères ? »* Et l'on voit bien la portée de cette remarque. Comment impliquer les citoyens dans le fonctionnement d'une institution publique, comment obtenir qu'ils participent ensemble à la définition de ses missions si, ensuite, ils sont systématiquement écartés de l'évaluation de celles-ci ?

Le problème tient sans doute à la définition du terme « usager » et à la signification que l'on donne à la notion de « service public ». Si « l'usager » est considéré comme un individu attaché à la seule satisfaction de ses intérêts personnels, il est clair qu'il serait éminemment dangereux de soumettre l'École à son diktat. Dangereux et impossible, car les intérêts des usagers sont, en ce sens, éminemment contradictoires : chaque parent veut que ses enfants réussissent mais souhaite aussi, plus ou moins en secret, qu'il y ait assez d'échecs chez les enfants des autres pour que cette réussite constitue un avantage social significatif. Si tout le monde réussissait, la réussite aurait infiniment moins de « valeur marchande » et la sélection se ferait par d'autres voies – extérieures à l'école – que les usagers, précisément, ne tarderaient pas à identifier.

Mais si l'on entend par « usager », un citoyen qui demande un droit de regard sur une institution qu'il contribue à définir et financer, alors on peut, on doit même, accepter que ceux-ci, dans leur ensemble, exercent un contrôle sur le service public d'éducation. Il ne s'agit pas pour eux, dans ce cas, de réclamer leur propre satisfaction personnelle mais de s'interroger collectivement sur la mise en œuvre des conditions capables de permettre la meilleure réussite de tous.

Évitons, dans ce domaine, naïveté et hypocrisie : on pourra bien interdire la publication des résultats des lycées au baccalauréat, rendre secrets les taux de réussite au brevet des collèges, introduire tous les éléments pondérateurs possibles (en particulier l'origine socioculturelle et l'âge des élèves), publier ce que nos collègues italiens nomment le « taux de mortalité scolaire » de chaque établissement (qui fait ressortir la sélection à l'entrée, les redoublements, les orientations vers des filières dévalorisées et les exclusions)..., rien de tout cela n'évitera que les usagers s'interrogent sur « la valeur » des établissements et, quand le marché scolaire sera officiellement interdit, s'adonnent clandestinement au « marché noir ». La prohibition n'a pas fait disparaître la consommation d'alcool. L'interdiction officielle des outils de mesure plus ou moins frelatés, qui alimentent le libéralisme scolaire et la « consommation d'école », ne mettra pas fin à l'inquiétude des familles : les plus aisées, simplement, réussiront à se procurer et à utiliser les informations qui circuleront alors sous le manteau.

Obligation de résultats et obligation de moyens

Si l'on veut efficacement retrouver l'esprit d'un véritable « service public », il vaut mieux faire évoluer progressivement *les outils de mesure des « résultats obtenus »* vers des *indicateurs sur « les moyens mis en œuvre »*. Car il est clair que l'obligation de résultats n'a pas de signification en éducation. N'importe quel chef d'établissement sait comment il doit faire pour obtenir de bons résultats : il lui suffit de bien sélectionner les élèves à l'entrée, de décourager habilement les élèves faibles ou moyens, d'exclure les gêneurs, de développer le bachotage intensif. Les « bons résultats » seront inévitablement au rendez-vous... d'autant plus que nous savons bien que les « bons élèves », bien sélectionnés, travaillent facilement tout seuls, parviennent à apprendre dans les livres et en s'organisant entre eux, sans que l'influence des enseignants soit, pour eux, vraiment déterminante. C'est pour les élèves en difficulté que la qualité de l'enseignement « fait la différence », pas vraiment pour les autres !

Aussi, c'est « l'obligation de moyens » qui doit progressivement être développée ; c'est sur elle que doit porter l'exigence et le contrôle social. Obligation de moyens à l'égard de chaque élève : chacun doit rencontrer assez de sollicitations intellectuelles et culturelles pour lui donner le goût d'apprendre ; chacun doit pouvoir accéder aux ressources documentaires lui permettant de trouver les réponses aux questions qu'il se pose ; chacun doit disposer de l'accompagnement nécessaire pour qu'il puisse évaluer ses progrès et ses difficultés, effectuer les tâches qui lui permettront de se remettre à niveau ou d'approfondir au mieux ce qu'il a appris ; chacun doit disposer des conditions lui permettant de s'exprimer, de tâtonner sans être brimé par ses pairs ; chacun doit pouvoir compter, à cet égard, sur l'autorité d'un maître, autorité qui « autorise », à apprendre, à oser faire ce qu'on ne sait pas encore faire pour savoir le faire.

À titre d'exemples, on peut imaginer quelques-unes des questions qui pourraient êtres posées aux établissements scolaires – écoles, collèges, lycées – et auxquelles ils seraient contraints de répondre de manière précise et publique :

- Quelles structures pédagogiques spécifiques sont-elles proposées par l'établissement dans le cadre des programmes et des instructions nationales ? Comment sont constituées les classes ? Comment sont décidées les orientations des élèves ?
- Quels outils de communication sont-ils proposés aux familles pour connaître le fonctionnement de l'établissement ?
- Quelles informations les parents peuvent-ils obtenir sur le fonctionnement de l'établissement ? À qui peuvent-ils poser les questions qui les préoccupent ?
- Quelles occasions de rencontre avec les enseignants et cadres éducatifs sont-elles proposées aux parents ? Sur quels objets ? Qui en est chargé ?
- Quelles situations de mixité sociale et culturelle l'établissement offre-t-il aux élèves, quel que soit leur niveau scolaire, pour leur permettre de se rencontrer et de découvrir ce qui les réunit au-delà de leurs différences ?
- Quels dispositifs d'intégration des enfants handicapés sont-ils proposés dans l'école ? Permettent-ils le traitement de leurs besoins spécifiques et la découverte par tous de leurs richesses ?
- Quelles propositions culturelles sont-elles faites aux élèves pour leur permettre d'accéder à des formes d'expression qu'ils ignorent et grâce auxquelles ils pourraient se dépasser ?
- Quels problèmes susceptibles de donner sens aux savoirs scolaires les élèves seront-ils conduits à rencontrer ?
- Quelles activités sont-elles proposées, dans chaque discipline et de manière interdisciplinaire, pour faire apparaître ces problèmes ?
- Quels outils de suivi personnalisé et de conseil dans le travail scolaire sont-ils mis en place ?

- Quelles ressources documentaires sont-elles à disposition des élèves ? Qui peut les aider à s'y retrouver ? Quand ?
- Quelle est la nature du travail à la maison demandé aux élèves et quelle implication des parents est-elle souhaitée à cet égard ?
- Quels dispositifs, quels interlocuteurs, quelles rencontres sont-ils proposés aux élèves pour répondre aux questions qu'ils se posent concernant leur orientation et éviter *au maximum* les choix par défaut ?
- Quelles possibilités de prise de responsabilité dans l'établissement sont-elles offertes aux élèves et aux parents dans l'établissement ?
- Quelles propositions sont-elles faites pour les former à l'exercice de ces responsabilités ?
- Quels sont les lieux de formation au débat et à l'argumentation ?
- Comment les élèves sont-ils formés à la citoyenneté et quelles activités permettent-elles de développer des comportements citoyens ?
- À quels recours un élève et sa famille peuvent-ils faire appel en cas de difficulté scolaire, à l'intérieur et à l'extérieur de l'établissement ?

Du « projet » au « contrat » d'établissement

Pour parvenir à cela, il est nécessaire que chaque établissement – école, collège, lycée – affiche clairement, de manière lisible par les parents et les élèves, l'ensemble des dispositifs concrets qu'il met à la disposition de tous. Plutôt que d'un « projet d'établissement », souvent aussi général que généreux, il faut que les « usagers » puissent disposer d'un « contrat d'établissement », qu'ils sachent sur quoi ils vont pouvoir compter, précisément, comment, quand et dans quelles conditions cela sera mis en œuvre. À l'État, dans le cadre d'un « pacte éducatif », de définir exactement les chapitres de ce contrat, qui constituent les priorités éducatives nationales. À lui aussi de garantir que les établissements disposent des moyens nécessaires pour remplir leur contrat. Aux équipes d'enseignants, avec les cadres éducatifs, de répondre précisément aux questions posées à partir de ces priorités. À la communauté éducative tout entière – enseignants, parents, élèves – de créer des dispositifs d'observation et d'évaluation des propositions pédagogiques annoncées.

L'organisation du recours : une exigence essentielle du service public

La capacité de l'École à proposer elle-même des recours aux élèves et à leur famille est la véritable condition de la démocratisation de l'accès aux savoirs. Si l'on veut éviter que seuls ceux qui peuvent mobiliser la logistique familiale ou se payer des répétiteurs privés puissent élucider des consignes mal comprises, retrouver une définition oubliée, surmonter un échec dans un exercice, s'organiser dans la révision d'un contrôle ou d'un examen, trouver les documents pour préparer un exposé, faire relire une dissertation avant de la rendre... il est essentiel que ce soit *dans l'école ou à l'initiative de l'école* que le recours systématique soit organisé. Allons plus loin et, sans doute, à l'essentiel : *l'organisation du recours par l'établissement est aujourd'hui la seule parade possible pour lutter contre la concurrence entre établissements*. C'est parce que les parents trouveront en interne les réponses leur permettant de faire face aux difficultés qu'ils rencontrent qu'ils ne seront ni tentés ni contraints de chercher ailleurs ce qui leur sera offert sur place.

Qu'on se souvienne des événements de 1984 et de la manifestation qui a rassemblé près d'un million de personnes pour la défense de l'enseignement privé. En réalité, l'existence de celui-ci n'était pas vraiment remise en cause et le projet élaboré par Alain Savary avait obtenu l'aval des responsables de l'enseignement catholique. C'est un amendement mineur concernant les écoles maternelles et déposé à l'Assemblée nationale par les « laïcs » qui fit capoter l'accord. C'est surtout l'inquiétude des Français qui fit basculer les choses : qu'ils soient ou non utilisateurs de l'enseignement privé, ils se dirent attachés à l'existence d'un « système de recours » leur permettant de ne pas être complètement tributaires des décisions et des pratiques pédagogiques d'un établissement et de ses enseignants. Depuis, plus personne n'a rouvert ce chantier et il est fort probable qu'aucun politique ne prendra le risque de le rouvrir de sitôt. Mais la même inquiétude demeure : les parents et les élèves craignent d'avoir à subir des verdicts arbitraires, de devoir supporter des situations injustes ou discriminantes, sans pouvoir se retourner vers un interlocuteur capable de les accueillir et de les écouter. Que cela relève du fantasme dans un grand nombre de cas, c'est évidemment possible, voire probable. Mais les fantasmes collectifs font partie de la réalité sociologique et il est rare qu'ils ne renvoient pas à des réalités, fussent-elles fort marginales. Or, sur ce plan, on ne reviendra pas en arrière et l'on ne peut pratiquer la politique de l'autruche : le recours doit être organisé par l'Éducation nationale si l'on ne veut pas qu'il se fasse de manière clandestine et, donc, fondamentalement inégalitaire.

Le recours doit concerner – même si cela contredit, à bien des égards, la culture dominante de l'École – les situations de blocage « psychologique » entre un enseignant et un élève : celles-ci doivent pouvoir être traitées, avec toutes les garanties de discrétion et de prudence nécessaires, par des personnes et des instances appropriées. Faire comme si de telles situations n'existaient pas revient aujourd'hui à les laisser s'envenimer ou à s'en remettre aux luttes d'influence et aux rapports de force. Un « recours officiel » doit pouvoir également s'exercer sur l'ensemble des questions qui touchent aux sanctions, aux décisions d'orientation, aux conflits qui peuvent naître entre les familles, les enseignants et les établissements sur l'organisation de la scolarité. Il doit être la seule méthode acceptée pour régler les délicates questions de la carte scolaire : la France ne peut plus se contenter de laisser le marché immobilier réguler les flux migratoires vers les « bons établissements ». Quand des parents, de plus en plus nombreux, cherchent à changer de toit pour « protéger » leur enfant, les prix des appartements flambent et la sélection par l'argent s'accroît vertigineusement. Nous ne devrions pas accepter que, dans une grande ville des Yvelines, certains propriétaires louent à prix d'or des emplacements pour des compteurs électriques de complaisance qui permettent d'obtenir une facture d'électricité et de mettre son fils ou sa fille dans un lycée que l'on juge plus prestigieux. Nous ne devrions plus accepter ces infractions permanentes à la légalité que l'on fait pudiquement semblant d'ignorer et qui enveniment gravement le climat dans l'École tout entière. Mais nous n'avons pas, non plus, à constituer une « police scolaire » ni à organiser la chasse aux « mauvais parents ». C'est pourquoi nous avions proposé, il y a déjà quelques années, la mise en place, dans l'Éducation nationale, d'une formule proche de celle du tribunal des prud'hommes qui existe pour le monde du travail.

Depuis, des « médiateurs » ont été nommés dans chaque Académie : de toute évidence, ils manquent, tout à la fois, de moyens et de légitimité. Leur visibilité et leur crédit sont insuffisants. Une réflexion sur « le recours scolaire » est donc urgente : ne pas l'aborder frontalement, serait laisser la concurrence galoper entre les établissements et la démagogie triompher dans les officines privées qui prétendront, de plus en plus, résoudre miraculeusement – mais moyennant finance – les problèmes que les écoles publiques laisseront sans solution !

Pour une véritable « pédagogie du recours »

Il reste, évidemment, que la forme la plus importante de recours, celle qu'il faut organiser de manière urgente concerne l'aide au travail scolaire. Dans ce domaine, les enseignants ont déjà avancé : les professeurs de mathématiques, par exemple, ont mis en place, dans certains établissements, une formule intitulée « SOS Maths » ; ils tiennent des permanences où ils sont à la disposition des élèves (et pas seulement de ceux de leurs propres classes) afin de reprendre une explication, apporter une précision, expliquer un exercice. Une telle méthode peut être facilement adaptée et systématisée en une véritable « pédagogie du recours ». Tous les professeurs doivent s'y impliquer personnellement ; mais ils peuvent également faire appel à des étudiants stagiaires, voire à des partenaires extérieurs dont la compétence serait attestée et qui travailleraient sous leur responsabilité. Chaque établissement – école, collège, lycée – doit, en équipe, s'organiser pour que les recours existent bel et bien, qu'ils soient connus des familles et utilisés par les élèves.

Dans cette perspective, la « pédagogie du recours » prolonge, en réalité, des pratiques déjà mises en œuvre : un enfant en difficulté pour orthographier un mot apprend, dès l'école primaire, à avoir recours au dictionnaire. Devant une question difficile, il doit pouvoir aller consulter un livre ou un document, identifier un interlocuteur capable de l'aider. À cet égard, l'informatique et les nouveaux médias viennent compléter les centres de documentation et les bibliothèques : ils n'ont pas plus vocation à se substituer au livre que les encyclopédies, nées au XVIIIe siècle, ne se sont substituées aux maîtres. De leur côté, les aides-éducateurs, mis en place dans beaucoup d'écoles depuis deux ans, le tissu social et culturel de proximité, les artisans et les entreprises constituent des « ressources » qui, dès lors qu'elles sont utilisées sous le contrôle du maître, peuvent compléter opportunément son enseignement. Car, depuis la création de l'École et contrairement aux pronostics qui décrètent son inutilité à l'apparition de chaque nouveau média, l'enseignant n'a cessé de voir son rôle croître. C'est normal : plus les sources d'information sont nombreuses, plus l'enfant a besoin d'être guidé dans le labyrinthe qu'elles constituent.

Contrairement à l'oracle ou au clerc – qui exigent le monopole de la parole –, le maître n'a rien à craindre du développement d'autres « paroles » que la sienne. Il n'incarne pas « la parole » ou « le savoir », ni même « les connaissances », mais l'exigence de vérité. Et cette exigence peut s'exercer dans toute activité scolaire : il faut, pour cela, garantir la rigueur de la démarche, la qualité des échanges et la précision de l'évaluation. C'est là que réside la spécificité de son métier.

Car, aucun enseignant ne peut plus aujourd'hui imaginer être le seul recours pour ses élèves. Le croire, c'est se leurrer et laisser fonctionner les recours sauvages au seul bénéfice de ceux y ont accès par ailleurs et ont appris, en famille, à les utiliser. En revanche, et plus que jamais en raison de l'inflation des connaissances, le maître doit clarifier les objectifs d'apprentissage : c'est pourquoi il a besoin d'un programme précis et doit en être le garant. Sur chacun des objectifs de ce programme, il lui faut proposer des situations d'apprentissage : celles-ci peuvent aller de la lecture individuelle d'un texte à la réalisation collective d'un dossier, en passant par des expériences ou des exercices, l'utilisation de logiciels ou la rencontre avec des professionnels ; elles peuvent aussi, bien évidemment, prendre la forme de « cours magistraux » ou d'interrogations dialoguées. Mais son travail ne s'arrête pas là : il revient au maître d'évaluer les acquisitions de chaque élève : opération essentielle car chacun doit pouvoir identifier ce qu'il a acquis, en quoi il a progressé et ce qu'il lui reste à acquérir. À l'école, il ne suffit pas de « savoir », il faut « savoir qu'on sait » et, surtout, savoir réutiliser ailleurs et autrement ce que l'on a appris... Tout au long de cette démarche, qui s'effectue sous la responsabilité de l'enseignant, seul véritable « professionnel de l'apprentissage », des recours doivent être possibles pour tous les élèves en cas d'échec ou de difficulté : c'est à l'École qu'il revient de les organiser, même si ce n'est pas l'École qui les met tous en œuvre.

Les parents eux-mêmes peuvent participer, dans ce cadre, à la vie de l'établissement : animer un atelier de lecture ou de théâtre, un club d'échecs ou d'astronomie, assurer des permanences en salle informatique, accueillir les jeunes enfants le matin, faire profiter les élèves de leur connaissance de tel ou tel pays, de telle ou telle compétence professionnelle, constituent quelques possibilités parmi bien d'autres. Pourvu qu'il soit préparé et évalué, que les apprentissages qu'il propose s'inscrivent dans une progression pédagogique rigoureuse et qu'on évite la simple juxtaposition d'activités hétéroclites, le partenariat est particulièrement précieux dans « la pédagogie du recours ». Non point un partenariat de substitution qui dépossède le maître de ses prérogatives ; non point un partenariat de compensation où quelques interventions récréatives viennent compenser les fastidieux cours du maître. Mais un véritable partenariat de complémentarité, préparé en commun, centré sur des acquisitions évaluées, respectueux des rôles de chacun.

Il s'agit ici de sortir du dilemme stupide entre « école fermée », sanctuaire des savoirs à l'abri du monde, et « école ouverte » aux quatre vents, réceptacle d'informations et assemblage artificiel d'interventions désordonnées : l'École doit être « centrée », arrimée fermement à ses objectifs propres, organisée autour de ses programmes et structurée par son exigence spécifique de construction de la vérité. Mais l'École doit être aussi attentive à tout ce qui peut l'aider dans sa tâche, rechercher les articulations et mettre en œuvre les collaborations avec tous les partenaires possibles. Le rôle du maître sera d'autant mieux assumé, les règles spécifiques à la situation scolaire d'autant mieux acceptées, que les ressources seront plus nombreuses, mieux identifiées et accessibles aux élèves.

Cette formule, déjà très largement et heureusement expérimentée à l'école primaire (en particulier dans le cadre de la Charte « Bâtir l'école du XXIe siècle » initialisée par Claude Allègre), pourrait, par ailleurs, permettre de redonner un peu d'espoir au collège dont chacun dit qu'il est, aujourd'hui, le « maillon faible » du système scolaire.

La « pédagogie du recours » : une condition essentielle de la réussite du « collège pour tous »

La question du collège n'a jamais été véritablement tranchée en France : prolongement de l'école primaire ou anticipation du lycée ? Deux logiques s'affrontent ici : pour les uns, héritiers de la « culture primaire » (dont Jules Ferry, Ferdinand Buisson mais aussi Langevin et Wallon furent d'ardents promoteurs), le collège est, tout naturellement, la dernière étape de l'école obligatoire. Comme l'école primaire, il doit être fondé sur une « pédagogie du compagnonnage », pratiquée par des enseignants qui refusent de s'enfermer dans une vision strictement disciplinaire de leur métier. Le maître, au collège comme à l'école, doit savoir créer l'unité nécessaire pour que tous les apprentissages scolaires s'articulent entre eux ; il doit suivre individuellement chaque élève et le conseiller dans son travail ; il doit mettre sa classe en situation fréquente d'entraînement, évitant les exposés magistraux trop longs et fastidieux ; il doit, à l'instar des instituteurs des « classes uniques », considérer l'hétérogénéité des élèves comme une richesse en promouvant le monitorat entre élèves et le travail en petits groupes.

À l'opposé, les tenants de la « culture secondaire » considèrent qu'à la sortie de l'école primaire, c'est le découpage disciplinaire qui doit devenir l'élément structurant de l'institution scolaire. La spécialisation des enseignants et des enseignements s'impose comme une nécessité absolue si l'on veut aider l'élève à sortir de l'enfance et l'amener à se confronter à des champs de savoirs complexes. Le professeur, ici, ne tire pas d'abord sa légitimité de ses compétences pédagogiques mais bien plutôt – et, parfois, exclusivement – de ses connaissances dans la discipline où il s'est spécialisé. Et ces connaissances, il doit les « transmettre » à des cohortes d'élèves triés en fonction de leur capacité à les recevoir, de manière rigoureuse et exigeante, écartant si nécessaire les traînards.

Même si ces deux modèles sont ici caricaturés et si la frontière entre l'un et l'autre s'estompe parfois, leur prégnance n'en reste pas moins très grande : ils structurent le monde des syndicats d'enseignants, organisent les modalités de formation des maîtres, constituent des référents identitaires essentiels qui expliquent les réactions des enseignants concernés aux différents projets de réforme qui leur sont proposés. *Or, le grand paradoxe du collège, c'est qu'il est pensé et organisé en référence à la « culture primaire » tandis que ce sont des enseignants tout entiers empreints de « culture secondaire » qui y enseignent.*

En effet, officiellement du moins, il n'existe pas d'orientation (sauf en cas de déficience grave relevant d'un enseignement « spécialisé ») avant la fin du collège. Tous les élèves doivent accéder ensemble à un tronc commun de connaissances générales à partir duquel ils pourront progressivement se spécialiser dans un champ disciplinaire ou professionnel. Une telle exigence requiert un véritable accompagnement individualisé, un refus de créer prématurément des filières et une grande capacité à gérer l'hétérogénéité des classes. Or, la « culture secondaire » des professeurs ne les prépare pas à cela. Ils anticipent donc souvent, dès la sixième, le fonctionnement du lycée : les élèves doivent « suivre » sous peine d'être écartés ; les classes doivent être progressivement de plus en plus homogènes pour être plus réceptives et performantes dans des champs disciplinaires déterminés.

L'institution, hypocritement, fait semblant de ne rien voir. Mais, en réalité, elle crée progressivement des filières déguisées, regroupant les bons élèves d'un côté (dans des classes « européennes » ou « bilingues », par exemple) et enfermant les autres dans des classes que les élèves et leurs familles ne tardent pas à identifier comme des « classes poubelles » : alors que le collège devrait être régi par le principe de la « formation pour tous », il est, en réalité, soumis au principe darwinien de la sélection par l'échec.

À ceux qui dénoncent cette réalité, on répond qu'il s'avère aujourd'hui impossible de gérer des classes bien trop hétérogènes, qu'il existe des élèves qui, notoirement, perdent leur temps au collège et que leur présence dans les classes pénalise les autres. Encore un peu et l'on basculera complètement : le rétablissement de l'orientation en fin de cinquième, puis de l'examen d'entrée en sixième ramèneront définitivement la scolarité obligatoire à la seule école primaire. Au-delà, il y aura des classes préparatoires au lycée pour les uns et des activités occupationnelles pour les autres.

Si l'on en est là, c'est qu'en réalité « le collège pour tous », on n'a jamais vraiment essayé. Malgré les efforts de la « rénovation des collèges », engagée en 1982 par Louis Legrand, malgré les rapports et les réformes successives, en dépit du travail exemplaire de beaucoup d'établissements, la structuration des études est restée massivement conçue sur le principe d'un enseignement disciplinaire par « classes ». Le soutien, les parcours diversifiés, les « travaux croisés » restent marginaux, portés par des enseignants et des chefs d'établissement qui cherchent à les maintenir contre vents et marées, contre une « logique de la sélection » qui apparaît tellement plus facile.

Pis, la rumeur enfle, se répand chez les enseignants, les décideurs politiques et même chez certains parents : « Hors des classes, homogènes si possibles, attentives bien sûr, écoutant et progressant du même pas, point de salut ! » Le résultat, on le connaît : des enseignants pris entre des exigences contradictoires, des élèves qui s'égrènent, de la sixième à la troisième, comme sur la route de l'exode, des « collèges refuges » et des « collèges ghettos ». Un collège qui n'a plus d'« unique » que le nom.

Or, si l'on veut renverser la vapeur et prendre vraiment au sérieux la scolarité obligatoire jusqu'à seize ans, il faut introduire systématiquement l'idée de « recours » dans l'organisation même du collège. Certes, il convient de conserver des « classes de référence » : elles sont nécessaires comme lieu de définition et d'évaluation des objectifs, de suivi individualisé, d'ancrage affectif ; elles sont indispensables comme creuset social, occasions pour organiser des activités où les différences de niveau ne constituent pas un handicap, bases pour la mise en place du monitorat et du travail de groupes... Mais il faut articuler à ces classes de référence un ensemble diversifié de « recours », pensés et organisés par l'équipe des enseignants, en collaboration avec tous les partenaires qui peuvent se joindre à eux : groupes de niveaux et de besoins, ressources documentaires de toutes sortes, stages intensifs, activités sur projets, etc. C'est alors que le collège pourra éviter les dérives de la sélection prématurée et de l'exclusion. Complétée par une « pédagogie du recours », l'organisation du collège en classes hétérogènes deviendra un moyen pour réconcilier enfin, dans la scolarité obligatoire, « culture primaire » et « culture secondaire ». Et – qui sait ? – la « pédagogie du recours » pourra-t-elle peut-être, un jour, s'étendre jusqu'au lycée, voire à l'Université ?

« Pédagogie du recours », mutualisation des moyens et autonomie des établissements

Pour s'engager dans cette voie, il peut être particulièrement utile de mutualiser, à l'échelle d'un quartier ou d'un bassin de formation, les équipements collectifs publics afin de les utiliser de manière plus rationnelle. Il est, en effet, scandaleux que les locaux scolaires soient fermés pendant près de la moitié des journées de l'année : qu'est-ce qui empêche de les ouvrir tous pendant les vacances ? Cela se fait déjà avec grand succès dans quelques banlieues difficiles où l'on voit des élèves en refus scolaire venir volontairement et participer aux activités proposées avec assiduité. Pourquoi laisser des salles de documentation, des gymnases, des salles d'informatique fermés le mercredi après-midi, le samedi et le dimanche, pendant les vacances de Toussaint ou de février ? Ne pourrait-on pas, par exemple, proposer aux élèves qui n'ont pas d'ordinateurs chez eux de venir, à ce moment-là, y effectuer un stage pour se familiariser à l'usage d'Internet ? Ne pourrait-on pas, réciproquement, utiliser plus systématiquement, dans le temps scolaire et sous la responsabilité des enseignants, les bibliothèques municipales, les équipements sportifs communaux, les centres sociaux et les musées ? À l'époque des réseaux, quand on peut entrer en contact, par l'intermédiaire de son ordinateur, avec toute la planète, il est curieux que les institutions scolaires, culturelles, sportives, les associations, les services publics dans leur ensemble restent chacun enfermés dans leur tour d'ivoire. Ce n'est pas parce que le partenariat est à la mode qu'il est un gadget inutile : finalisé autour de projets précis, il peut être l'expression d'une solidarité collective pour permettre à l'École d'être à elle-même son propre recours.

Au total, la mise en place systématique d'une « pédagogie du recours » suppose que tous les établissements scolaires disposent d'une marge importante d'initiative et d'autonomie. Mais l'autonomie ne doit pas porter ici sur les objectifs et les priorités qui doivent être définis nationalement. L'autonomie concerne l'organisation de dispositifs pédagogiques adaptés aux différents établissements, à leurs besoins et à leurs ressources. C'est une autonomie qui ne doit pas autoriser la poursuite d'objectifs contradictoires avec les missions fondamentales de l'institution scolaire définies par le « pacte social éducatif »... mais, en revanche, favoriser la responsabilité de chacun et la solidarité de tous. Une autonomie qui permette que soient surmontés, dans le service public lui-même et avec tous les partenaires du service public, les problèmes qui se posent au service public. Une autonomie sans autarcie, sans négation des responsabilités politiques, sociales, économiques qui peuvent expliquer les difficultés de l'École... mais une autonomie qui refuse de baisser les bras avant d'avoir exploré tous les moyens possibles pour réussir, d'avoir interpellé tous les partenaires qui peuvent s'associer à son projet, d'avoir mobilisé toutes les énergies qui peuvent contribuer à la réussite du « service public d'éducation ».

Que les questions qui se posent dans l'École soient traitées d'abord par l'École : dans cette mesure, celle-ci demeurera – ou, plutôt, deviendra vraiment – un service public.

Troisième principe : « L'École est une institution dont la définition des missions et des moyens doit être du ressort de la représentation nationale »

Régulièrement, l'École est secouée par d'étranges convulsions. Celles qui, au printemps 2000, provoquèrent la chute de Claude Allègre resteront sans doute parmi les plus douloureuses. Certes, les facteurs conjoncturels furent, ici, déterminants et les maladresses de langage associées aux difficultés sociales aiguës vécues par certains départements du midi de la France créèrent l'émotion que l'on sait, la surenchère de revendications de toutes sortes et permirent un amalgame qui fut fatal au ministre. Pourtant, ce dernier n'avait pas seulement tenu des propos jugés insultants à l'égard des enseignants ; il avait aussi affirmé maintes fois vouloir défendre l'École publique en y introduisant un meilleur suivi des élèves, une préparation à des approches pluridisciplinaires, un apprentissage plus efficace des langues vivantes, un recentrage des programmes sur « les fondamentaux » pour lutter contre le bachotage et améliorer le niveau d'exigence dans les domaines essentiels. Il avait dit vouloir se battre contre la privatisation de l'institution scolaire en exigeant des maîtres une présence plus grande auprès des élèves, en introduisant les nouvelles technologies à l'école, en rapprochant les décideurs des usagers. Il avait engagé quelques réformes intéressantes et sur lesquelles on ne reviendra sans doute pas : l'introduction des aides-éducateurs, en particulier à l'école primaire, la « déconcentration » de la gestion des personnels, l'augmentation des bourses pour les étudiants de milieux modestes, la licence professionnelle dans les universités. En réalité, il est tombé sur le difficile dossier des lycées et nous faisons l'hypothèse qu'il n'est pas tombé parce qu'il a trop réformé mais plutôt parce qu'il n'a pas assez réformé et que les problèmes clés –

y compris celui des moyens financiers nécessaires – n'ont pas été posés au bon niveau.

La réforme impossible

Depuis la consultation sur les lycées de 1998, un mot d'ordre montait en puissance, porté très largement par les lycéens et leurs familles, un mot d'ordre conforme à l'exigence fondamentale du service public que nous venons d'énoncer : « L'École doit être à elle-même son propre recours ». Le ministre et la plupart des responsables de l'Éducation nationale voyaient là, à juste titre, un axe fort, capable d'inspirer une véritable politique scolaire ambitieuse. Bien plus que le slogan de « 80 % d'une tranche d'âge au baccalauréat » (que l'on peut atteindre sans beaucoup de difficultés, en abaissant simplement le niveau de l'examen), cela représentait un vrai projet pour l'École. Nous étions nombreux à mettre beaucoup d'espoir dans cette perspective et à espérer une véritable mobilisation de tous les acteurs du système éducatif autour d'elle... Les négociations s'engagèrent alors entre le ministre, ses conseillers, son administration et les organisations professionnelles des enseignants : beaucoup étaient d'accord pour introduire, au lycée, des plages horaires destinées au suivi individualisé des élèves, des petits groupes pour favoriser l'expression orale en langues vivantes, des « travaux personnels encadrés » pour apprendre à élaborer un dossier sur une question en faisant appel à plusieurs disciplines, un enseignement d'« éducation civique, juridique et sociale » pour approcher les grands enjeux de société, des heures de « vie de classe » pour élaborer en commun les règles de vie collective, etc. Mais comment faire ? Les semaines des élèves ne sont pas extensibles, le budget de la Nation non plus. Il a donc été décidé de procéder par amputation : prélever sur les heures de cours existantes les moyens nécessaires pour mettre en place les nouveaux dispositifs.

À partir de là, les enseignants se déchaînèrent : chaque discipline est, en effet, convaincue que sa dignité intellectuelle est proportionnelle au nombre d'heures d'enseignement dont elle dispose au lycée. Enlever un quart d'heure d'histoire ou de géographie à un élève de première est, en France, une affaire d'État : immédiatement, un manifeste signé des plus hautes autorités morales du pays paraît dans un grand journal du soir pour déclarer la patrie en danger. Les pétitions se multiplient. Dans leurs classes, les professeurs – adeptes, par ailleurs, de la laïcité – n'hésitent pas à expliquer longuement aux élèves que le ministre porte un coup fatal à l'École de la République. Les rumeurs les plus folles courent dans les établissements : on supprimerait aussi les langues vivantes, la philosophie, les mathématiques, la dissertation de français, le baccalauréat, etc. Et la partie de bras de fer s'engage. Les lobbies disciplinaires entrent en action et crient au scandale. Oubliant qu'il existe des pays d'Europe où le niveau de formation des élèves n'est pas notoirement plus bas que chez nous mais qui ont pourtant fait d'autres choix disciplinaires que les nôtres, faisant mine d'ignorer que l'absence d'enseignement du droit, de la médecine ou de l'astronomie au lycée pourrait être stigmatisée tout autant que la baisse des horaires de physique, les enseignants se sentent atteints dans leur identité et se font un devoir de bloquer toute évolution.

À cela s'est ajouté un élément déterminant : en procédant par prélèvement sur les horaires des disciplines existantes pour introduire de nouveaux dispositifs, on émiette la semaine de l'élève et celle de l'enseignant qui voient, l'un et l'autre, se juxtaposer une multitude d'unités pédagogiques de toutes sortes sans cohérence véritable. Une heure d'aide en français ou en mathématiques, une heure de « module », une heure d'éducation civique, juridique et sociale, une heure d'atelier d'expression artistique, une heure de conversation anglaise avec un « locuteur natif », une heure de « travail personnel encadré », une heure de « vie de classe », etc., ne font pas spontanément une scolarité harmonieuse. Cela multiplie, au contraire, les interlocuteurs et risque d'introduire des brouillages chez les élèves qui ont déjà le plus de mal à s'y retrouver dans le labyrinthe du lycée.

C'est là que le bât blesse : en négociant chaque élément au coup par coup, on se met tout le monde à dos et l'on ne fait pas un lycée cohérent. Les élèves eux-mêmes, pourtant les premiers demandeurs de dispositifs comme l'aide individualisée ou l'expression artistique, craignent que la diminution des cours dans certaines disciplines n'aboutisse au « lycée *light* » que dénoncent leurs professeurs. Inquiets de leur avenir, ils n'hésitent pas alors à joindre leurs protestations à celles des enseignants et même à défiler à leur côté. Tout paraît alors bloqué.

Mais c'est que certaines clés n'ont pas été identifiées ou que l'on n'a pas osé les utiliser. Éviter l'empilement de dispositifs dans une semaine est possible : il suffit de sortir du carcan de la semaine et d'organiser les enseignements sur la base de la quinzaine, du mois, du trimestre ou du semestre. L'Université fait cela depuis longtemps sans que les enseignants y trouvent à redire. Une heure d'éducation civique, juridique et sociale par semaine ou tous les quinze jours n'a guère d'intérêt... quatre heures par mois permettent d'organiser une demi-journée où alterneront exposés magistraux, témoignages d'intervenants extérieurs, travaux de groupes, études de documents et débats collectifs. Une heure hebdomadaire d'aide aux élèves en difficulté en mathématiques ou en français, avec une limitation drastique des effectifs, est finalement assez artificiel : il vaudrait mieux pouvoir organiser une « session de rattrapage » de plusieurs heures après un contrôle ou bien un stage intensif d'expression écrite sous forme d'atelier d'écriture pour ceux et celles qui ont vraiment des blocages lourds dans ce domaine... Certes, de telles formules nécessitent des aménagements techniques substantiels... mais les enseignants en équipe, avec les chefs d'établissements et les cadres éducatifs, sont en mesure d'y parvenir. À condition, toutefois, qu'ils ne campent pas sur une conception qui nous apparaît aujourd'hui périmée et dangereuse du « service enseignant ».

Pour une redéfinition du service enseignant

Être enseignant est un métier qui nécessite des compétences disciplinaires et pédagogiques ; c'est aussi un métier qui, comme tous les métiers, relève d'un « projet », d'une « intention constitutive » qui n'est pas réductible à la somme des compétences qui permettent de l'exercer. Dire cela, ce n'est pas récuser la nécessité d'une meilleure professionnalisation, nier l'importance de la formation universitaire ou minimiser l'utilité des stages en situation. Dire cela, c'est affirmer que l'on ne sortira pas du « malaise enseignant » par des aménagements techniques, aussi importants et substantiels soient-ils. Dire cela, c'est revendiquer que le « métier d'enseignant » fasse l'objet d'un véritable débat national pour redéfinir, tout à la fois, *la place de l'enseignant dans la société et dans l'École, ses obligations de service et les modalités du contrôle institutionnel de son travail.*

La presque totalité des « professions de l'humain » dispose d'un « code de déontologie » : médecins, avocats, journalistes peuvent ainsi se référer à des règles qui constituent un référent en matière de secret professionnel, de comportement à l'égard de leurs « clients » et de leur hiérarchie. Certes, ils ne les respectent pas toujours, mais leur existence, et le caractère public de ces textes représentent un facteur de stabilité et jouent, simultanément, un rôle de protection à l'égard des professionnels qu'ils sont et de clarification des relations avec le public. Longtemps, les enseignants n'ont pas eu besoin d'un tel code : leur statut social, leur fonction de « clerc laïc » dans une République qui les honorait les mettaient à l'abri de tout soupçon. La confiance de la population ne leur était pas mesurée. L'institution elle-même, à travers la procédure de l'inspection, garantissait en même temps la compétence et le dévouement de ses membres. Il n'en est plus de même aujourd'hui. Beaucoup de parents ont maintenant fait des études au moins aussi longues que celles des enseignants de leurs enfants et « le niveau des maîtres » ne les impressionne plus. Les consensus sociaux, scolaires et moraux qui garantissaient l'adhésion de tous aux missions de l'École ont volé en éclats. Le mouvement consumériste a déferlé sur les pays développés n'épargnant pas l'École. L'unité idéologique des enseignants – jamais absolue mais relativement solide jusqu'ici – s'est elle-même effritée et le corps enseignant commence à être traversé de contradictions, voire porteur de valeurs hétérogènes : si les maîtres qui se revendiquent de l'extrême droite sont – fort heureusement – extrêmement rares, ils se répartissent maintenant beaucoup plus largement sur l'échiquier politique et leurs conceptions sur des questions de société importantes – comme la famille, la réussite sociale, la drogue, etc. – sont très diverses. Au quotidien, les enseignants sont confrontés à des problèmes difficiles (la violence, le racisme, l'injustice sociale, l'influence de la télévision et des médias) face auxquels ils sont souvent livrés à eux-mêmes, renvoyés à leur propre jugement, sans disposer de garde-fous suffisants. Souvent l'École les laisse travailler seuls et sans repères, quitte à se retourner contre eux en cas de tâtonnement ou d'erreur. Autant de raisons qui rendent nécessaire une clarification de ce que la société attend de ses enseignants.

Mais il serait dangereux aujourd'hui – et suicidaire

politiquement – de traiter des droits et devoirs des enseignants indépendamment de ceux des parents et des élèves. Une profession déjà fragilisée se verrait à nouveau la cible de tous les soupçons, voire de toutes les attaques. Car, justement, les enseignants se plaignent – non sans quelques bonnes raisons – que les parents et les élèves « se croient aujourd'hui tout permis ». Ils s'inquiètent, à la fois, de l'incursion excessive des familles dans leur domaine de compétence propre et de la « démission » de parents qui leur abandonnent trop facilement la charge de l'éducation de leurs enfants. Ils se plaignent du manque de respect dont ils sont victimes de la part des élèves ou, au contraire, de la trop grande indifférence de ces derniers... C'est pourquoi nous croyons important qu'un chantier soit ouvert, le plus vite possible, avec l'ensemble des partenaires concernés, d'abord à travers les écoles, les établissements et les bassins de formation, ensuite au niveau de l'État sur les droits et devoirs réciproques des enseignants, des parents et des élèves.

Vers un véritable « Pacte des droits et devoirs réciproques des enseignants, des parents et des élèves »

L'idée n'est pas neuve : déjà l'Unesco, en 1964, avait invité ses pays membres à travailler sur un tel outil. Depuis, de nombreux mouvements pédagogiques, des établissements scolaires, des équipes pédagogiques et de parents ont engagé la réflexion et produit de premiers textes. La consultation sur les lycées de 1998, impliquant, pour la première fois et à grande échelle, élèves, enseignants et parents, a permis de prendre la mesure de l'urgence de clarifier ce qui peut et doit être attendu de la part de chaque partenaire de la communauté éducative. Le rapport qui en a résulté, et que nous avons remis au ministre en juin 1998, a tenté de poser quelques premiers principes, en particulier, la nécessité d'un « référent national clair » sur les missions et obligations de l'École, auquel chacun puisse faire appel en cas de divergence ou de conflit. Nous avions insisté, à cette occasion, sur la distinction nécessaire entre « les programmes » (définissant des objectifs à atteindre pour tous les élèves) et « la programmation » qui doit, elle, rester à l'initiative de chaque maître : les élèves et les parents peuvent exiger qu'on suive les programmes mais doivent laisser chaque enseignant libre d'établir sa propre programmation.

Nous affirmions le droit à l'information des élèves et de leurs familles pour l'ensemble des problèmes relevant de l'organisation de la scolarité. La formation à l'orientation et la possibilité d'effectuer des choix réversibles (non définitifs et qui n'engagent pas complètement l'avenir scolaire de l'élève), avant d'être acculé à des choix irréversibles, étaient apparues, également, comme essentielles. Tout comme le droit à un accompagnement personnalisé et à une prise en charge de chacun en cas de difficulté : réalisation d'exercices et de devoirs avec l'aide d'un enseignant, recours possible à un autre enseignant que l'enseignant de la classe, ouverture du centre de documentation, de la salle d'informatique ou du gymnase en dehors des heures de cours. Droit aussi, pour les élèves, de participer à une réflexion approfondie avec leurs enseignants sur les méthodes de travail les plus efficaces pour eux, ou encore droit à l'anonymat dans les examens nationaux.

De leur côté, les enseignants se voyaient reconnaître des droits fondamentaux : droit, par exemple, à s'investir dans des activités diverses prises en compte dans leur temps de service (préparation, suivi et évaluation des stages, rencontres avec les parents, etc.), droit à une véritable formation professionnelle initiale et continue, droit au travail d'équipe (y compris sous cette forme élémentaire et essentielle qui consiste à pouvoir assister au cours d'un collègue volontaire). Droit, enfin, à des locaux adaptés et à des bureaux pour être présents plus longuement dans l'établissement et pouvoir y recevoir élèves et parents.

Aujourd'hui, il faut aller plus loin. Il s'agit, maintenant, de statuer, dans un texte officiel, sur les principes fondamentaux du service public d'éducation : l'obligation de moyens, l'information sur les dispositifs pédagogiques mis en œuvre, la publication des résultats scolaires, l'élaboration et le respect des règlements des établissements, les conditions de participation des différents acteurs à la vie de l'École. Il s'agit aussi de regarder de près des questions très concrètes comme la communication des résultats scolaires des élèves (ont-ils, comme les patients, le droit au secret ? qu'est-ce qui doit être impérativement communiqué aux parents ? selon quelles modalités, différentes en fonction de l'âge des élèves ? sous quelle forme ?), les possibilités de « recours » dont nous avons parlé (la question de la carte scolaire et de son respect est, ici, déterminante), le système des obligations et des sanctions, etc. Bref, il s'agit de mettre en place un véritable « pacte » qui soit discuté *in fine* au niveau le plus élevé – le Parlement – et s'impose ensuite à tous. Il s'agit de sortir de la politique du « bras de fer » entre un ministre et des syndicats, des parents et des enseignants, des jeunes et des adultes, pour permettre une véritable « paix scolaire » : les conflits inévitables pourront alors être traités autrement que par les jeux d'influence, les stratégies de contournement ou de fuite, la vindicte ou l'agressivité.

Dans ce cadre et dans le prolongement d'une telle démarche, il sera possible, alors, de redéfinir les obligations de service des enseignants. Celles-ci, en effet, ont été fixées, il y a maintenant plus d'un demi-siècle et n'ont guère évolué en fonction des réalités sociales et culturelles d'aujourd'hui. L'apparition de la télévision et des nouvelles technologies, l'accélération de la production des savoirs, la nécessité de travailler en équipe, l'introduction de plages de stages en entreprise dans certains cursus, l'intervention d'aides éducateurs et de partenaires extérieurs... tout cela modifie les conditions d'exercice du métier. Chacun sait bien que les obligations de service d'un professeur certifié ne se limitent pas à dix-huit heures de cours par semaine pendant trente-six semaines : il y a les préparations, les corrections de copies, les rencontres avec les parents et les élèves, les conseils de classe, les réunions de concertation, etc. Il peut y avoir aussi d'autres tâches que certains parviennent aujourd'hui à réaliser dans les interstices et, en quelque sorte, clandestinement, sans qu'elles soient vraiment prises en compte : la préparation avec le documentaliste des documents que les élèves vont pouvoir aller consulter sur tel ou tel aspect du programme, la rencontre avec une association culturelle du quartier pour préparer un voyage scolaire, les réunions avec les collègues d'autres disciplines pour harmoniser le vocabulaire utilisé ou élaborer un projet de travail en commun, les passages dans la salle d'étude pour voir comment les élèves font leur travail personnel et quelles difficultés ils rencontrent, les formations que l'on s'astreint à suivre sans toujours être reconnu pour cela, les recherches dans lesquelles on s'engage, etc. Dans ces conditions, le service enseignant ne peut plus être défini formellement par un horaire hebdomadaire ; il doit comporter un véritable « cahier des charges » et permettre une variété d'engagements, au demeurant très utile pour enrichir le fonctionnement de l'établissement, à l'école primaire, au collège comme au lycée.

On sait qu'une tentative a été faite dans ce sens, à la fin du ministère de Claude Allègre, pour les professeurs de lycées professionnels : il s'agissait de définir plus globalement leurs obligations de service sur l'année en intégrant, en particulier, le suivi des élèves pendant leurs stages en entreprises. C'était sans doute là une erreur stratégique : les professeurs de lycées professionnels, qui vivent les situations sociales les plus difficiles et ont le sentiment d'être peu ou mal considérés, ne pouvaient comprendre cette mesure que comme une mise en cause de leur travail. Le gouvernement a reculé. Il ne faudrait pas, pour autant, que l'on s'interdise d'ouvrir le dossier du service enseignant pendant des lustres. Il faut, en revanche, tirer les conclusions de l'aventure : nous touchons là des sujets trop sensibles pour qu'ils soient traités sur un mode purement technique, en isolant les différents corps d'enseignants. Seule une négociation globale, dont les résultats seront ensuite proposés au Parlement, peut permettre d'avancer. L'École n'appartient pas aux enseignants mais à la Nation. Les enseignants sont au service de l'École. C'est donc à la Nation de définir précisément la nature du « service » qu'elle entend exiger d'eux.

Et c'est seulement à partir de là, une fois défini le « cahier des charges » du professeur d'école, de collège et de lycée, qu'il sera possible d'étudier la question du contrôle institutionnel de leur activité. En l'absence d'un tel « cahier des charges », c'est la rumeur qui fait fonction d'évaluation et produit les effets pervers qu'on observe tous les jours : des maîtres qui s'investissent dans leur métier et, en l'absence de la moindre reconnaissance, se découragent pour se replier sur une posture purement corporatiste ; des maîtres victimes de racontars et qui basculent dans l'amertume ou la dépression ; des maîtres qui se réfugient dans l'arrogance pour ne pas avoir à « rendre des comptes » sur des objectifs qu'ils ne partagent pas. Un « cahier des charges » précis permettrait qu'enfin, comme le suggère Dominique Sénore, se mette en place une véritable « inspection d'accompagnement », exigeante et solidaire à la fois, sûre de ses prérogatives, parce que investie d'un mandat politique, et attentive à aider chacun à jouer son rôle efficacement et loyalement dans le service public d'éducation.

Pour un débat démocratique sur l'École

Depuis la loi d'orientation de 1989, le Parlement, à quelques détails près, n'a fait que voter le budget de l'Éducation nationale. Certes, la chose n'est pas négligeable. À travers un budget, des choix sont faits et ces choix sont souvent déterminants. Mais ils ne sont pas toujours lisibles par la population et, surtout, ils ne sont pas l'objet d'un véritable débat de fond : on n'en perçoit donc pas les enjeux essentiels... Il est temps de rompre avec cette méthode. Trois heures par an pour l'Éducation nationale au Parlement quand on passe dix fois plus de temps sur la réglementation de la chasse aux oiseaux migrateurs, cela n'est pas admissible !

Les événements du printemps 2000 ont permis de constater qu'on ne pouvait pas réformer l'Éducation nationale en la livrant à une partie de bras de fer entre un ministre et des syndicats. C'est normal. Et, à certains égards, rassurant ! Mais il ne faudrait pas qu'après les convulsions nous entrions dans une ère de glaciation, abandonnant tout projet d'évolution globale du système pour nous satisfaire de quelques innovations ponctuelles qui ne profiteront qu'aux plus débrouillards.

Les Français sont divisés sur leur École. Et chacun d'entre nous, en réalité, est partagé entre ses intérêts particuliers légitimes et sa volonté sincère de promouvoir l'intérêt général. L'équilibre entre les comportements des familles et la mission sociale et politique de l'École est rompu : les conflits s'installent, au quotidien, entre les enseignants, les élèves et les parents. Les enseignants eux-mêmes, quand ils deviennent parents d'élèves, adoptent les comportements consuméristes qu'ils reprochent aux parents de leurs élèves... On n'en sortira qu'en réconciliant chacun avec lui-même. Il faut que chaque Français voie dans l'École une institution légitime aux obligations bien définies, exigeante à son égard pour autant qu'il en respecte les règles.

Il est temps de réconcilier le Rousseau de l'*Émile* – affirmant le primat de l'implication active de chaque enfant dans l'appropriation des connaissances – et le Rousseau du *Contrat social* – soulignant l'exigence politique fondatrice d'un pacte par lequel chacun s'engage à adopter le point de vue de l'intérêt général, dès lors qu'il a été débattu et adopté démocratiquement... Nous ne serons en paix entre nous qu'en faisant la paix avec nous-même. Et ne gagnerons la paix avec nous-même qu'en définissant ensemble ce que nous attendons de notre École. L'établissement où chaque Français met ses propres enfants – l'école, le collège, le lycée de son quartier ou de son secteur scolaire – doit être conforme aux principes de l'École qu'il voudrait pour tous les enfants. Et l'École qu'il appelle de ses vœux pour son pays tout entier doit être conforme à celle où il entend mettre ses propres enfants. *Je dois vouloir pour notre École ce que je veux pour mes enfants. Je dois vouloir pour mes enfants ce que je veux pour notre École.* Ce ne sera pas facile. Ce n'est pas une raison pour ne pas essayer.

Trop de problèmes restent aujourd'hui en suspens. Nous venons de les évoquer : la mission de l'École et, plus particulièrement, de l'École obligatoire est mal définie. Le collège hésite entre le prolongement de l'école primaire et l'anticipation du lycée. Le lycée lui-même est l'objet d'un marché scolaire insupportable. Les inégalités se creusent entre les établissements. Les uns encouragent la mixité sociale et la rencontre entre des populations différentes quand d'autres privilégient l'homogénéité et veulent protéger « les bons éléments » de toute contamination avec les « fauteurs de trouble ». Certains souhaitent limiter la mixité sociale à l'école primaire, d'autres veulent la mettre en œuvre dans les lycées en introduisant un « tronc commun » de culture générale jusqu'au baccalauréat. Ici ou là, on commence à dire que beaucoup d'élèves perdent leur temps à l'école et qu'il faudrait les envoyer dans la « vie active » dès quatorze ans. À l'opposé, d'autres protestent contre le développement de l'« apprentissage » précoce qu'ils considèrent comme une grave régression. Timidement encore, mais de plus en plus nombreuses, des voix s'élèvent pour réclamer que l'on officialise une « école à deux vitesses » afin de ne plus « pénaliser » les bons élèves. D'autres voix rappellent inlassablement la fonction de « creuset social » de l'École de la République et la richesse inestimable du brassage des populations. La transmission de notre patrimoine fait l'objet, chez les uns, d'une crispation passéiste tandis que d'autres basculent dans l'utilitarisme immédiat. Dans le quotidien, l'incivilité et la violence progressent un peu partout. Chaque année, et de plus en plus, les décisions des conseils de classe sont contournées par le zapping scolaire. Les élèves, eux, ne perçoivent plus le sens de ce qu'ils font en classe et jouent leurs parents contre leurs professeurs, leurs professeurs contre leurs parents. Nul ne sait plus très bien ce que l'on attend de l'École et de ses maîtres...

Or, l'éducation est un enjeu de société, l'enjeu citoyen par excellence. C'est notre responsabilité majeure devant l'avenir. L'École mérite qu'on prenne le temps de voir ce qui se passe réellement, de comprendre quels sont les enjeux et de légiférer en connaissance de cause. Qui aura le courage de Jules Ferry ? Qui saura ouvrir un vrai débat national sur l'École ? Quand pourrons-nous dire collectivement ce que nous attendons de notre institution scolaire ? Le plus tôt sera le mieux.

Un livre pour avancer, des contributions pour débattre

En attendant, chercheurs en éducation, acteurs du système éducatif et pédagogues tracent leur sillon, obstinément. Ils s'expriment dans les pages qui suivent, en s'efforçant de clarifier les choses mais sans esquiver, pour autant, les difficultés.

Les chercheurs font le point sur les connaissances historiques, sociologiques, économiques qui nous aident à saisir les enjeux de ce qui se passe aujourd'hui sous nos yeux. Les pédagogues, de leur côté, se coltinent sans relâche la difficile question de Pestalozzi : que faire avec des enfants qui ne veulent pas de ce que nous leur enseignons ? Les acteurs du système scolaire s'efforcent de clarifier des règles d'action qui nous permettront, peut-être, d'avancer ensemble. Tous s'interrogent sur l'École que nous devons construire et le projet de société qui la sous-tend... Quelques réponses sont esquissées dans cet ouvrage par des auteurs d'horizons différents qui, sans partager nécessairement toutes les convictions de cette première partie, s'engagent pour faire avancer la réflexion collective. L'ensemble est nécessairement lacunaire et ne traite pas de toutes les difficultés auxquelles les parents, les enseignants, les élèves, tous les citoyens concernés par l'École, sont confrontés. Mais il s'agit d'abord de poser quelques jalons. De montrer ce qui est possible. D'engager le dialogue sur de nouvelles bases afin de se demander ensemble, comme le fait, en conclusion, Walo Hutmacher, avec le regard aiguisé du sociologue genevois, à la fois très proche et très éloigné de nos conflits hexagonaux : *Au temps de la mondialisation, l'École publique a-t-elle encore un avenir ?* Sur ce problème comme sur bien d'autres, la réflexion est loin d'être achevée.

POUR ALLER PLUS LOIN

Alain, *Propos sur l'éducation*, Paris, PUF, 1932.
Ballion, R., *Les Consommateurs d'école,* Paris, Stock, 1982.
Beillerot, J., *La Société pédagogique,* Paris, PUF, 1982.
Develay, M., *Donner du sens à l'école,* Paris, ESF éditeur, 1996.
Dubet, F. (sous la direction de), *École, familles : le malentendu*, Paris, Textuel, 1997.
Dubet, F., Martuccelli, D., *À l'école, sociologie de l'expérience scolaire*, Paris, Seuil, 1996.
Hameline, D., *Courants et contre-courants*, dans *La Pédagogie contemporaine*, Paris, ESF éditeur, 2000.
Hirtt, N., *Les Nouveaux Maîtres de l'école : l'enseignement européen sous la coupe des marchés*, Bruxelles, Éditions EPO, 2000.
Hutmacher, W., « Mondialisation, démocratie et école d'État », conclusion du congrès d'Yverdon, juin 1999.
Longhi, G., *Pour une déontologie de l'enseignement*, Paris, ESF éditeur, 1998.
Meirieu, Ph., *L'École, mode d'emploi*, Paris, ESF éditeur, 1985.
Meirieu, Ph. et Guiraud, M., *L'École ou la guerre civile*, Paris, Plon, 1997.
Meirieu, Ph., *Lettre à quelques amis politiques sur la République et l'état de son école*, Paris, Plon, 1998.
Meirieu, Ph., *Les Devoirs à la maison – Parents, enfants, enseignants : pour en finir avec ce casse-tête*, Paris, Syros, 2000.
Montandon, C. et Perrenoud, Ph. (sous la direction de), *Entre parents et enseignants, un dialogue impossible ?* Berne, Peter Lang, 1994.

Pain, J. (sous la direction de), *Banlieues : les défis d'un collège citoyen*, Paris, ESF éditeur, 1998.
Perrenoud, Ph., *Métier d'élève et sens du travail scolaire*, Paris, ESF éditeur, 1996.
Perrenoud, Ph., *Dix Nouvelles Compétences pour enseigner*, Paris, ESF éditeur, 1999.
Rey, B., *Les Compétences transversales en question*, Paris, ESF éditeur, 1996.
Sénore, D., *Pour une éthique de l'inspection*, Paris, ESF éditeur, 2000.
Les Cahiers du radicalisme, « Les enjeux de l'éducation », Paris, Balland, 1999.

DEUXIÈME PARTIE

LA SITUATION ET LES ENJEUX DE L'ÉCOLE AUJOURD'HUI

« C'était mieux avant ! »
ou comment échapper à la nostalgie du tableau noir de la République

François Dubet
sociologue
professeur à l'université Victor-Segalen-Bordeaux 2
directeur d'études à l'École des hautes études en sciences sociales

« On a beau dire, l'École de la Troisième République, fondée par Jules Ferry, a fait l'honneur et la réussite de la France. Certes, nous savons bien qu'on ne peut pas revenir au passé. Mais, quand même, pourquoi avoir bradé, depuis cinquante ans, tout ce que nous étions parvenus à mettre en place ? Pourquoi avoir laissé tomber les savoirs fondamentaux ? Nos enfants ne connaissent plus l'orthographe, ne savent plus écrire une lettre, réciter les tables de multiplication ; ils ignorent les étapes fondamentales de l'histoire de notre pays. Ils ne respectent plus leurs maîtres et se comportent en classe comme devant la télévision. Le mérite individuel n'est plus reconnu. Sous prétexte de "mettre l'enfant au centre", on ne peut plus rien exiger de lui. On décourage l'effort et l'on se prive des élites. Les diplômes sont dévalorisés. La démagogie règne en maître. Toutes les réformes qu'on a fait subir à notre École sont, en réalité, une longue suite d'abandons successifs, une longue crise, une abdication de la culture et de l'identité nationale. »

Chacun est ému par l'image ou par le souvenir d'une école de village construite à l'aube de la Troisième République, ou même, par les murs impressionnants du grand lycée de la ville. La nostalgie est un sentiment délicieux ! Parce qu'elle nous donne toujours l'impression de vivre dans un monde éphémère et fuyant, la modernité aime les patrimoines, les racines, les paysages « naturels » qui donnent, contre les brutalités de l'histoire, le sentiment d'une éternité. Nous aimons les photos jaunies, y compris celles d'une époque qui ne fut pas la nôtre mais qui finit par participer des rêveries de notre enfance. À l'école, l'odeur d'une craie est un peu notre madeleine de Proust. Plus le monde change, plus l'avenir est improbable et plus la nostalgie s'installe dans les représentations de l'école. Bien des Français enrobent leurs souvenirs scolaires dans un halo de tendresse pour une École républicaine idéale, celle que décrivent Marcel Pagnol dans *La Gloire de mon père* et Alain-Fournier dans *Le Grand Meaulnes*.

Même ceux qui craignent le développement des violences à l'école ne peuvent se défaire de la nostalgie de *La Guerre des boutons*, du temps où les blouses grises des garçons et les blouses roses des filles étaient guidées par un hussard de la République vers un certificat d'études garantissant à chacun une bonne orthographe et une citoyenneté éclairée.

D'autres regrettent le temps où les lycées accueillaient des jeunes filles et des jeunes gens cultivés et vertueux apprenant le grec et le latin sous la férule bienveillante de maîtres savants et sages. Au fil des années, il s'est créé l'image d'un âge d'or de l'École républicaine, d'un temps où les maîtres et les élèves croyaient au savoir, d'un temps où les plus méritants étaient récompensés, d'un temps où chacun avait sa place et où l'École républicaine était sacrée.

Malheureusement cette nostalgie si sympathique participe, souvent à son insu, d'une rhétorique de la chute et de la décadence. Si nous pensons que l'École de la Troisième République a atteint la perfection d'un âge d'or, alors toutes les mutations, tous les changements, toutes les réformes qui suivent, seront jugés comme une dégradation, comme une atteinte portée aux valeurs et aux fondements de la République elle-même.

Il n'est pas une esquisse de réforme, pas une évolution qui n'appelle quelques grandes signatures à dénoncer les agissements et les complots des ennemis de l'École républicaine, à dévoiler les menaces qui pèsent sur la culture, la démocratie et la nation. Si le moindre changement est une atteinte à la République, qui peut se résoudre à un crime aussi détestable ? Qui va prendre le risque d'être montré du doigt comme antirépublicain, stigmatisé comme profanateur de l'égalité, du savoir et de la laïcité ? Qui oserait aller contre la France ?

Quand la nostalgie érige le passé en âge d'or, quand elle fait appel à ce passé pour ne pas voir les épreuves du présent, quand elle conduit à ne toucher aucun des équilibres sociaux et aucune des routines scolaires, il devient indispensable de rappeler quelques vérités historiques.

L'École républicaine telle qu'elle fut

La grandeur de l'École républicaine est d'avoir été portée par un projet national de citoyenneté. Les fondateurs de l'école laïque et obligatoire ont voulu que cette école forme des citoyens, les citoyens d'une France démocratique moderne arrachée à l'emprise, réactionnaire à cette époque, de l'Église. Chaque village de France s'est vu doter d'une école dans laquelle les instituteurs, formés comme des séminaristes laïques, ont eu vocation à installer les valeurs universelles des Lumières, de la nation et du progrès.

Effectivement, grâce à la centralisation républicaine, les maîtres sont parvenus à échapper au pouvoir des notables locaux. Ils ont développé un enseignement basé sur les savoirs élémentaires (lire, écrire, compter) et sur la diffusion d'une culture nationale faite de principes de morale, d'histoire, de géographie et de quelques textes de notre patrimoine littéraire.

Cette école a effectivement fait la France dans la mesure où elle a, peu à peu, formé des citoyens français. Les « patois » ont été presque éradiqués, les esprits se sont ouverts, l'influence de l'Église a reflué dans les églises sous l'action de maîtres plus tolérants qu'anticléricaux. Les Français se sont progressivement construits une culture commune. Aussi, aujourd'hui, quand ferme l'école d'un village, c'est toujours un peu comme si le village perdait quelque chose de son identité française.

École du peuple, école de l'élite ?

Mais cette école publique était-elle l'école de tous ? En réalité, le système scolaire mis en place par la République n'était pas démocratique au sens où l'on entend ce mot aujourd'hui. L'École républicaine était composée de deux institutions séparées.

Les enfants du peuple – enfants d'ouvriers et de paysans – allaient à l'école élémentaire pour y acquérir le certificat d'études primaires. L'École républicaine, ce fut d'abord leur école, même si tous ne parvenaient pas à y réussir : la moitié d'entre eux seulement obtenait le certificat d'études à la veille de la Seconde Guerre mondiale. Les enfants de la bourgeoisie allaient, eux, dans une autre école. À l'âge où les enfants du peuple étaient à l'école primaire, ils fréquentaient le petit lycée. Puis ils passaient au lycée. Non parce qu'ils étaient les meilleurs, mais parce qu'ils étaient nés au bon endroit, dans un milieu social où il allait de soi qu'on fréquentait le lycée. Ils étaient les héritiers de la culture et, souvent, de l'argent et du pouvoir. Dans ce lycée républicain, on parlait moins de la République que des « humanités », moins de la culture française que de « la culture » tout court. Au terme du lycée, les meilleurs, souvent aussi les plus favorisés culturellement, préparaient les concours d'entrée dans les Grandes Écoles qui leur ouvraient les portes de l'élite, tandis que les autres, armés du baccalauréat, entraient dans la vie active ou à l'Université.

Cette organisation de l'enseignement à deux vitesses a perduré jusqu'au début des années soixante. Elle a, sans aucun doute, prolongé l'inégalité. Mais elle a prétendu, en même temps, remédier à l'injustice en instituant, au sein des écoles primaires du peuple, l'« élitisme républicain ».

L'élitisme républicain, une imposture ?

L'élitisme républicain cherchait essentiellement à distinguer les meilleurs élèves issus du peuple, ceux que leur mérite, leur intelligence et leur vertu autorisaient à envisager de plus longues études, ceux dont la nation ne pouvait négliger les talents sans se priver d'une ressource utile.

Une fois ces élèves distingués par le maître d'école, il leur était possible d'obtenir le soutien des bourses, d'aller au collège et, parfois même, au lycée. Dans la plupart des cas, ces élèves obtenaient le brevet élémentaire, parfois le baccalauréat. Mais, même dans ce dernier cas, ils ne rejoignaient pas la véritable élite, celle qui avait fait du grec et du latin dès la sixième.

L'élitisme républicain n'a donc jamais concerné qu'une faible partie des élèves issus du peuple, ceux qui obtenaient des emplois publics ou embrassaient des professions de niveau moyen, contremaître ou comptable. Pour la grande majorité des autres, la scolarité élémentaire constituait leur unique scolarité. Autrement dit, l'élitisme républicain n'offrait qu'à une toute petite minorité la chance d'aller au bout d'un second cycle. Largement donnée aux élèves de la bourgeoisie, cette chance était parcimonieusement offerte aux meilleurs des enfants du peuple. Des parcours exceptionnels sont restés dans les mémoires, ceux de grands écrivains comme Péguy ou Camus, mais justement, ils demeurent exceptionnels.

Ce système a permis un début de démocratisation : il a entrouvert les portes de l'enseignement long ; il a favorisé la formation d'une classe moyenne issue du peuple et qui devait tout à l'école. Bien des enseignants ont été les produits de ce système, ce qui peut suffire à expliquer qu'ils y soient si attachés.

La paix scolaire, mais à quel prix ?

L'École républicaine a permis l'installation de la paix scolaire. Les enfants du peuple et les enfants de la bourgeoisie n'étant pas mêlés sur les bancs de la même école, les maîtres avaient affaire à des publics homogènes avec des cultures de référence identiques, des attitudes et des aspirations du même ordre.

De plus, au sein de chaque école primaire et au nom de l'élitisme républicain, il était facile de séparer les élèves en fonction de leurs compétences. Ainsi les meilleurs étaient-ils tirés vers le haut, tandis que les moins bons étaient plus rapidement conduits vers la sortie.

Ainsi cette école n'avait-elle pas à affronter directement les difficultés posées par l'hétérogénéité des publics scolaires puisque son organisation même entérinait les inégalités sociales. La plupart des élèves quittant l'école très jeunes, celle-ci n'avait guère à connaître longtemps les problèmes sociaux, ceux de la pauvreté, du chômage ou de l'immigration. Imaginez ce que serait l'école aujourd'hui si près de 70 % des élèves l'abandonnaient après la classe de cinquième ! On y créerait sans doute un havre de paix sociale, mais cette paix pourrait-elle être qualifiée de républicaine ?

Un îlot de justice scolaire dans un océan d'injustices sociales ?

L'École républicaine distribuait peu de diplômes : moins de 10 % de bacheliers au début des années cinquante pour une classe d'âge. L'utilité des diplômes était garantie par leur rareté. Quand un Français sur deux seulement possédait le certificat d'études, quand moins d'un sur vingt accédait à l'enseignement supérieur, les diplômes étaient « rentables », personne ne considérait qu'ils étaient « dévalués ». Mais la très grande majorité des enfants entrait directement sur le marché du travail dès la fin de l'école obligatoire.

Malgré cela, parce que identifiée à la nation, l'École républicaine avait l'avantage de n'être guère contestée. Dans un monde pauvre en moyens de communication et en médias, elle représentait souvent la seule possibilité d'ouverture à une culture plus large que celle de la famille, du village et de la classe sociale d'origine. Dans ce domaine, l'école n'avait guère de concurrent et son prestige est longtemps resté entier.

De plus, et de manière paradoxale, l'École républicaine pouvait être vécue comme un îlot de justice scolaire dans un océan d'injustices sociales parce que, précisément, l'élitisme républicain permettait à quelques enfants du peuple d'échapper à leur destin. Les autres apparaissaient surtout comme les victimes des inégalités sociales. Cette école ne « sauvait » pas tous les enfants, mais au moins, avait-elle le mérite d'en promouvoir quelques-uns. Un élève qui entrait à l'École normale supérieure suffisait à justifier toute une carrière d'instituteur.

L'école démocratique de masse prolonge l'idéal républicain

Si l'École républicaine s'est transformée, c'est d'abord parce que les républicains les plus progressistes ont rapidement décelé les aspects particulièrement injustes d'un système qui n'offrait pas les mêmes chances à tous. Dès les années vingt, des réformes plus ou moins timides se sont efforcées d'entrouvrir les portes du lycée, d'affaiblir les citadelles des études classiques, de favoriser les boursiers. Mais, au sein même de l'école, ces hommes de progrès se sont heurtés à des conservateurs, inquiets devant ce qu'ils percevaient comme un envahissement par des « barbares » peu dignes d'être accueillis à l'école.

Il faut attendre la Libération et le plan Langevin-Wallon pour que le principe de l'égalité des chances impose le thème de l'« école unique ». Puisque l'École républicaine se veut un outil de justice sociale, la généraliser, instaurer l'école unique, c'est augmenter l'efficacité de cet outil. À terme, tous les enfants entreront dans la même école et seuls leurs mérites les distingueront. C'est la fidélité aux principes républicains, poussés au bout de leur logique, qui substitua, il y a un demi-siècle, l'égalité des chances à l'élitisme républicain.

Mais il faudra attendre plus de trente ans pour que ce programme commence à entrer vraiment dans les faits avec l'élargissement du recrutement des lycées et de l'enseignement supérieur et, surtout, avec la mise en place du « collège unique » par René Haby. Dès lors, tous les élèves, quelle que soit leur origine sociale, entrent dans la même école, tous peuvent espérer atteindre les niveaux les plus prestigieux en fonction de leurs seuls mérites. L'école démocratique de masse veut réaliser l'utopie de l'École républicaine en créant « l'école de tous ».

La demande massive d'éducation

La lente construction de cette école ouverte à tous découle d'une série de choix politiques continus. Mais ces choix ont été mis en œuvre aussi bien par des majorités de droite que de gauche. Pourquoi ?

Parce que les politiques se rendaient compte que cette ouverture de l'école était une réponse à un phénomène nouveau et incontournable : la demande généralisée d'éducation. Le temps était fini où il fallait imposer l'obligation scolaire à des populations essentiellement rurales qui n'en voyaient pas l'utilité et qu'elle privait de la force de travail des enfants. Chacun veut désormais que ses enfants aient une chance de réussir comme tous les autres. Chacun sait aussi que les diplômes remplacent progressivement l'héritage de biens économiques pour accéder aux positions sociales. Aussi le mouvement de transformation de l'« élitisme républicain » en « école de l'égalité des chances » est-il irréversible. Les Français souhaitent que l'école s'ouvre à tous et que la seule compétition scolaire distribue les diplômes et les opportunités de succès. Chacun a le droit de réussir en fonction de son seul travail et de son talent ; tous les élèves doivent prendre le départ de la même compétition.

La grande majorité des Français a soutenu cette ouverture de l'école et la transformation de l'élitisme républicain en école de l'égalité des chances... et en a bénéficié. Depuis les années soixante, le nombre d'étudiants a été multiplié par quatre, celui des bacheliers par près de cinq. Le total des enfants d'ouvriers bacheliers est aujourd'hui supérieur à celui de l'ensemble des bacheliers trente ans plus tôt. Chaque classe d'âge produit plus de bacheliers aujourd'hui que de titulaires du certificat d'études primaires cinquante ans plus tôt. Dans ces conditions, il est difficile de parler de régression et de chute du niveau. D'ailleurs, comment proposer sérieusement de revenir à un élitisme républicain qui signifierait l'exclusion précoce d'une grande majorité des élèves ? Qui en voudrait aujourd'hui ?

Des classes désormais hétérogènes

Dans la mesure où la France a choisi l'école unique jusqu'au terme du collège, elle a choisi aussi de mélanger dans la même école des publics scolaires et sociaux différents. Il est évident que cette hétérogénéité entraîne de grandes difficultés pédagogiques qu'il serait vain de nier.

L'hétérogénéité des classes est, sans aucun doute, un progrès social. Mais elle fait peur. Ce que nous avons gagné en ouverture de l'école, nous l'avons perdu en homogénéité des cultures d'origine, des comportements sociaux, des niveaux scolaires. On conçoit alors que les divers acteurs essaient de reconstituer des classes, voire des établissements, homogènes. C'est le cas des enseignants au moment de la répartition annuelle des élèves dans les classes. Mais ce peut-être aussi celui des familles, voire des élèves eux-mêmes. Dans un quartier de Paris à forte population d'origine asiatique, les élèves d'origine européenne deviennent minoritaires au lycée. On observe alors une double tendance convergente : celle des majoritaires, prêts à tout faire pour se retrouver entre eux, celle des minoritaires, résignés à quitter l'établissement.

On peut comprendre les uns et les autres. Mais ces dérives choquent ceux qui croient encore que l'école doit être l'école de tous, offrant le même service et les mêmes chances à tous, empêchant les clans et les ethnies de faire la loi, favorisant le brassage des populations. Pourtant, nous restons ambigus : nous sommes favorables, en théorie, à une école démocratique mêlant tous les élèves. Mais, dans la pratique, nous souhaitons que nos propres enfants ne soient pas mélangés avec des élèves jugés trop faibles, trop difficiles ou, tout simplement, défavorisés.

Une école moins innocente

C'est vrai, l'école démocratique de masse est moins paisible, moins tranquille, que l'école de l'élitisme républicain ; la relation des enseignants et des élèves y est moins facile que dans une école dominée par la sélection sociale. Surtout, le mécanisme social de la sélection a profondément changé. Dans l'école de l'égalité des chances, c'est l'école elle-même qui fait la sélection. Elle perd ainsi une part de son « innocence » : certaines injustices, c'est elle qui les produit. Ou, du moins, les parents et les élèves le ressentent-ils ainsi. C'est l'école elle-même qui devient alors objet de débat : elle affirme qu'elle veut promouvoir la justice et reproduit des injustices. Elle est attaquée parce qu'elle est prise au piège de sa propre ambition.

Ainsi l'école démocratique de masse est l'héritière de l'École républicaine. Ses difficultés ne viennent pas du fait qu'elle a trahi les principes de la République, mais au contraire, qu'elle s'obstine à les mettre en œuvre.

Plutôt que de vivre le regard fixé sur un passé d'autant plus idyllique qu'il s'éloigne, il nous faut apprendre à réaliser dans l'école d'aujourd'hui le projet républicain. L'école de la Troisième République n'a pas été l'école parfaite que certains nous décrivent. De même, l'école d'aujourd'hui est bien loin de réaliser les idéaux qu'elle se donne. Si le passé ne nous propose aucun modèle, il nous reste à construire une école plus conforme à la vocation qu'elle affiche. Et le chantier est vaste.

Notre école, nous le savons bien, reste trop inégalitaire : le recrutement des élites se resserre alors qu'apparaissent des établissements et des filières dans lesquelles les élèves paraissent condamnés à l'échec et à la relégation. Bien des jeunes peuvent avoir le sentiment que l'école cherche à les exclure plutôt qu'à les intégrer. Nombre d'entre eux ne trouvent guère d'intérêt à leur apprentissage scolaire et quelques-uns choisissent la violence. Un siècle après sa constitution, l'École de la République a découvert de nouvelles difficultés et vit de nouvelles épreuves. Plus que jamais elle est à construire.

POUR ALLER PLUS LOIN

Alain, *Propos sur l'éducation*, Paris, PUF, 1932.

Baudelot, C., Establet, R., *Le niveau monte*, Paris, Seuil, 1989.

Briand, J.-P., Chapoulie J.-M., *Les Collèges du peuple*, Paris, INRP-CNRS-ENS, 1992.

Dubet, F., *Pourquoi changer l'école ?*, Paris, Textuel, 1999.

Dubet, F. (sous la direction de), *École, familles : le malentendu,* avec Charlot, B., Meirieu, Ph., de Singly, F., Paris, Textuel, 1997.

Dubet, F., *À l'école* (avec Martuccelli, D.), Paris, Seuil, 1996.

Dubet, F., *Les Lycéens*, Paris, Seuil, 1991 (édition de poche en 1992, 1996 et 1998).

Lelièvre, C., *Histoire des institutions scolaires en France*, Paris, Nathan, 1990.

Nicolet, C., *L'Idée républicaine en France*, Paris, Gallimard, 1982.

Ozouf, J. et M., *La République des instituteurs*, Paris, EHESS-Gallimard-Seuil, 1992.

Prost, A., *Histoire de l'enseignement en France*, 1800-1967, Paris, A. Colin, 1967.

Prost, A., *Éloge des pédagogues*, Paris, Seuil, 1992.

« Ça coûte trop cher pour pas grand-chose ! » *ou* comment évaluer les coûts et les résultats de l'institution scolaire

Jean-Jacques Paul
économiste
professeur à l'Institut de recherche en économie de l'éducation (IREDU)
université de Bourgogne

« Depuis cinquante ans, les enseignants ne cessent de descendre dans la rue pour réclamer une augmentation des moyens pour l'École. Dès qu'une proposition est faite par les parents ou par le ministre pour améliorer le service public d'éducation, ils exigent que l'on crée des postes supplémentaires. Quand on voudrait une meilleure qualité de leur enseignement, ils demandent toujours plus d'argent. Or, les enseignants sont quand même des privilégiés : outre la sécurité de l'emploi, ils ont des horaires de travail plutôt favorables. Ils travaillent, au mieux, trente-six semaines par an. Comment ont-ils l'indécence d'en demander "toujours plus" ? La vérité, c'est que les moyens dont dispose l'École sont mal répartis, mal employés, mal gérés. L'argent va à ceux qui n'en ont pas besoin. Son utilisation n'est jamais véritablement contrôlée. Que fait-on des trois cent soixante milliards que les contribuables donnent chaque année à l'institution scolaire ? L'énorme machine « Éducation nationale » coûte déjà

trop à la collectivité. Et quand on voit son inefficacité pour aider les jeunes à trouver du travail, on se demande si "gaspillage" est un mot suffisant pour qualifier ce tonneau des Danaïdes... C'est sans doute "gabegie" qu'il faudrait dire... »

Les dépenses d'éducation ont connu, au cours de ces deux derniers siècles, une croissance vertigineuse. En France, la dépense publique d'éducation représentait, vers 1810, un millième du produit intérieur brut (mesure de la richesse nationale produite annuellement) ; elle en représente 6 % aujourd'hui. La dépense par élève a été multipliée par 30 sur la même période. À la fin de l'empire napoléonien, 820 000 élèves fréquentaient l'école ; ils sont 14 000 000 aujourd'hui. En 1998, la dépense consacrée à l'éducation par l'ensemble des Français s'est élevée à 607 milliards de francs, soit plus de 6 % du produit intérieur brut et environ 10 300 francs par habitant.

En moyenne, la France dépense par élève 37 200 francs. Mais cette dépense varie selon les niveaux, en fonction du nombre d'enseignants par élève, de la qualification et donc de la rémunération des enseignants, en fonction aussi des moyens de fonctionnement et d'équipement requis. Ainsi, la dépense annuelle s'échelonne de 24 600 francs pour un élève de Maternelle ou du Primaire à 76 500 francs pour un élève d'école d'ingénieur et à 77 800 francs pour un élève de classe préparatoire aux Grandes Écoles. La dépense atteint même 150 000 francs par élève dans certaines écoles d'ingénieurs. Comparativement, les 39 000 francs par étudiant consacrés annuellement aux universités apparaissent modestes.

Mais, si au-delà des montants annuels, on s'intéresse à la dépense totale engagée pour mener un élève au terme d'un diplôme, les sommes deviennent évidemment encore plus considérables. Ainsi, un bachelier – qui n'aura pas redoublé – aura coûté au total 520 700 francs, un ingénieur 905 600 francs.

Une dépense directe des familles assez restreinte

Comparé à l'énormité de ces chiffres, ce que nous payons directement, de notre poche, pour l'éducation de nos enfants est relativement faible. Aujourd'hui, les familles contribuent, sur leur propre budget, seulement pour 6,9 % à la dépense d'éducation de leurs enfants ; c'est moins que l'effort qu'elles faisaient au début des années quatre-vingt, qui représentait, alors, 10,7 % des coûts éducatifs.

Selon une enquête de l'INSEE portant sur l'année scolaire 1991-1992, les familles ont dépensé en moyenne 3 070 francs par enfant (de 997 francs par élève de maternelle à 15 742 francs par étudiant de Grandes Écoles), avec de grandes différences selon le niveau de revenu de la famille et selon que l'enfant est scolarisé dans l'enseignement public ou privé. Les inscriptions et les assurances reviennent ainsi à 354 francs, en moyenne, dans les lycées publics et à 3 451 francs dans les lycées privés. L'écart se retrouve dans l'enseignement supérieur : 2 004 francs dans les établissements publics et 12 260 francs dans les établissements privés du même niveau.

La contribution des pouvoirs publics s'élevait, elle, en 1998, à 87,3 % des dépenses d'éducation. Le budget de l'Éducation nationale est devenu le premier budget de l'État, et il faut compter aussi avec les efforts, de plus en plus importants, des régions, des conseils généraux et des communes. L'éducation est donc, pour l'essentiel, financée par l'impôt... ce qui rend cette dépense assez invisible pour chacun d'entre nous. Invisible, mais considérable !

Mais il n'en va pas de même partout dans le monde.

Dans des pays aussi différents que les États-Unis, le Japon, le Brésil ou la Russie, les fonds que les familles doivent consacrer pour l'éducation de leurs enfants constituent une part importante de leur budget. Il faut souvent rechercher l'école qui offre le meilleur rapport qualité-prix, voire changer ses enfants d'établissement scolaire quand les prix augmentent ou quand le revenu familial baisse. Heureux sommes-nous de ne pas avoir à affronter de tels dilemmes !

La France est un des pays qui dépense le plus pour son éducation

Comparons maintenant la France avec d'autres pays de niveau de développement équivalent. Si l'on considère la part que représente la dépense publique d'éducation dans la richesse nationale (le PIB), parmi les vingt-neuf pays de l'OCDE, la France, avec 6 %, n'est dépassée que par le Canada et les trois pays d'Europe du Nord, Danemark, Finlande et Suède.

Si l'on veut conduire des comparaisons de dépenses par élève, il faut se doter d'une unité de compte commune. C'est pourquoi on rapporte souvent les dépenses éducatives à la « *richesse par tête* » du pays : c'est le produit intérieur brut divisé par le nombre d'habitants. On dispose, à partir de là, de quelques éléments de comparaison intéressants.

TABLEAU 1

Indicateurs de dépenses d'éducation et de scolarisation pour quelques pays

	PNB/ tête en 1997	*Dépenses publiques totales d'éducation en proportion du PIB (1995)*	*Dépenses par élève en dollars (1990)*	*Dépenses par élève en proportion du PIB/tête (1995)*	*Part des 2-29 ans scolarisés dans la population totale*	*Part des 2-29 ans dans la population totale*	*Taux de scolarisation des 2-29 ans*
Finlande	20 488	6,6	5 323	30	22	37	58
Irlande	20 634	4,9	3 272	19	27	46	60
Italie	21 265	4,7	5 157	26	21	38	54
France	21 293	6,1	5 001	25	26	39	65
Australie	21 949	5,1	6 346	32	26	43	59
Allemagne	22 049	4,7	5 972	29	20	36	55
Pays-Bas	22 142	5,3	4 397	22	23	40	58
États-Unis	29 326	5	7 905	30	24	42	58

Source (1) OCDE, (2) OCDE, Indicateurs de l'éducation, (3) Nos estimations d'après OCDE et US Bureau of Census.

Un tel tableau est fort instructif pour qui veut contrebalancer les slogans simplificateurs par des données comparatives de source sûre. La première colonne rappelle le rapport « PIB/tête » qui permet de classer la France parmi ses partenaires. Les six autres colonnes correspondent à six indicateurs qui permettent d'affiner la comparaison.

Le premier indicateur concerne la part de la richesse nationale consacrée à l'éducation. Les deux suivants sont des indicateurs de dépenses par élève, absolues en dollars pour l'un, et relatives en « PIB/tête » pour l'autre. Le quatrième est le taux de scolarisation des 2-29 ans, c'est-à-dire la proportion au sein de cette tranche d'âge des personnes qui « fréquentent l'école » au sens large. Pour obtenir ce chiffre, il faut les cinquième et sixième indicateurs : la part des 2-29 ans dans la population totale, la part des 2-29 ans scolarisés au sein de cette population.

Le *taux de scolarisation* permet d'évaluer le développement du système éducatif par rapport à la demande des familles et des jeunes. Mais il faut également percevoir que les efforts demandés à une nation en matière de développement du système éducatif seront fonction de sa structure démographique : en effet, un pays où les jeunes ne représentent qu'une faible partie de la population totale aura moins de difficultés à les scolariser qu'un pays où les jeunes sont majoritaires. C'est pourquoi nous devons tenir compte de la part des 2-29 ans dans la population totale. Et connaissant cette part ainsi que le taux de scolarisation, nous serons en mesure d'évaluer précisément ce que représentent les jeunes scolarisés par rapport à la population totale. Nous aurons ainsi un indicateur fidèle de l'effort des pays en matière de scolarisation.

Les performances globales de la France

Compte tenu de tous ces éléments, la France est l'un des pays qui consacre la plus grande part de dépenses publiques à l'éducation (6,1 %). Elle n'est dépassée que par la Finlande (6,6 %).

Cependant, avec environ 5 000 dollars pour chacun d'eux, elle est loin d'avoir la dépense la plus élevée par élève. Parmi les pays présentés, seules l'Irlande et les Pays-Bas dépensent moins. Cette situation est due à la pyramide des âges française : la tranche âgée de 2 à 29 ans est importante et, en conséquence, la France scolarise proportionnellement plus de jeunes que des pays à la population plus âgée. Pour ce qui nous concerne, nous avons plus du quart de notre population à l'école. Cette proportion est l'une des plus élevées parmi les pays de même niveau de richesse : d'une part, parce que presque quatre Français sur dix ont entre 2 et 29 ans. Mais, aussi, parce que le taux de scolarisation des jeunes de 2 à 29 ans atteint 65 %, ce qui constitue un record.

Retenons donc que la France consacre globalement plus pour l'éducation mais moins pour chaque élève car elle scolarise proportionnellement plus de monde. Cela fait de nous un pays à très fort investissement éducatif, mais aussi un pays où la dotation, pour chaque élève individuellement, est plus faible qu'ailleurs. Nous avons donc quelques bonnes raisons d'être, tout à la fois, collectivement fiers et individuellement insatisfaits.

Les priorités de la France par niveaux d'enseignement

Si l'on regarde « l'espérance de scolarisation à 5 ans », telle que la calculent les experts de l'OCDE (le nombre d'années d'études suivies en moyenne par un jeune), la France, avec 16,5 années, se situe dans le peloton de tête en compagnie de l'Allemagne et des Pays-Bas. La Finlande (et avec elle d'ailleurs l'ensemble des pays nordiques) fait mieux, avec 17,2 années. Nos enfants ont donc, dans l'ensemble, de bonnes chances d'avoir une scolarité longue.

Mais, dans ce domaine, certains pays font porter plutôt leur effort sur l'enseignement supérieur (ils allongent la scolarité « par le haut » en quelque sorte), alors que d'autres dépensent davantage pour l'éducation préscolaire (et allongent la scolarité « par le bas »). Ainsi, l'Irlande, la Finlande ou l'Australie ont-elles un taux de scolarisation dans le Supérieur bien plus élevé que le taux de scolarisation dans le Préscolaire. En Corée, 43 % des jeunes de 20 ans fréquentent l'enseignement supérieur, mais seulement 13 % des jeunes de 2-4 ans sont accueillis dans le préscolaire. À l'inverse, les Pays-Bas promeuvent davantage l'accueil des plus jeunes enfants, tout comme l'Allemagne. En Nouvelle-Zélande, 79 % des enfants de 2-4 ans sont scolarisés, contre 33 % des jeunes de 20 ans.

La France, elle, fait un effort assez homogène à tous les niveaux. Elle atteint des taux de scolarisation record tant pour le préscolaire que pour le Supérieur. Entre 2 et 4 ans, 80 % des enfants sont accueillis à l'école. À 20 ans, encore 42 % des jeunes sont accueillis dans le Supérieur. Ils sont seulement 34 % dans ce cas aux États-Unis. Néanmoins, c'est par rapport à la scolarisation dans le préscolaire que la France se distingue particulièrement. Nos jeunes enfants vont donc plus tôt à l'école et en plus grande proportion que dans les autres pays.

Les dépenses d'éducation en France par élève

Les dépenses françaises par élève sont proches des dépenses moyennes des pays de l'OCDE tant pour le Préscolaire que pour le Primaire. En revanche, elles s'écartent de la dépense moyenne pour le Secondaire et le Supérieur, mais de façon opposée pour ces deux niveaux : nous privilégions massivement l'enseignement secondaire et nous dépensons assez peu pour notre enseignement supérieur.

En effet, pour le Secondaire (collèges et lycées), la France consacre, par élève, un montant supérieur de plus de 20 % à la dépense moyenne. Elle se hisse, avec des fonds publics presque exclusivement, au niveau de l'Allemagne, qui, elle, compte pour le Secondaire, sur une participation privée, de la part des entreprises essentiellement, de 25 % de la dépense totale.

Mais pour le Supérieur, la situation est inverse. La France dépense nettement moins par étudiant que l'ensemble des pays comparables. Seule l'Italie consacre une dépense inférieure. La dépense par étudiant français est inférieure de plus de 50 % à la moyenne des pays de l'OCDE. Sur la période 1995-2000, la situation du Supérieur par rapport aux autres niveaux s'est même plutôt détériorée, puisque la dépense à ces autres niveaux augmentait sensiblement (+29 % pour le Préscolaire, +15 % pour le Secondaire) alors qu'elle stagnait au niveau du Supérieur. Néanmoins, dans la mesure où les effectifs du Supérieur ont tendance à stagner, voire à régresser, depuis 1995 et où le budget de l'enseignement supérieur, lui, n'a pas diminué, la dépense par étudiant a quand même légèrement augmenté. Mais, c'est une augmentation par défaut, en quelque sorte. Nous restons peu mobilisés pour notre enseignement supérieur alors que nous faisons des efforts constants et soutenus pour notre enseignement secondaire.

Le traitement des enseignants

Dans la mesure où l'éducation peut être classée, pour l'essentiel, comme une « activité de main-d'œuvre », on ne sera pas étonné d'apprendre qu'en France, 78 % des dépenses d'éducation sont consacrées à rémunérer le personnel. Doit-on pour autant en conclure que les enseignants français sont trop payés ? Une fois encore, pour tenter de répondre à cette question, considérons quelques comparaisons internationales avec les pays qui ont déjà servi de références.

Pour analyser les traitements des enseignants français, trois indicateurs doivent être pris en compte : le traitement (transposé en dollars) au bout de quinze années d'expérience, ce traitement rapporté au nombre d'heures d'enseignement, ce traitement rapporté au nombre d'élèves pris en charge.

Sur l'ensemble des pays considérés, les salaires des enseignants français, exprimés en dollars, dépassent seulement ceux de leurs collègues italiens au Primaire et au Secondaire, et ceux des Finlandais pour le Primaire. Si l'on tient compte du nombre d'heures d'enseignement, les enseignants du Primaire sont moins rémunérés que les enseignants américains, irlandais ou allemands, les enseignants du Secondaire étant un peu mieux lotis. Finalement, quand on prend en considération le taux d'encadrement, ce sont les enseignants français, tant au Primaire qu'au Secondaire, qui apparaissent les moins rémunérés par élève.

TABLEAU 2

Traitements annuels des enseignants des établissements publics en dollars (1996)

	Traitement avec 15 ans d'ancienneté formation minimale		*Traitement avec 15 ans d'ancienneté par heure d'enseignement*		*Traitement avec 15 ans d'ancienneté par élève*	
	primaire	secondaire	primaire	secondaire	primaire	secondaire
Finlande	23 384	28 936				
Irlande	35 061	37 154	38	51	1 550	2 352
Italie	21 392	24 218	29	38	1 913	2 170
France	26 298	28 949	29	45	1 346	2 177
Australie	34 897	34 897			1 931	
Allemagne	35 885	41 081	46	54	1 720	3 128
Pays-Bas	28 424	43 137		34		
			29			
États-Unis	32 533	33 953	34	32	1 924	2 308
Moyenne OCDE	**25 360**	**29 114**	**31**	**40**	**1 511**	**2 286**

Source OCDE (1998).

Certes, la rémunération n'est pas tout : il faudrait regarder de près des éléments difficilement chiffrables comme la nature exacte des obligations de service, la considération dont ils jouissent dans la société ou certains avantages en matière de couverture sociale... Mais il reste, néanmoins, que les enseignants français ne peuvent apparaître, par rapport à leurs voisins européens, comme scandaleusement avantagés.

Des disciplines sont-elles mieux dotées que d'autres ?

En France plus qu'ailleurs, chaque corps de spécialistes veille sur ses dotations en heures avec un soin jaloux. Il vit la moindre amputation comme une blessure faite à la culture elle-même. Raison de plus pour tenter d'y voir clair dans ce domaine.

Avec un quart du temps consacré aux disciplines scientifiques (mathématiques et sciences), les élèves français (12-14 ans) ne sont dépassés que par les jeunes Américains. Dans les disciplines littéraires et de sciences humaines, la durée de l'enseignement en France est proche de ce que l'on observe à l'étranger. On pourrait, en revanche, regretter que les jeunes Français n'étudient pas plus de langues étrangères, à l'instar de pays non-anglophones comme l'Allemagne, la Finlande ou les Pays-Bas. Mais compte tenu du nombre déjà élevé d'heures de cours, ceci signifierait qu'il faudrait sans doute réduire le temps consacré aux autres disciplines.

TABLEAU 3

Indicateurs de temps officiel d'enseignement par champs disciplinaires (1996)

	Temps d'enseignement total annuel en heures	*Proportion moyenne du temps consacré à diverses disciplines entre 12 et 14 ans (en pourcentage)*				
	(élèves de 14 ans)	Lecture et écriture	Mathématiques	Sciences	Sciences sociales	Langues étrangères
Finlande	950	13	11	13	7	15
Irlande	957	23	12	9	19	?
Italie	1 105	23	10	10	14	11
France	986	17	14	11	13	11
Australie	1 067	12	12	12	9	2
Allemagne	921	14	13	10	11	17
Pays-Bas	1 067	10	10	8	11	14
États-Unis	980	17	16	14	12	7
Moyenne OCDE	**941**	**16**	**13**	**11**	**12**	**11**

Source OCDE (1998).

Avons-nous des résultats à la hauteur de nos dépenses ?

La question est particulièrement difficile : l'éducation des hommes n'a rien à voir avec la production des objets. Néanmoins, on peut rappeler quelques éléments significatifs : d'abord, le niveau de formation de la population française s'est considérablement accru. C'est la conséquence des taux élevés de scolarisation que nous avons déjà observés.

Prenons, aujourd'hui, la tranche d'âge des 25 à 34 ans. 75 % d'entre ces personnes ont un niveau de formation au moins égal au second cycle du Secondaire, tant pour les hommes que pour les femmes. Comparons avec la tranche d'âge des 45 à 54 ans. Elle a été scolarisée vingt ans plus tôt. Seulement 60 % chez les hommes et 50 % chez les femmes atteignaient le même niveau. En vingt ans, la croissance a été considérable, notamment pour les femmes.

En 1980, 38 % des jeunes atteignaient la fin du Secondaire. En 1997, ils étaient 70 %. Dans le même temps, la part des jeunes quittant le système éducatif sans qualification s'est réduite, passant de 13 % à 8 %... même si on peut considérer, évidemment, qu'elle est encore trop élevée.

Mais ces résultats sont loin de convaincre tout le monde : beaucoup font remarquer qu'on mène plus de jeunes de plus en plus loin, mais au détriment du niveau scolaire : « Ils sont plus nombreux... Cela ne prouve pas qu'ils soient meilleurs ! C'est même peut-être, tout simplement, qu'on a, partout, abaissé le niveau ! »

Pour répondre à ces objections, il faut tenir compte des évaluations nationales menées auprès des élèves. On peut également se référer aux évaluations internationales qui permettent de juger les connaissances de nos jeunes par rapport à celles de leurs homologues étrangers. On peut, enfin, utiliser l'analyse des conditions d'entrée sur le marché du travail et de rémunération tout au long de sa vie, en fonction du niveau de diplôme.

Comment les résultats évoluent dans le temps

Des épreuves d'évaluation sont proposées, chaque année, à l'ensemble des élèves de CE2, de sixième et de seconde. Toutefois, du fait que les épreuves changent d'une année sur l'autre, on ne peut guère les utiliser pour effectuer des comparaisons dans le temps. En revanche, nous pouvons utiliser les résultats d'une étude menée sur la base d'un même protocole soumis à deux échantillons représentatifs d'élèves de CM2, à dix années d'intervalle : en 1987 et en 1997. L'épreuve était constituée de huit textes suivis de questions destinées à en tester la compréhension. Les résultats des deux cohortes sont à peu près équivalents : en 1997, les élèves ont obtenu une moyenne de réussite de 66,1 % contre 65,6 % pour les élèves de 1987. La part des élèves faibles, moyens et forts est identique pour les deux périodes. On ne peut donc pas parler d'une baisse du niveau scolaire en fin de Primaire ces dernières années.

Ces résultats sont en accord avec ceux que Claude Thélot présente dans *L'Évaluation du système éducatif*. Sur une longue période, on ne note pas de dégradation du niveau en orthographe. On a fait faire, en 1987, à un échantillon aléatoire d'élèves, la même dictée qu'avaient eu à faire des élèves un siècle auparavant. Les jeunes d'aujourd'hui se sont révélés meilleurs en orthographe que leurs camarades d'il y a cent ans.

De même, sur vingt ou trente ans, à la charnière du CM2 et de la sixième, les élèves manifestent des compétences en calcul équivalentes voire légèrement croissantes. Dans leur ouvrage *Le niveau monte*, Christian Baudelot et Roger Establet analysent de façon détaillée les résultats des épreuves administrées aux conscrits. Ils arrivent à la même conclusion : une hausse continue sur la période de référence, 1954-1982. Ce mouvement se prolonge au-delà puisque Claude Thélot, de son côté, estime que le niveau moyen des conscrits s'est accru de 18 % de 1971 à 1991. Et, résultat important, la progression a été plus forte pour les conscrits les plus faibles, ce qui n'a pas empêché l'élite de progresser également. Il n'est donc pas possible de parler de baisse généralisée du niveau, et pas davantage, comme on l'entend dire parfois, d'une dégradation du système scolaire qui en serait la cause.

Que disent les évaluations internationales ?

Des évaluations internationales du niveau de connaissances des élèves sont organisées conjointement depuis le début des années soixante dans un certain nombre de pays. On peut, certes, en critiquer certains aspects : des questionnaires construits pour comparer des niveaux scolaires d'écoliers de pays différents, ayant des cultures et des programmes différents, peuvent paraître artificiels. Par ailleurs, la représentativité des échantillons sélectionnés n'est peut-être pas parfaite. Néanmoins, les résultats sont utilisés par la plupart des gouvernements. Ceux-ci y voient un indicateur important du niveau relatif de connaissances des élèves de leur pays. D'ailleurs, de plus en plus de nations souhaitent participer à de telles opérations.

Les derniers résultats publiés par l'OCDE concernent les mathématiques et les sciences évaluées, en 1995, dans vingt-cinq pays ou régions pour des jeunes du niveau de notre quatrième de collège.

En mathématiques, les élèves français obtiennent une moyenne significativement supérieure à celle des pays de l'OCDE. Ils sont précédés par les élèves coréens et japonais qui ont les meilleurs résultats, puis par les jeunes Belges flamands et Tchèques. Le groupe dans lequel les Français se situent comprend notamment les Hollandais, les Autrichiens et les Hongrois. Ils précèdent ainsi de nombreux pays parmi lesquels l'Allemagne, le Royaume-Uni, les États-Unis.

Si la France obtient ces bons résultats, ne serait-ce pas au détriment des plus faibles ? N'y a-t-il pas un progrès important d'une frange de bons élèves que l'on payerait par un effondrement des autres ? Un bon score moyen pour une population donnée ne signifie pas grand-chose si on ne regarde pas la manière dont les résultats sont répartis. Or, note l'étude de l'OCDE, *« en France, la plupart des élèves obtiennent des résul-*

tats en mathématiques supérieurs à la moyenne de l'OCDE et l'éventail des résultats est relativement resserré, alors qu'au Japon, une forte dispersion des résultats et un niveau moyen élevé sont observés ».

En ce qui concerne l'étude sur la lecture menée en 1992, les résultats sont également bons pour les jeunes Français. À 14 ans, ils ont les meilleurs résultats au test après les Finlandais, sur les 18 pays ou régions représentés.

Un point noir est à relever cependant. Il concerne l'enseignement des sciences. Les élèves français ont obtenu des résultats faibles. Vingt-six pays ont participé à l'évaluation : les Français font seulement mieux que les Portugais, les Danois et les Belges francophones. Voilà sans doute une information dont il faut tirer les conséquences pédagogiques.

À quoi servent vraiment les études ?

Parmi les reproches formulés à l'encontre de l'École, l'un d'entre eux revient souvent : elle formerait des élèves inadaptés au marché du travail. Le taux de chômage élevé chez les jeunes s'expliquerait par cette carence. Or, d'une part, malgré la reprise économique, les difficultés d'insertion des jeunes sur le marché du travail sont dues aux difficultés générales de la conjoncture. Que cette dernière continue à s'améliorer et l'on peut parier que le chômage des jeunes diminuera. D'autre part, quoi qu'on en dise, le diplôme d'enseignement supérieur demeure une des meilleures garanties contre le chômage.

Deux enquêtes récemment publiées par le Centre d'études et de recherche sur les qualifications (CEREQ) illustrent ces deux affirmations. Selon l'enquête menée en 1999 auprès des étudiants ayant terminé leurs études en 1996, il ressort que la situation des diplômés de l'Enseignement supérieur, qui s'était détériorée entre 1991 et 1995, s'est améliorée depuis. La plupart des filières scientifiques et techniques profitent de la reprise économique... mais il est vrai que les diplômés des filières littéraires, tout comme ceux des formations tertiaires, rencontrent encore des difficultés.

La seconde enquête a suivi, pendant cinq ans, plus de 27 000 jeunes ayant quitté le système éducatif en 1992. C'était, on s'en souvient, une époque où la conjoncture économique était très mauvaise. Sur cette plus longue période de cinq ans, le chômage concerne essentiellement les jeunes sortis à un niveau inférieur au CAP ou au BEP. Près de 15 % d'entre eux n'ont jamais occupé d'emploi. À l'inverse, les diplômés de l'Enseignement supérieur ont été relativement épargnés. Ceux qui ont connu le chômage y sont restés pour des périodes de courte durée. Près de la moitié des diplômés de l'Enseignement supérieur long n'ont jamais connu, en cinq ans, de chômage. Au bout de cinq ans, le taux de chômage de l'ensemble des jeunes hommes est au même niveau que celui des adultes. S'il est vrai que les jeunes femmes ont vu également leur situation se stabiliser au cours de cette période, leur situation est restée, du point de vue du taux de chômage, en deçà de celles des salariées plus anciennes. L'insertion a donc été plus longue, mais il n'y a pas eu sanction manifeste d'une quelconque baisse de qualité des diplômés de la part du marché du travail.

Si maintenant, l'on regarde de près les salaires – et plus seulement l'emploi –, le diplôme constitue encore aujourd'hui « un investissement » très rentable. L'OCDE estime que le « taux de rendement » d'un diplôme universitaire s'élève en moyenne, en France, à 20 % : ce « taux de rendement » est calculé à partir du revenu auquel a renoncé un jeune – ou, plus souvent, sa famille – pour l'investir dans des études. Le salaire gagné une fois le diplôme obtenu permet d'en mesurer le rendement. 20 % par an : c'est le taux le plus élevé parmi les sept pays considérés.

Rien donc, aujourd'hui, ne permet d'affirmer que « l'école est une usine à chômeurs ». Si elle a, d'évidence, encore de gros progrès à faire, elle n'a pas démérité gravement ces dernières années.

Quelle efficacité pour notre système éducatif ?

Claude Thélot a proposé une évaluation du rendement de l'ensemble du système éducatif français sur la période 1974-1992. Pour lui, le coût moyen par élève a augmenté en francs constants de 2,1 % par an. Ce coût correspond-il à des progrès observables ? Et sur quels indices se baser pour évaluer des progrès significatifs dans les résultats de l'école ? Claude Thélot prend en compte l'accroissement du niveau des connaissances, le taux d'emploi des jeunes, la participation de l'éducation de la main-d'œuvre à la croissance économique, la rentabilité des études, la formation du citoyen. En faisant la synthèse de tous ces facteurs, il situe ces progrès dans une fourchette d'amélioration annuelle de 0,8 % à 1,3 % depuis quinze ans.

Une augmentation de coût de 2,1 %. Un impact de 1,3 % tout au plus : la balance coût/résultats serait donc négative ? Faut-il en conclure que le « rendement » du système scolaire s'est détérioré sur cette période ? Il faut noter que l'évaluation effectuée par Claude Thélot concerne une période de fort ralentissement économique global et de montée du chômage. De plus, outre les incertitudes liées à la méthode, Claude Thélot signale lui-même qu'il faut tenir compte d'une autre donnée : le système éducatif connaît ce que les économistes nomment des « rendements décroissants ». En se développant, l'éducation scolaire s'étend à des populations qui, pour de multiples raisons, éprouvent de plus grandes difficultés pour apprendre. Il faut alors investir des sommes beaucoup plus importantes pour obtenir des améliorations de résultats plus ténues. C'est normal : quand on touche à des situations dramatiques, il faut beaucoup d'énergie pour faire de petits progrès. Mais ces petits progrès statistiques sont déterminants sur le plan humain. Ce sont eux qui rendent l'espoir aux plus démunis.

En conclusion, rappelons que notre système n'est pas, bien sûr, exempt de gaspillages. Le redoublement qui coûte extrêmement cher pour des effets presque nuls – quand ils ne sont pas négatifs – en est un bel exemple. Des réformes, annoncées à grand fracas, s'enlisent après avoir coûté des sommes importantes. Et bien des améliorations pourraient être effectuées en matière de gestion et d'organisation.

Mais, plus globalement, les dépenses engagées en France correspondent au choix politique d'une « scolarisation large » : cela a des avantages et des inconvénients. On peut contester les choix effectués et souhaiter que d'autres priorités soient définies. Mais on ne peut pas prétendre qu'au regard des finalités que nous nous sommes données, nous soyons dans une situation de gabegie. Ce serait injuste. Nous n'avons pas à rougir des résultats de notre système éducatif. Même si nous devons, plus que jamais, exiger que les choix financiers qui présideront à son évolution future soient faits dans la plus grande clarté.

POUR ALLER PLUS LOIN

Baktavatsalou, R., Pons, C., *Comparaison des performances en lecture-compréhension des élèves en fin de CM2 à dix ans d'intervalle (1987-1997)*, Note d'information, ministère de l'Éducation nationale, de la Recherche et de la Technologie, 1998, n° 98-39.

Baudelot, C., Establet, R., *Le niveau monte*, Paris, Seuil, 1990.

Martinelli, D., et *al.*, « Génération 92 » : profil, parcours et emplois en 1997, *Céreq Bref*, n° 149.

Martinelli, D., et *al.*, « Diplômés de l'enseignement supérieur, la reprise de l'emploi ne profite pas à toutes les filières », *Céreq Bref*, n° 156.

Fontvieille, L., « Croissance et transformation du système éducatif et de formation en France aux XIXe et XXe siècle », 1999, in Paul, J.-J., Gissot, C., Héran, F., Manon, N., *Les Efforts éducatifs des familles, Consommation-Modes de vie*, septembre 1994, n° 62-63.

Goux, D., Morin, E., « Éducation, expérience et salaire », *Économie et Prévision*, 1994, n° 116, p. 155-198.

Ministère de l'Éducation nationale, de la Recherche et de la Technologie, « Le coût de l'éducation en 1998. Évaluation provisoire du compte », *Note d'information*, 1999, n° 99.

Regards sur l'éducation, Les indicateurs de l'OCDE, Centre pour la recherche et l'innovation dans l'enseignement, Paris, OCDE, 1998.

Administrer, gérer, évaluer les systèmes éducatifs. Une encyclopédie pour aujourd'hui, sous la direction de J.-J. Paul, Paris, ESF éditeur, 1999.

Paul, J.-J., *La Relation formation-emploi : un défi pour l'économie*, Paris, Economica, 1989.

Paul, J.-J., *Le Redoublement, pour ou contre ?*, Paris, ESF éditeur, 1996.

Thélot, C., *L'Évaluation du système éducatif*, Paris Nathan, 1993.

TROISIÈME PARTIE

APPRENDRE DANS L'ÉCOLE D'AUJOURD'HUI

« Rien ne vaut les bonnes vieilles méthodes ! » *ou* comment échapper aux simplifications rapides

Cécile Delannoy
professeur de lettres

« Autrefois, au moins, on sortait de l'école avec un bagage sûr. Aujourd'hui, il semble que les jeunes ne savent plus grand-chose. Ou ils n'ont que des connaissances très vagues. Les vieilles méthodes ne sont pas si dépassées qu'on veut bien le dire... On n'a pas encore montré comment on pouvait écrire sans apprendre par cœur des règles de grammaire, faire des opérations sans connaître les tables de multiplication. Nous-mêmes, adultes, sommes heureux d'avoir, à l'école, appris des poèmes que nous pouvons encore réciter. Certes, la liste des départements, des préfectures et des sous-préfectures était fastidieuse. Mais pourquoi sacrifier tout ce qui demande un petit effort ? Avec de vagues notions de psychologie, on promeut la facilité. Ce n'est pas ainsi qu'on rend service aux jeunes. »

« Montre-moi ce que tu as à faire ?

— Je dois apprendre ce chapitre d'histoire pour le contrôle. Mais on m'a dit de ne pas l'apprendre par cœur...

— Qu'est-ce que tu dois faire exactement ?

— Justement, je ne comprends pas ce qu'il faut faire.

— Donne-moi ton livre et ton cahier... Mais moi non plus, je ne vois pas bien ce qu'ils veulent. Quand j'étais gosse, on ne faisait pas du tout comme ça ! »

Et il est vrai que cette situation a quelque chose d'irritant : ce que l'école exige de nos enfants, nous qui sommes leurs parents devrions savoir le faire... ou, au moins, comprendre les consignes pour pouvoir les aider. Cette manière de compliquer systématiquement les choses en dénigrant les méthodes avec lesquelles nous-mêmes avons été formés nous met à l'écart... comme si on voulait nous signifier par là que nous ne sommes plus dans le coup ! Alors, pour peu que notre enfant soit en difficulté, il nous arrive de penser que c'est la faute des « méthodes modernes » et que, si l'école en était restée aux méthodes de jadis, tout irait bien mieux.

« Autrefois, c'était quand même autre chose... »

Chacun se souvient d'une grand-mère qui, quoi qu'ayant quitté l'école à quatorze ans, a eu toute sa vie une orthographe impeccable. Elle pouvait, à près de quatre-vingts ans, réciter des tirades du *Cid*, des centaines de vers de *La Légende des siècles* et de longs passages de *L'Énéide* de Virgile, appris par cœur dans son enfance. Quelle différence avec ces adolescents d'aujourd'hui à l'orthographe si approximative et incapables de réciter seulement une fable de La Fontaine !

Mais on oublie un peu vite que les mauvais élèves existaient aussi au temps jadis ; ils peinaient plusieurs années, en vain, sans obtenir le certificat d'études ; ils étaient considérés définitivement comme des cancres, parqués au fond de la classe, ignorés quand passait l'inspecteur... On oublie aussi à quel point l'ensemble des connaissances qu'on transmettait alors aux élèves était limité : solidement maîtrisé par les meilleurs, mais limité ! De l'orthographe, de l'arithmétique, des résumés d'histoire de France, de géographie, quelques leçons de choses, une trentaine de grands textes littéraires et *La Marseillaise*. Même au lycée, les savoirs enseignés étaient beaucoup plus circonscrits qu'aujourd'hui : il suffit, pour s'en convaincre, de comparer des manuels de biologie ou d'histoire édités dans les années cinquante avec ceux qui sont utilisés à présent. Cela dit, le problème demeure : serait-on passé d'un enseignement solide de savoirs parfaitement maîtrisés à une promenade superficielle dans des champs de connaissances d'où rien ne subsiste à la sortie de l'école ? N'est-il pas temps de revenir à des apprentissages fondamentaux pour lesquels le « par cœur » reste une véritable garantie d'acquisition durable ?

« Apprendre par cœur » : un mécanisme au service d'un projet

Les textes que nous apprenons par cœur – mais aussi les airs de musique, les enchaînements de gestes que font les danseurs ou les gymnastes – se fixent en nous, portés, « chaînés » et enchaînés par leur rythme que nous ressentons dans notre corps. Apprendre par cœur, ici, c'est en quelque sorte « apprendre par corps ». Nous mémorisons un mouvement, des pulsations, une manière particulière de vibrer à un texte. Notre mémoire s'exerce indépendamment de la signification précise des mots que nous prononçons ; elle est même d'autant plus solide que le sens de ce que nous apprenons passe au second plan : si nous cherchons d'abord à mémoriser le sens, nous allons reformuler le texte avec nos mots à nous, qui nous donnent prise sur lui, mais nous conduisent inévitablement à le déformer. Cela pourra constituer une première approche, une première étape, mais cela deviendra un obstacle quand nous nous donnerons pour objectif la restitution exacte du texte initial.

Ceux d'entre nous qui ont appris, enfants, une fable de La Fontaine, une comptine de jeu, voire une chanson dans une langue étrangère qu'ils ignoraient, les ont fixées durablement, de manière presque indélébile s'ils les ont suffisamment répétées, et d'autant plus solidement que leur mémoire s'est exercée obstinément, sans s'arrêter chaque fois sur le sens de chaque mot. Souvent, pour y parvenir, il leur fallait apprendre debout, en marchant de long en large et, parfois même, réciter en se balançant, comme le font beaucoup de jeunes enfants, pour en fixer le rythme dans le corps.

Pourtant, il ne faut pas mépriser l'apprentissage par cœur. Nous ne pourrions pas nous en passer pour un nombre considérable d'activités de la vie quotidienne : composer un numéro de téléphone, retrouver son chemin dans la rue, chercher un mot dans un dictionnaire, etc. Sans lui, il nous faudrait en permanence mobiliser notre attention sur chaque détail et investir l'essentiel de notre énergie sur l'exactitude du moindre geste, du moindre mot. Le « par cœur » libère notre conscience pour que nous puissions nous livrer à des activités où nous avons infiniment plus besoin d'elle : ainsi, réciter un texte par cœur, se laisser porter par son rythme, être entraîné par les automatismes acquis, c'est pouvoir s'investir dans un projet : séduire, convaincre ou émouvoir autrui grâce à ce texte.

Nous touchons là à l'essentiel : c'est le projet, l'intention, le sens, qui fondent le « par cœur », le rendent utile, le font percevoir comme nécessaire. Nul ne nie qu'il faille monter des gammes pour devenir instrumentiste. Activité fastidieuse s'il en est. Activité qui demande des efforts considérables. Mais activité qui peut prendre sens, dès lors qu'elle est articulée au projet de jouer de la musique et que l'on a entrevu, même fugacement, les satisfactions que cela peut procurer : accéder à un plaisir esthétique nouveau, faire partager une émotion, basculer dans un univers où les sacrifices consentis seront, tout à coup, transfigurés par la perfection de l'expression obtenue.

« Apprendre par cœur », c'est donc fixer son attention, pendant un temps donné, sur des mécanismes à acquérir ; c'est se livrer à des exercices qui peuvent apparaître stupides mais qui sont nécessaires dès lors qu'on a décidé d'engager une activité qui, elle, fait vraiment sens. En réalité, aucun apprentissage ne commence par le « par cœur ». Tout apprentissage commence par un projet. Au début, il y a le désir. Imposer d'emblée le « par cœur », c'est, le plus souvent, tuer le désir, c'est éloigner l'élève des exercices auxquels on veut l'amener et dont, au contraire, il peut comprendre la nécessité dès lors qu'il sera motivé.

Il faut donc réhabiliter le « par cœur » et promouvoir le sens de l'effort qui lui est attaché. Mais cela impose de renoncer au « par cœur *a priori* » ; cela suppose de construire des projets mobilisateurs, théâtraux ou technologiques, historiques ou scientifiques, qui fassent naître la nécessité du « par cœur » et montrent aux élèves qu'il peut y avoir là, tout à la fois, un moyen d'économiser de l'énergie et une occasion de se réaliser en mettant, en eux-mêmes, « la machine au service du projet ».

Une mémoire pour résoudre des problèmes et non pour accumuler des solutions toutes faites

Mais tous les savoirs ne peuvent ainsi se réduire à des « segments automatisés » appris « par cœur » que l'on utiliserait pour réaliser des projets longuement mûris. Les savoirs que nous mobilisons dans les situations complexes et imprévues, quand nous sommes confrontés à des problèmes à résoudre, sont d'un autre ordre.

Regardez ce qui se passe lorsqu'on vous demande

un renseignement disponible : la réponse vient sans aucun effort, sans aucune recherche en mémoire. Le plus souvent, vous n'avez pas conscience d'utiliser votre mémoire, parce que vos savoirs sont intégrés. En quelle année est né votre conjoint ? Et vos enfants ? Où se trouve la ville de Florence ? Combien de kilomètres depuis votre ville jusqu'à Paris ? Contre quelles maladies êtes-vous vacciné ? Il ne s'agit pas là de savoirs que vous avez appris par cœur, mais, pourtant, il s'agit de connaissances apprises, acquises, et – en général – disponibles.

De même, lorsque nous avons un problème à résoudre... Je reçois chez moi, à Nantes, un hôte étranger qui me demande s'il lui serait possible d'aller passer le week-end à Reims et si cela lui coûterait cher. Je mobilise instantanément des connaissances variées : distance et durée du voyage en train jusqu'à Paris, prix du billet, temps du changement de gare par le métro, départ à la gare de l'Est pour une distance que, cette fois, j'ignore mais que j'évalue, avec une marge d'erreur acceptable : 150 kilomètres ? 200 kilomètres ? La moitié, à peu près, des 400 kilomètres de Nantes à Paris. Ou peut-être vaut-il mieux faire le voyage en voiture, par route ou autoroute, payer l'essence et le péage... Les renseignements qui me manquent, je sais où les trouver, je sais consulter le service SNCF sur minitel, la technique m'en est familière ; je peux aussi téléphoner à un ami qui se déplace souvent en France.

Essayez d'imaginer que, pour répondre à mon interlocuteur, je doive mobiliser des « savoirs par cœur » : combien en faudrait-il ? Il m'aurait fallu apprendre tous les itinéraires possibles en France avec leur kilométrage, les prix des transports en commun et tous les horaires. Des savoirs par cœur qui, d'ailleurs, se périmeraient très vite, peut-être sans que j'aie jamais eu l'occasion de les utiliser !

La diversité de nos connaissances disponibles et la complexité de leurs combinaisons exigent que nous apprenions à utiliser notre mémoire de manière souple, plutôt comme un ensemble d'outils pour trouver des réponses que comme l'ensemble exhaustif – et évidemment impossible à constituer – de toutes les réponses possibles.

Apprendre à chercher l'information utile

L'école d'autrefois, contrairement à ce que l'on croit parfois, ne se contentait pas de faire apprendre des textes et des listes par cœur ; elle enseignait aussi des méthodes, des techniques opératoires. Personne n'a jamais appris par cœur combien de fois font 632 multiplié par 57 : nous avons appris une technique pour le calculer sans l'apprendre. Cette logique-là est en train de l'emporter partout : nous devons nous préparer à résoudre des problèmes imprévisibles et dont on ne peut apprendre par cœur à l'avance les solutions.

Le développement des ressources documentaires (livres, revues, émissions scientifiques, CD-rom, banques de données, etc.) et des lieux où consulter des documents (bibliothèques, médiathèques, centres de documentation) change complètement notre environnement intellectuel : savoir trouver l'information devient plus important que de la garder en mémoire. De plus, l'existence d'outils qui accomplissent pour nous toutes les fonctions « bas de gamme » de l'intelligence (calculettes, agendas, modes d'emploi, répertoires d'adresses, livrets, notices, relevé de comptes, etc.) rend pratiquement inutile la maîtrise d'automatismes dont il nous faut, certes, comprendre les principes mais que nous n'avons plus à exécuter nous-mêmes.

En revanche, les problèmes à résoudre – problèmes de vie quotidienne, problèmes professionnels, problèmes de citoyens – sont de plus en plus complexes et supposent que nous mobilisions des savoirs empruntés à plusieurs domaines... ce qui exclut l'utilisation exclusive de savoirs par cœur enchaînés les uns aux autres de manière purement linéaire. Prendre une décision, comme nous avons à le faire en permanence, suppose que nous disposions de différents éclairages, que nous soyons capables d'anticiper ce qui peut se produire, d'imaginer les réactions d'autrui. Rédiger une dissertation ou organiser une expérience scientifique requièrent des capacités de synthèse, de mise en perspective, de combinaison entre des savoirs de natures différentes : linguistiques, littéraires, scientifiques, techniques, etc. Tout cela peut intégrer quelques apprentissages par cœur, effectués de manière mécanique, mais auxquels il n'est pas possible de réduire toute l'activité intellectuelle à déployer.

Se dégager du dogmatisme

Les « bonnes vieilles méthodes » ont fait leur preuve, c'est vrai. Mais ce qui « marchait » en elles, c'était moins les procédés (comme l'apprentissage « par cœur ») que leur capacité à donner du sens à ces procédés. Il ne faut donc pas se crisper sur les procédés, ni pour ni contre eux. La mémoire mécanique est utile quand elle est assujettie à un projet, à une intention que l'élève s'est véritablement approprié et pour laquelle il est prêt à effectuer des exercices ingrats. Mais cette même mémoire est incapable de permettre de résoudre tous les problèmes complexes auxquels les élèves sont confrontés : là, il faut utiliser d'autres méthodes, comme l'analyse de cas, la recherche documentaire, l'expérimentation, le travail en groupe.

Il y a des choses qu'il faut impérativement savoir sur le bout des doigts... à condition de savoir pourquoi on les a apprises et de pouvoir les utiliser. Il y a des choses qu'il faut apprendre à rechercher, en affrontant l'inconnu, en côtoyant l'incertitude. En matière de méthodes pédagogiques, l'anathème et l'excommunication ne sont pas de mise. Pas plus que la totémisation de méthodes miracles. C'est pourquoi la réflexion collective entre les élèves, les enseignants et les parents est, ici, particulièrement importante.

POUR ALLER PLUS LOIN

Astolfi, J.-P., *L'École pour apprendre,* Paris, ESF Editeur, 1992.

Delannoy, C., *Une mémoire pour apprendre,* Paris, Hachette, 1992.

Delannoy, C., *La Motivation,* Paris, Hachette, 1992.

Pierrelée, M.-D., *Pourquoi vos enfants s'ennuient en classe*, Paris, Syros, 1999.

Smith, F., *La Compréhension et l'Apprentissage*, Laval (Canada), Horwath, 1980.

« L'orthographe fout le camp ! » *ou* comment sortir de la désolation

Danièle Manesse
linguiste
maître de conférences à l'université Paris V
Institut national de recherche pédagogique

« Je ne peux pas m'empêcher de me faire du souci lorsque, tout au long de ses années de collège et de lycée, je vois un de mes enfants continuer à accumuler les fautes d'orthographe. À son entrée à l'Université ou dans sa vie professionnelle, il n'y a pas de raison que cela s'arrête. Il m'arrive d'apercevoir, sur un coin de table, un morceau de papier où figurent quelques lignes de notes : c'est souvent plein de fautes. Quand je le fais remarquer à mon fils, il me répond : "Mais ça n'a pas d'importance... Quand j'écris pour les contrôles ou les examens, je me relis." Est-ce ainsi qu'il va progresser ? En réalité, nous avons l'impression que les professeurs ne semblent plus s'occuper de l'orthographe. Est-ce un objet si difficile à enseigner ? Que faut-il penser des tentatives pour réformer l'orthographe ? On nous dit que les Français n'ont jamais bien maîtrisé l'orthographe de la langue écrite : est-ce vrai ? »

Les débats sur l'orthographe sont vifs. Ils charrient tant d'arguments de toutes sortes que la question de l'orthographe est une sorte de métaphore de tout l'enseignement. Souvenez-vous du jour où vous vous êtes énervé sur le lamentable niveau en orthographe de votre fils Julien :

« Julien fait des fautes d'orthographe en pagaille alors qu'il est en CM2... et il refuse de faire la dictée que je lui propose chaque soir. C'est la faute de sa maîtresse de l'an dernier qui ne faisait pas faire de dictées ou si peu. C'est aussi la faute de la maîtresse qu'il a eue en cours élémentaire, qui pratiquait la méthode globale de lecture. C'est la faute de l'école tout entière, où l'on n'enseigne plus la grammaire. C'est la faute des linguistes qui inondent les livres de leur soupe grammaticale : « déterminant », « narrateur », « phonème » et compagnie. C'est la faute des pédagogues qui ferraillent pour qu'on n'enseigne plus aux enfants mais qu'on les amuse. Et d'ailleurs, il y a 40 % d'illettrés en France, c'est dans tous les journaux. »

Pour sortir un peu des discours épiques et des polémiques qui n'en finissent pas, peut-être est-il utile de rappeler certaines caractéristiques de l'orthographe française ? On comprendra ainsi pourquoi ce fut et cela reste toujours un objet difficile à enseigner, comme l'expliquait le grand Ferdinand Brunot, il y a presque un siècle, en 1905, dans sa *Lettre ouverte à Monsieur le Ministre de l'Instruction publique sur la réforme de l'orthographe : « Cet enseignement a d'autres défauts que d'être encombrant : comme tout y est illogique, contradictoire, que, à peu près seule, la mémoire visuelle s'y exerce, il oblitère la faculté de raisonnement, pour tout dire, il abêtit* [...] *Pourquoi y a-t-il deux "p" à apparaître et un seul à apaiser, il n'y a d'autre réponse que celle-ci : parce que cela est.* [...] *Ce catéchisme, à défaut de l'autre, prépare à la croyance au dogme qu'on ne raisonne pas, à la soumission sans contrôle et sans critique. »*

L'histoire de l'orthographe nous aide à comprendre sa complexité

Apprendre l'orthographe, c'est faire un travail sur la langue, mais un travail très particulier, qui met en jeu bien d'autres capacités que l'application de simples mécanismes. Les enfants rencontrent, avec l'étude de l'orthographe, un type de savoir très distinct de ceux auxquels ils sont confrontés en histoire ou en mathématiques. Ce qui les détourne de l'orthographe, les surprend, les désarçonne, c'est sa part d'arbitraire, d'inexplicable. Et c'est cette incompréhension du « pourquoi ? » qui empêche, pour beaucoup d'entre eux, une entrée dans la langue écrite « correcte ».

L'orthographe du français est très singulière parmi celles des langues romanes. Elle aurait pu être tout autre. Les polémiques sur la manière d'écrire le français agitent l'opinion « cultivée » depuis cinq siècles ! Meigret, au XVIe siècle, avant même que l'orthographe ne soit fixée, la juge « faulse, abusive et damnable ». C'est l'Académie, qui décide, un siècle plus tard, en 1673, de la fixer. Elle justifie, sous la plume de Bossuet, les choix qui conduisent à officialiser une orthographe compliquée : *« L'Académie a dessein de retenir les lettres qui marquent l'origine des mots, surtout celles qui se voyent dans les mots latins si ce n'est que l'usage constant s'y oppose ; comme la langue latine ne change plus, cela servira à fixer nostre orthographe. Ces lettres ne sont pas superflües, parce* [...] *qu'elles marquent l'origine, ce qui sert même à apprendre la langue latine... »*

Et voilà entérinés dans la norme graphique le *g* dans « vingt », les deux *p* de « appeler », et des milliers d'autres lettres qui, depuis longtemps, ne se prononcent plus, voire ne se sont jamais prononcées pour certaines d'entre elles, telle le *h* de « homme », celui de « huile », le *p* de « compter », etc. Ainsi, contrairement à ce que nous croyons souvent, la forme des mots n'est pas immanente à la logique de la langue. L'orthographe, pour une large part, est irrémédiablement arbitraire.

Cela est, d'ailleurs, inévitable. Car la langue n'est pas l'orthographe : la langue, nous nous débattons avec elle vous et moi tous les jours. Elle appartient à tous. Elle change en permanence. Elle change irrésistiblement, sous l'effet de forces dont personne ne peut avoir le contrôle. En revanche, la transcription écrite de la langue, elle, est le produit de décisions humaines réfléchies.

Le débat n'a jamais cessé. Cinquante ans après ces recommandations voici l'abbé de Saint-Pierre, lui aussi de l'Académie, qui, en 1714, demande qu'on fasse machine arrière vers une orthographe plus proche de la prononciation : *« Nous avons grand intérêt de rendre notre langue plus facile à lire et à écrire le plus exactement qu'il est possible, soit par les enfants, soit par les femmes, soit par les étrangers, et présentement dans les provinces les plus éloignées de la Capitale, et dans les siècles futurs, par toutes les espèces de lecteurs... Il n'y a que deux règles à suivre pour la bonne Ortografe d'une langue : la première, qu'il y ait précisément autant de voyelles écrites que de voyelles prononcées, et précisément autant de consonnes écrites que de consonnes prononcées. La deuxième, que l'on n'employât jamais un caractère pour un autre. »*

En France, seul le pouvoir d'État a légitimité pour changer l'orthographe : les rectifications orthographiques de 1990 sont parues au *Journal officiel de la République*. François Mitterrand lui-même s'en est mêlé.

Détruire l'orthographe ? Non, la simplifier !

La campagne de presse qui a précédé la publication de ces modifications orthographiques du 6 décembre 1990 valait son pesant d'or. J'en ai gardé des traces croustillantes : « fin du style », « prime aux cancres », « on ne pourra plus lire Corneille dans le texte ». C'est Jean d'Ormesson qui a écrit cette dernière phrase. A-t-il lu quelquefois Madame de Sévigné dans le texte ? En voici un échantillon : *« Monsieur vous me permettres de souhaitter la paix car ietrouve auec vostre permission quune heure de Conuersation vaut mieux que cinquante lettres, quand vous seres icy etque iauray lhonneur devous voir ievous feray demeurer dacort quela guerre est vne fort sottechose... »*

Ne parlons pas du glorieux Jean Dutourd, qui prononça ces paroles historiques après la publication d'un document par le groupe de travail chargé des rectifications en 1989 : *« L'orthographe n'est pas faite pour être simple. Un mot n'est pas un aboiement de chien exprimant la colère ou la douleur [...]. Chaque mot français contient en abrégé l'histoire de notre race, et, par l'étymologie, on descend jusque dans l'Antiquité celte, romaine ou grecque »*... Ben, voyons, Julien !

Il y a pourtant de bons arguments pour vouloir rectifier l'orthographe ! Pour l'essentiel, l'orthographe d'aujourd'hui fut définie et arrêtée dans son évolution, au XVIIIe siècle. Dans bien des pays – le Portugal, l'Espagne, l'Italie, la Russie, l'Allemagne, la Hongrie... – on a ajusté la graphie de la langue au fur et à mesure du déroulement de l'histoire pour qu'elle suive les évolutions de la langue parlée, et on le fait encore. Chez nous, on n'enregistre aucun changement significatif depuis près de trois siècles ! Connaître cette donnée objective et la faire connaître, ne conduit pourtant pas nécessairement à vouloir révolutionner l'orthographe. Julien pense qu'on devrait écrire « toujours comme ça se prononce ». C'est un rêve sans espoir. Mais il faut lui expliquer pourquoi.

Pourquoi on ne peut pas écrire « comme ça se prononce »

Bien des arguments s'y opposent en effet : des arguments d'ordre *linguistique*, d'abord. L'orthographe contribue à la construction du sens à l'écrit. Par exemple, la langue française possède un certain nombre de mots d'une seule syllabe qui, si on les prononce, ont tous le même son (en termes savants ce sont des « homophones monosyllabiques ») : *sein, saint, ceint, sain ; temps, tant, taon ; met, mai, mais*, etc. C'est l'orthographe qui permet de les départager. En d'autres termes, pour qui la connaît, l'orthographe française donne à « voir » le sens des mots, elle n'est pas la simple transcription des sons.

Encore un exemple. Dites, oralement, « *leur bonté la submerge...* », puis dites, toujours oralement, « *leurs bontés la submergent...* ». Quelqu'un qui vous a écouté n'a pas entendu que vous êtes passé du singulier au pluriel. Ces deux marques grammaticales sont, le plus souvent, muettes en français, ce qui n'est pas le cas en espagnol, ni en anglais, ni en italien etc. Cette information, inaudible dans le français d'aujourd'hui, c'est l'orthographe qui contribue à la fournir lors de la lecture.

Il existe aussi des arguments *sociaux*. C'est vrai que l'œil du lecteur s'est, depuis longtemps, accoutumé aux formes écrites de la langue : nous trouverions étrange de lire et d'écrire *le printan, un home, la filosofie*. Un grand nombre des formes considérées aujourd'hui comme les seules « correctes » sont inexplicables pour la plupart des gens qui les écrivent. Néanmoins, elles sont entrées dans la culture populaire, au point d'être intériorisées comme des formes rationnelles. Et l'attachement à l'orthographe du français est ancien. Il n'est pas seulement le fait d'aristocrates des Lettres jaloux de leur pouvoir ; il fut longtemps porté par les instituteurs eux-mêmes, ces fils du peuple privés de latin, qui en firent « leur science » au XIXe siècle.

Quoi qu'il en soit, on ne devrait jamais parler de *faute* d'orthographe mais, tout simplement, d'*erreur*. Car la justification de bien des formes orthographiques est impénétrable : Julien n'enfreint pas délibérément des règles, ce qui serait commettre une « faute ». Il choisit des formes qu'il suppose appropriées, et il se trouve qu'il se trompe.

L'orthographe française est difficile !

J'ai le souvenir d'une pédagogue de renom qui répétait souvent : « On dit que l'orthographe française est difficile. Mais par rapport à quoi ? » Mais par rapport aux autres langues, évidemment ! On a raison de dire que l'orthographe française est difficile. Le nier, c'est tromper les enfants et les adultes qui, si nombreux, traînent leur mauvaise orthographe comme un boulet. L'orthographe française est très difficile au regard de l'orthographe espagnole, portugaise, italienne, russe, hongroise... et même de l'orthographe anglaise, laquelle est très compliquée pour le lexique, mais présente un versant grammatical sans embûches.

À l'exception de l'anglais, en effet, la plupart des langues répondent mieux que la nôtre au principe « phonographique ». C'est le principe auquel croit Julien, comme tout enfant qui « entre en écrit » : la correspondance, voire l'équivalence, d'un son et d'une lettre. Ce principe est mieux respecté dans d'autres langues que chez nous et c'est pourquoi, expliquent Jean-Pierre Jaffré et Michel Fayol, « les jeunes Espagnols peuvent très précocement écrire de très nombreux mots qu'ils n'ont jamais rencontrés auparavant, exploitant pour cela les régularités du système ».

Certes, 86 % des lettres ou groupes de lettres de n'importe quel texte français correspondent à des sons de l'oral. Mais, plus de la moitié de ces lettres pourraient être différentes : *in* convient à *vin*, mais pas à *main*. Et il reste 14 % de lettres qui sont là pour « autre chose » que pour transcrire l'oral. Nous avons déjà rencontré, à cet égard, les marques grammaticales de genre, de nombre ; mais l'orthographe sert aussi pour marquer des « classes » : ainsi *le soupir* sans *e* marque le substantif, *elle soupire* avec *e* marque le verbe. Dommage, cependant, que cette « règle » ne soit pas « régulière » : dans *le sourire*, c'est le substantif qui porte le *e* comme l'infinitif du verbe ! Enfin, l'orthographe peut rappeler des étymologies : mais avouez que le moyen de ne pas confondre *le foie*, *la foi* et *une fois* est quand même un peu difficile...

Et, puisque les accents des différentes régions de France viennent encore compliquer les choses, il faut que Julien et tous ses camarades acceptent cette règle fondamentale qui leur rend la vie si difficile : plusieurs prononciations correspondent à une seule forme écrite. Mais cette difficulté pour Julien doit être provisoire, car, s'il comprend les principes de l'orthographe, il n'aura bientôt plus besoin de l'oral pour transcrire un mot : il passera directement par le sens et c'est la forme visuelle qu'il mobilisera « dans sa tête ».

« Avant les élèves ne faisaient pas de fautes, et, s'ils en font tant, c'est qu'on n'enseigne plus l'orthographe ! »

Beaucoup de parents croient qu'on n'enseigne pas l'orthographe à l'école aujourd'hui. Bien sûr que si ! À considérer simplement les moyennes des évaluations dans ce domaine, on constate que le niveau global des Français en orthographe est plus élevé maintenant qu'il ne l'était il y a un siècle. On constate aussi qu'on apprend l'orthographe de manière continue dans l'institution scolaire : les résultats des petits Français de l'école primaire et du collège progressent très régulièrement de classe en classe. Les élèves de troisième font, en moyenne, trois fois moins de fautes que les élèves de CM2 et deux fois moins que ceux de cinquième. Sur l'ensemble du cursus, les filles sont meilleures que les garçons. Elles ont au moins un an d'avance. Pourquoi ? Peut-être parce qu'elles sont plus dociles, mieux prêtes à intégrer l'arbitraire. Mais est-ce si sûr ?

L'orthographe s'acquiert et se transforme sur l'ensemble des études ; il ne faut pas s'affoler trop tôt quand un enfant résiste à ses règles et à ses usages. Comme pour toutes les acquisitions scolaires, il y a des rythmes, des obstacles propres à chacun. Cela ne veut pas dire qu'il faille renoncer à attendre de Julien qu'il fasse moins de fautes, mais nous sommes invités, dans ce domaine comme dans bien d'autres en éducation, à la patience vigilante.

Je sais néanmoins qu'en dépit de nos bonnes résolutions, la situation peut devenir exaspérante : « Julien n'est même pas fichu de mettre les accords du pluriel ! » Il faut vérifier : est-ce systématique ou bien est-ce parce qu'il en est à un stade de ses apprentissages où il ne peut pas contrôler toutes les variables à la fois. Quand il écrit « les tuyau souterrain on gelé » n'est-ce pas parce que tout son effort vise d'abord à ne pas commettre d'erreur sur des mots difficiles ? Il faut vérifier. Si c'est le cas, il conviendra de travailler pour qu'il apprenne à traiter simultanément orthographe lexicale et règles de grammaire. En revanche, si l'on peut établir qu'il n'accorde vraiment jamais les noms au pluriel, alors, en effet, quelque chose a été manqué dans les classes précédentes.

Car, effectivement, en dépit des progrès globaux que nous observons, les élèves d'aujourd'hui font plus de fautes en orthographe grammaticale que les élèves de la fin du siècle dernier. Effectivement, on a changé peu à peu la manière d'enseigner : moins de règles apprises par cœur, plus d'appel au raisonnement. On tente de faire de la grammaire autrement. La scolarité obligatoire est plus longue, on étale les apprentissages sur plus de temps. Les nouveaux programmes de l'école et du collège sont moins compacts, plus progressifs. Mais, ce ne sont pas des excuses !

Car il est vrai que, pour bien des enfants, il faudrait plus de grammaire. Ou, plus exactement, *une autre grammaire*. Or, beaucoup de maîtres sont déstabilisés sur cette question. Ils sont pris entre deux injonctions contradictoires : ne plus faire apprendre « bêtement » mais, néanmoins, faire acquérir des automatismes nécessaires. Ils ont diminué la place de la dictée : ils ont eu raison... la dictée en elle-même n'apprend rien, elle est un instrument de contrôle. Mais elle a quand même une vertu qui a peut-être été un peu oubliée : c'est un moment où tous les efforts de l'élève sont tendus vers la seule orthographe.

En réalité, c'est en multipliant les exercices de toutes sortes qu'on peut faire vivre activement par l'enfant l'orthographe dans ce qu'elle a de plus intéressant : observation des mots, des régularités, des différences, individuellement ou en groupe. Travail avec le dictionnaire, jeux orthographiques avec des contraintes fécondes (mots croisés et textes à embûches, lettres interdites et rimes obligatoires, etc.). Car ce ne sont pas les dictées de Pivot qui nous font jubiler, c'est plutôt Raymond Devos : « L'ouïe de l'oie de Louis a ouï : Ah oui ? »... « Toute oie oit, quand mon chien aboie le soir au fond des bois, ouah ! ouah ! »

Depuis toujours l'école a bien du mal avec l'orthographe ! Voilà longtemps qu'on a appelé à un peu de raison sur le temps qu'il lui faut consacrer. Devinez qui a tenu ces propos : *« Il y a deux parts à faire dans ce savoir éminemment français : qu'on soit mis au courant des règles fondamentales ; mais épargnons ce temps si précieux qu'on dépense dans les vétilles de l'orthographe, dans les règles de la dictée qui font de cet exercice une manière de tour de force et une espèce de casse-tête chinois.* » Eh oui, c'est Jules Ferry !

Comment aider un enfant en difficulté avec l'orthographe ?

En étant d'abord convaincu qu'il ne fait pas des fautes « pour le plaisir ». Ses fautes correspondent à un système qu'il s'est fabriqué. Il n'écrit pas au hasard des formes erronées. Si Julien produit des formes erronées, c'est en fonction de ce qu'il sait et de ce qu'il comprend des règles de l'écrit.

En cela réside un défaut majeur de l'école : on n'y traite pas l'erreur comme une production, erronée certes, mais qu'il faut comprendre ; on a plutôt tendance à la « gommer », à la passer sous silence, à substituer la bonne forme à la mauvaise sans s'attarder. Or, les erreurs révèlent le système : à la fois le système que l'enfant s'est fabriqué et le système de l'écrit dans ce qu'il a de plus difficile.

Et, plus concrètement, que faire dès aujourd'hui ? D'abord, ne plus renvoyer à Julien, corrigées en rouge, les lettres qu'il réussit à vous écrire ! Il n'est pas besoin d'être fin pédagogue pour comprendre que personne ne perçoit comme un don et n'accepte comme une aide ce qu'on lui remet avec le fouet caché derrière le dos. Incitez Julien à écrire, le plus souvent possible, pour inviter ses amis à son anniversaire, pour retenir les paroles des chansons qu'il aime, pour classer les cassettes vidéo, pour préparer un voyage ou une sortie, pour expliquer ce qu'il ne parvient pas à dire oralement... Car l'écrit n'est pas plus « difficile » que l'oral : rompre avec sa petite amie ou lui déclarer sa flamme, c'est souvent plus facile par écrit... comme prévenir ses parents qu'on ne rentrera qu'à trois heures du matin !

Certes, s'il lisait davantage, Julien mettrait davantage de chances de son côté : la langue écrite des livres, quels qu'ils soient, est beaucoup plus variée en vocabulaire que la langue orale. La lecture lui donne l'occasion de rencontrer des mots nouveaux et d'accroître son lexique personnel, son « dictionnaire intérieur ». Or c'est là qu'il va puiser les formes « correctes » des mots. Mais lire est une aventure difficile : il faut entrer dans un univers autre que le sien, s'accrocher à une trame, imaginer des situations... Aussi l'injonction n'est guère utile dans ce domaine. Il vaut mieux offrir des occasions, les plus variées et ouvertes possibles, telles que les décrit Daniel Pennac dans son ouvrage *Comme un roman*. Susciter le désir de lire est une tâche essentielle sur laquelle parents et enseignants doivent collaborer.

Pourtant, lire beaucoup n'est pas suffisant pour faire peu de fautes : il y a de « petits » lecteurs bons en orthographe et l'inverse. Que faire, donc ? Essayez une manière dont l'école n'a pas encore la tradition et qu'elle ne parvient pas à rendre systématique : c'est le travail individualisé. Ce que sa maîtresse ne peut faire – ou ne sait pas faire – avec vingt-huit enfants, faites-le avec Julien, et invitez son copain de l'étage au-dessus qui a les mêmes difficultés : ce sera bien plus stimulant. Travaillez avec bienveillance et humour ses « fautes » avec lui, en lui donnant les moyens d'être actif.

En premier lieu, ne le mettez pas d'emblée devant la totalité du « désastre ». Votre raison d'adulte vous permet de voir quelles sont les erreurs les plus graves : il écrit *plongons* au lieu de *plongeons* ? Oui, c'est une erreur gênante, car c'est une régularité du code qu'il n'a pas comprise lors de sa première année d'apprentissage : expliquez-lui que le « *g* » sert à transcrire des sons différents selon la voyelle qui le suit. Ce type d'erreurs, comme l'usage de la cédille, dans *raçines*, ou l'usage de l'accent dans *féstin*, fait partie des erreurs qu'on peut dire fossilisées. Il vaut mieux leur régler leur compte très vite.

Quand ce problème et ceux du même type seront réglés, choisissez une autre erreur fréquente qui correspond à une règle d'application générale : par exemple, l'accord du pluriel et celui du genre. Une fois certain qu'il en aura compris les règles, par l'observation de textes dans les journaux, dans ses livres, alors vous pourrez lui fixer un contrat : d'ici Pâques, il s'y attache en priorité, chaque fois qu'il écrit et il note ses progrès ! Au besoin en faisant appel à un adulte ou à un copain.

Ensuite, passez aux terminaisons des verbes. Une affaire difficile, qu'il faut limiter d'abord aux verbes en *–er* ; elle exige de lui qu'il réfléchisse sur la langue : est-ce un futur ou un conditionnel, un participe passé ou un infinitif ? Le mieux, alors, est que vous arriviez à décomposer ces mécanismes qui vous font, vous, écrire la bonne forme et, ensuite, à les lui expliquer. Comment, moi-même, je fais la différence ? Quelles questions je me pose ? Quels sont les exemples que j'utilise pour bien comprendre ? Quels sont les moyens mnémotechniques que je me suis construits ?

Après, quand il s'agira de l'orthographe d'usage, vous prendrez aussi les choses progressivement : il y a des mots très utiles, qu'on rencontre constamment : *c'est, avec, comme, où*... Ceux-là, vous les identifiez intuitivement comme les plus fréquents, et c'est vrai : une soixantaine de mots très fréquents constitue la moitié d'un texte, quel qu'il soit ! Choisissez-les avec lui, en lisant des textes, et faites-leur un sort...

Ce n'est plus la peine de continuer : il saura désormais se mobiliser tout seul, parce qu'il aura franchi progressivement des obstacles et qu'il aura enfin la certitude qu'on peut venir à bout de ce monstre qu'est l'orthographe. Quand il ne sait pas, il saura qu'il est utile de se servir du dictionnaire. S'il n'en a pas le temps, il choisira la forme la plus simple et la plus vraisemblable. Et il saura dire pourquoi il a choisi telle forme plutôt que telle autre. Il saura même défendre son choix, en protestant gaiement contre le drôle d'héritage qui complique la vie des enfants. Mais il aura appris l'orthographe et il saura faire la part du feu.

POUR ALLER PLUS LOIN

Savoir orthographier à l'école primaire, coordonné par Angoujard, A., Paris, INRP, Hachette Éducation, 1994.

Catach, N., *Les Délires de l'orthographe*, Paris, Plon, 1989.

Manesse, D., Chervel, A., *La Dictée, les Français et l'orthographe, 1873-1987*, Paris, INRP, Calmann-Lévy, 1989.

Jaffré, J.-P., Fayol, M., *Orthographes, des systèmes aux usages*, Paris, Flammarion, « Dominos », 1997.

« L'orthographe, c'est pas ma faute », sous la direction de Honvault, R., *Panoramiques*, 1999, n° 42.

Lucci, V., Millet, A., *L'Orthographe de tous les jours, enquête sur les pratiques orthographiques des Français*, Paris, Champion, 1994.

« Il n'y a plus que la télé et les jeux vidéo ! » *ou* comment retrouver le goût des grandes œuvres

Jean-Michel Zakhartchouk
professeur de lettres en collège
formateur en Institut universitaire de formation des maîtres
rédacteur aux Cahiers pédagogiques

« Ah, que de temps passent nos enfants devant le petit écran ou la console ! Et si peu devant un bon livre ! Quand ils daignent lire d'ailleurs, il s'agit davantage d'un magazine ou d'une bande dessinée que d'un vrai roman, ne parlons même pas d'un classique ! De notre temps, on arrivait au lycée avec un petit bagage déjà considérable, et l'on savait que Victor Hugo ne vivait pas à l'époque de Voltaire. Aujourd'hui, connaissent-ils seulement le nom de ce dernier ? Bien sûr, il y a l'air du temps, l'envahissement par les médias et l'informatique, le règne de la facilité, mais enfin, l'École n'a-t-elle pas une grosse responsabilité ? N'a-t-elle pas renoncé à transmettre notre patrimoine commun ? On trouve de tout dans les manuels de français, d'Astérix au magazine de moto, mais de moins en moins de littérature... Si l'école ne sait pas donner le goût de lire, quitte à forcer quand il le faut les récalcitrants, comment nous, parents, pourrons-nous arriver à quoi que ce soit, malgré notre bonne volonté ? »

Oui, c'est vrai : beaucoup de jeunes que nous côtoyons à l'école, que nous interrogeons à l'occasion sur leurs goûts en matière de loisirs, lisent trop peu ou ne lisent pas. Oui, c'est vrai, il est plus facile de se plonger dans une bande dessinée, sans parler de la télévision ou du jeu vidéo, que de s'aventurer sur les chemins de la littérature. Celle-ci a sans doute des exigences difficilement compatibles avec l'univers de zapping et le tourbillon incessant d'une activité à l'autre dans lesquels vivent nos élèves. Professeur de français depuis plus de vingt ans dans des collèges défavorisés, je mesure l'écart qui existe entre mes aspirations à faire partager mon amour des beaux romans, mon émotion devant une page de Zola ou Camus, le plaisir toujours renouvelé à savourer un conte philosophique de Voltaire ou un poème d'Eluard, et une réalité souvent bien décevante, bien médiocre. Des élèves effrayés d'avoir vingt pages à lire (« C'est écrit tout petit ! »... « On comprend rien ! »... « C'est vieux, c'est un langage de bourges ! »...), qui parfois usent de stratégies plus ou moins habiles pour éviter de lire, en se débrouillant avec des résumés ou l'aide de copains, par exemple. Des élèves qui s'indignent, et pas forcément pour provoquer leur enseignant, de devoir donner vingt francs pour acheter un livre de poche... et se demandent ce qu'ils vont en faire une fois terminé !

Relativisons un peu...

Mais, est-on si certain qu'avant, dans le « bon vieux temps », on lisait tellement ? Des chercheurs nous montrent aujourd'hui la difficulté des comparaisons historiques : il y a quelques dizaines d'années, les enquêtes sur la lecture auprès des jeunes n'existaient pas, et quand elles sont apparues, bien des jeunes ne répondaient pas toujours avec sincérité. Je me souviens d'un camarade de terminale fier d'avoir indiqué Sartre parmi ses livres de chevet, parce que « ça faisait bien », alors qu'il n'en avait pas lu une ligne !

Ce que nous montrent les études récentes, comme celle de Christian Baudelot et Marie Cartier *Et pourtant ils lisent !*, c'est que, globalement, la lecture ne se porte pas si mal, tous textes confondus. Certes, il est vrai que la littérature classique occupe une place modeste dans le palmarès des loisirs ; il est vrai aussi que le nombre de grands lecteurs (ceux qui lisent plusieurs livres par mois) est faible, sans doute plus faible qu'il y a quelques années. N'oublions pas cependant que le goût pour les classiques est toujours resté très minoritaire dans la population scolaire ; la connaissance de quelques morceaux choisis, à travers des manuels comme le fameux Lagarde et Michard, tenait lieu, bien souvent, de culture littéraire.

Mais n'éludons pas la question. L'accès à la littérature est une chose trop importante pour être traitée de manière approximative. Regardons donc de près ce qui se passe à l'École aujourd'hui et, tout d'abord, examinons les quatre tentations auxquelles sont confrontés les enseignants.

Première tentation, première impasse : renoncer

« Puisque visiblement, nos élèves s'ennuient devant Maupassant ou Corneille, prenons-en acte et faisons autre chose, quitte à étudier, par ailleurs, quelques extraits de grandes œuvres pour se conformer aux programmes. » Cette attitude existe. On la trouve dans des établissements « difficiles » où les enseignants y sont venus souvent après avoir tenté vainement d'intéresser leurs élèves à la culture classique. Mais on la trouve aussi ailleurs, dans des établissements « faciles », où l'on préfère céder à la demande des enfants plutôt que de travailler avec eux à la dépasser. Elle est symbolisée par ces bataillons serrés d'enfants se rendant en masse voir le dernier film de Walt Disney ou de Spielberg avec leur classe (ce qui n'a rien à voir avec une légitime sortie familiale) ou, dans certaines écoles, le remplacement systématique des fables de La Fontaine, à la langue trop difficile, par les textes de quelque chanteur à la mode.

Pourtant, les manuels de français actuellement en usage sont très loin d'abandonner les exigences littéraires et il suffit de feuilleter, par exemple, les nouveaux livres de troisième pour voir, au contraire, que la présence des « grands auteurs » y est très forte. La crainte de se voir accusés de « brader la grande culture » pousse même plutôt les auteurs à placer des textes parfois trop difficiles pour de jeunes élèves ! Ce qui n'empêche pas certains critiques, au mépris du plus élémentaire souci de vérité, de pratiquer la désinformation et de faire croire que ces mêmes manuels sont envahis de publicités et de « petits Mickeys »...

Deuxième tentation, deuxième impasse : l'élitisme

Doit-on d'ailleurs en voulant échapper au Charybde du renoncement tomber dans le Scylla de l'élitisme ? Continuer à enseigner la « grande culture », comme si de rien n'était, sans se préoccuper de ce que les élèves apprennent vraiment, refuser toute concession au nom de la « résistance », telle est la voie suivie par certains. Seconde tentation, qui produit de beaux discours et aussi... beaucoup d'ennui et d'échec dans les cours. Car, le devoir de l'enseignant n'est pas seulement de « transmettre », mais de s'assurer qu'il y a bien eu transmission, sans quoi sa conduite relève de l'escroquerie. Un de mes collègues refuse qu'en sixième on aborde l'*Odyssée* dans une version pour jeunes lecteurs, car « il faut – n'est-ce pas ? – travailler sur la version originale ». Son attitude provoquera peut-être l'admiration des défenseurs de « la culture ». Mais, dans la réalité, elle éloigne d'Homère les jeunes élèves découragés par la difficulté du texte.

Troisième tentation, troisième impasse : formalisme et technicité

Troisième tentation pour l'enseignement de la littérature : celle de se réfugier dans le formalisme et la technicité. L'important n'est-il pas de former les élèves à l'analyse des textes, peu importe que les adolescents les « aiment » ou non, du moment qu'ils en découvrent les procédés littéraires ? Le salut serait dans des outils, souvent très pointus... et, dès lors, on va naviguer dans les classes de français au milieu de notions rhétoriques, entre « syllepse » et « synecdoque », tandis que le poème ne sera plus que prétexte à recherche de « champs lexicaux » et le récit, invitation à découvrir le « schéma narratif ».

Cette technicité a peu de chances de réconcilier les élèves avec les classiques. Elle est souvent épinglée, à juste titre, par les critiques de l'école actuelle. Même si ces derniers oublient que les élèves s'ennuyaient tout autant hier à répondre aux questionnaires sur « le caractère du héros » des « petits classiques » ou à faire l'analyse grammaticale de tel vers de Racine.

Quatrième tentation, quatrième impasse : le spontanéisme

Alors, après avoir renvoyé dos à dos élitistes conservateurs et techniciens modernistes de la langue, faudrait-il se complaire dans l'exaltation du « plaisir spontané » ? Il s'agirait alors de faire vivre aux élèves une expérience littéraire exaltante. De partir à l'aventure en jetant au feu les gloses comme le fait le professeur du *Cercle des poètes disparus*. De s'enthousiasmer en commun en pratiquant la lecture à haute voix de textes lyriques capables de capter un moment l'attention des élèves et même, parfois, de les enthousiasmer. Pourtant, le temps de l'écoute conviviale fini, il faut bien se mettre à la lecture personnelle, à l'étude et à l'inévitable effort individuel.

Les quatre voies que nous venons de décrire – le renoncement, l'élitisme, la technicité et le spontanéisme – correspondent aujourd'hui à des pratiques effectives, parfois chez le même enseignant. Sans aucun doute sont-elles, toutes les quatre, des impasses. Mais, en même temps, chacune d'elles contient sa part de vérité, d'intuition juste et l'on peut sans doute « en tirer quelque chose ».

Une voie difficile à trouver : non pas renoncer mais accrocher

On ne peut présenter la culture, le patrimoine que nous lègue le passé, les textes qui constituent notre trésor commun et donnent sens à notre présent, sans partir « des » cultures d'aujourd'hui, des manières ordinaires de penser et de se comporter socialement. Notre tâche est justement d'établir des ponts, des passerelles, entre les grandes œuvres et les pratiques culturelles les plus répandues.

Une chose est de proclamer que le rock vaut Mozart, autre chose est de montrer à des élèves que ces deux formes de musique ne sont pas complètement étrangères l'une à l'autre. Un enseignant de musique d'Amiens a ainsi mis en place un parcours astucieux qui tente d'amener subtilement Mozart en partant de formes musicales prisées par les jeunes.

Une chose est de faire consommer passivement les productions de Walt Disney, une autre de se servir du *Bossu de Notre-Dame* pour conduire vers l'œuvre de

Victor Hugo. Et de montrer combien *Stars War* est nourri de thèmes qu'on retrouve dans toute la littérature mythologique... Les barrières sont peut-être moins rigides qu'on ne le croit et il existe beaucoup de circulation et d'échanges entre les différentes formes culturelles.

Car la manière « lettrée » d'aborder les textes, avec distance, voire froideur, en les décortiquant et en multipliant les références techniques et historiques, n'est pas la seule possible. Il est trop facile de stigmatiser ce qu'on nomme la « lecture de midinettes », celle qui nous fait vibrer pour le héros, celle qui « fait pleurer Margot ». Car ce mode de lecture, même si on ne doit pas s'arrêter là, reste un moyen d'accès possible aux textes littéraires, en particulier pour toute une série d'élèves incapables de goûter d'emblée l'esthétisme abstrait de certaines formes écrites.

Ainsi, certains enfants peuvent-ils apprécier des œuvres de littérature de jeunesse ou des bandes dessinées sans, pour autant, être condamnés à ne lire qu'elles. Trop de professeurs de français les ignorent et sous-estiment leur qualité, leur capacité à servir de tremplin vers autre chose. Trop de parents les écartent sans voir qu'elles peuvent amener à d'autres livres.

Mes élèves réclamaient récemment qu'on travaille plus souvent sur des récits pour la jeunesse, tels que ceux de Michel Honaker ou Christian Grenier. Pourquoi le leur refuser, du moment qu'on leur fait connaître aussi autre chose, qu'on leur montre qu'on peut traiter de la violence ou des relations entre les parents et les enfants avec des romans d'adolescents, mais aussi avec des classiques ? La *Chanson de Roland* ne nous parle-t-elle pas des massacres en Tchétchénie, à nous qui en sommes les spectateurs désolés ? Les récits de chevalerie ne sont-ils pas remplis de disputes qui dégénèrent quand chacun s'autorise à « défendre son honneur », ce que connaissent les « jeunes de banlieue » ? Ainsi, la culture à l'école trouve-t-elle vraiment sa place si elle est capable de répondre aux questions que se posent les jeunes... ou de les aider à s'en poser des nouvelles.

Acquérir des techniques sans technicité inutile

Les « formalistes » ont raison, quant à eux, de mettre l'accent sur la technique. Qui n'a pas perçu la jubilation de bien des élèves à comprendre comment fonctionnaient des textes, grâce à des outils pertinents proposés par le professeur ? Quand Yamina, quatorze ans, au cours d'un travail minutieux sur le début de *Germinal*, me demande si Zola se rendait compte de la façon dont son texte était construit grammaticalement, je me dis que la partie est gagnée, car elle est entrée pleinement dans l'intelligence de ce qui fait la littérature. Dès lors, on peut aller plus loin, en l'invitant, par exemple, à produire un texte « à la manière d'un romancier réaliste ». Lira-t-elle davantage ? Pas sûr. Mais elle sera vraiment entrée dans l'univers de la lecture réflexive, elle qui, avant le collège unique, n'aurait jamais été en contact avec de telles perspectives... Si trop de technique peut nous éloigner du texte, celle-ci reste indispensable : elle démystifie l'« inspiration » et combat l'idée selon laquelle il existerait des êtres « naturellement » doués pour la littérature. La technique maîtrisée conduit aussi à la création, même si celle-ci prend des formes modestes. Elle revalorise l'effort, le labeur minutieux pour améliorer l'expression écrite. « Le génie, disait Paul Valéry, c'est de travailler quinze heures par jour. » Il est important de montrer aux élèves que le plus beau texte est bien aussi une affaire de « travail ».

Faire goûter sans démagogie

Reste que le « climat » entourant la fréquentation des textes est important. La dimension affective est toujours en jeu. Nul ne peut la supprimer par décret. Et la personne même du « passeur » est essentielle. L'enseignant peut parler aux élèves de ses propres rapports à la lecture, en évitant, évidemment, de se raconter d'une manière trop complaisante. Il invitera aussi chacun à s'exprimer sur le sujet : les élèves ne peuvent trouver du sens que s'ils se mobilisent effectivement, si le texte « résonne » en eux. Quand mes élèves de troisième écrivent leurs souvenirs, élaborent un « dossier personnel » constitué de fragments d'une autobiographie réelle ou imaginaire, ils retrouvent, à leur manière, les préoccupations de Chateaubriand, Rousseau ou Sartre. Alors peut commencer l'étude de ces derniers. Mais restons modestes : la partie n'est jamais gagnée, et les déceptions sont fréquentes...

L'ambition est grande : vouloir réconcilier les élèves avec la culture, les conduire vers ces œuvres exigeantes, auxquelles, nous autres, enseignants, tenons à juste titre. Pour y parvenir, il nous faut mobiliser toutes les énergies, faire appel aux moyens les plus divers. Il faut aussi savoir ruser et faire preuve d'une inlassable imagination pédagogique.

Multiplier les points d'accrochage

L'enseignant est un médiateur. S'il part de ce qui est familier aux élèves, c'est pour les amener ailleurs. Ainsi peut-il récupérer sans vergogne – mais sans complaisance, non plus – un feuilleton télévisé comme *Dallas* ou *Twin Peaks* : c'est la tragédie des Atrides ! Et cette histoire ancienne devient tout à coup terriblement d'actualité... infiniment plus d'actualité que le feuilleton télévisé. Car là est bien le propre de la littérature : en éloignant, elle rapproche ; en touchant à l'essentiel, sous une forme épurée, elle implique chacun bien plus que des textes d'actualité. On pourra aussi utiliser l'attirance pour les nouvelles technologies : on ira consulter des sites littéraires sur Internet, par exemple. On mobilisera le goût pour la manipulation concrète : un livre, c'est aussi un produit fabriqué, des métiers, un commerce. On abattra les frontières entre littérature et sciences : il suffit, pour cela, d'utiliser les récits de vulgarisation scientifique du XIXe siècle qui passionnent souvent les élèves. On suscitera des collaborations entre disciplines différentes autour d'un roman de science-fiction ou d'un texte de la Renaissance.

Dans tous les cas, il ne faut jamais perdre de vue une exigence essentielle : c'est en écrivant soi-même que l'on devient capable de goûter, de plus en plus et de mieux en mieux, le plaisir de la lecture. Certes, les élèves écrivent déjà, et souvent plus qu'on ne le croit, même s'il ne s'agit que de journaux intimes ou de recopiages de chansons. Mais ne peut-on pas partir de ces pratiques, même modestes, pour faire pénétrer certains de nos élèves dans la culture de l'écrit, si importante pour la construction de la personnalité ? Car l'écrit, c'est la mise à distance, c'est la communication différée – y compris avec soi-même : c'est donc le moyen de se donner du temps pour réfléchir, reprendre, améliorer, perfectionner ce que l'on veut dire. N'espérons pas de miracle : on connaît des classes où des élèves se sont investis dans l'écriture collective d'un roman et où, pour autant, la lecture d'œuvres plus difficiles n'a guère progressé tout de suite. Mais gageons qu'il en restera quelque chose : en matière éducative, on sème pour l'avenir et les conséquences d'une activité scolaire ne se font souvent sentir que bien plus tard : notre propre parcours est là pour en témoigner.

L'accès à la culture : une affaire de professionnel

Mais, pour mener à bien des projets comme ceux que nous venons d'évoquer, la bonne volonté ne suffit pas et le professionnalisme est indispensable : il faut disposer d'une palette de dispositifs pédagogiques ; il faut savoir faire travailler des élèves en groupe, mener un débat autour d'un texte ; il faut savoir comment mettre en place des situations d'écriture, de relecture, de réécriture ; il faut savoir utiliser à bon escient l'ordinateur ou la vidéo. En bref, il convient de mettre l'imagination au pouvoir, en s'inspirant de l'expérience des autres ainsi que des travaux de la recherche pédagogique. Mais sans faire l'économie, pour autant, de la réflexion personnelle.

C'est ainsi qu'il faut s'interroger sans cesse sur le sens de toute cette entreprise, sans craindre les remises en cause, notamment celles des élèves. Plutôt que de conjuguer en permanence le verbe « admirer » à l'impératif, il nous faut créer les conditions favorables à ce qui peut conduire à l'admiration. Car, ce serait manquer singulièrement de confiance dans la culture que de penser qu'elle ne peut répondre à la question du « pourquoi ? », qu'elle est incapable de résonner aux interrogations les plus profondes et authentiques des élèves, de tous nos élèves. La véritable culture interroge le sens de la vie, fait écho à nos aspirations et à nos inquiétudes, à nos peurs et à nos désirs. Elle se prête mal à l'approche dogmatique ou à l'argument d'autorité.

Quand on a compris cela, on découvre vite que les élèves acceptent bien plus qu'on ne le dit un certain effort, au-delà de protestations qu'il ne faut pas toujours prendre au pied de la lettre. Ils voient bien que c'est une preuve de respect et d'estime envers eux que de leur proposer des œuvres de qualité, que c'est même un devoir que de leur faire partager le patrimoine culturel. Dès que l'on tente l'aventure avec eux, et malgré leur crainte de passer pour des « bouffons », ils acceptent d'entendre quelques-unes des interrogations fondamentales que porte la littérature : pudiquement, certes, mais réellement.

À chacun sa pierre

On le voit : l'école a une responsabilité considérable dans le domaine culturel. Mais celle des parents est aussi engagée. Entendons-nous bien : l'école n'a pas à demander de ne recevoir que des enfants déjà prêts pour les œuvres littéraires ! Mais les parents n'ont-ils pas, au moins, à contribuer à rendre « aimable » l'activité de lecture ? Ne peuvent-ils pas éviter de la transformer en un pensum, en la partageant parfois avec leur enfant ? Je constate d'ailleurs que certains parents le font, même dans mon collège défavorisé de Zone d'éducation prioritaire. Peuvent-ils, plus simplement encore, ne pas se laisser aller devant leur enfant, quand ils rencontrent ensemble le professeur, à des réflexions du genre : « Oh ! vous savez, j'ai beau le lui dire de lire, c'est de famille. Chez nous, on n'a jamais aimé lire ! ». Ils peuvent aussi l'aider en ne montrant pas de réticences à quelques modestes achats de livres demandés par le professeur : le livre, en effet, doit être aussi un bien personnel, pas seulement quelque chose de « scolaire », prêté ou donné par l'école, mais une sorte de « trésor » que l'on garde précieusement. Ce sont ces « trésors » que les parents doivent valoriser, au moins autant que les sacro-saintes notes du bulletin scolaire.

Reste à nous autres, enseignants, à nous faire mieux comprendre des parents. Non, l'école ne « renonce » pas lorsqu'en cours de français, on rapproche M.C. Solaar des rhétoriqueurs baroques du XVIe siècle, car cela permet de raccrocher un présent familier à un passé qui appartient à tous. Tant pis si certains préfèrent les envolées enflammées ou les lamentos larmoyants dans les tribunes médiatiques. Je crois plus utile de travailler avec des milliers d'autres au difficile labeur du « passage culturel » qui permet parfois, *ne serait-ce que parfois*, à Molière ou à Maupassant d'arriver au hit-parade des valeurs de mes élèves presque à la hauteur de Stephen King ou de George Lucas.

POUR ALLER PLUS LOIN

Des numéros des *Cahiers pédagogiques* :

Les Livres de jeunesse, février 1997, n° 341, sous la direction de Carton, M., et Crinon, J.

Lire-écrire à la première personne, avril 1998, n° 363, sous la direction de Crinon, J. et Pachet, S.

La Bande dessinée, mars 2000, n° 382, sous la direction de Carton, M.

Zakhartchouk, J.-M., *L'Enseignant, un passeur culturel*, Paris, ESF éditeur, 1999.

« Les maths, c'est l'enfer ! »
ou comment sortir du casse-tête des mathématiques

Roland Charnay
formateur à l'Institut universitaire
de formation des maîtres de Lyon
Institut national de recherche pédagogique

« Les mathématiques occupent une place essentielle à l'école. Depuis longtemps, maintenant, on nous dit que c'est là que se joue, très tôt, la réussite ou l'échec des élèves. D'ailleurs, nos enfants le savent bien et cela accroît leur inquiétude dans cette discipline... Or, nous ne comprenons pas bien comment on leur enseigne les maths et ce qu'on leur demande d'apprendre ou de faire. À l'école primaire et au collège, les problèmes semblent souvent trop difficiles ou, au contraire, trop simplistes. Nous sommes désarmés... Quand notre enfant est en difficulté, on essaye de l'aider. Mais ça ne marche pas très bien. Parfois, même, ça tourne mal et c'est la dispute en famille. Pourtant, nous faisons notre possible. Nous payons même souvent des cours de maths pour rattraper le retard... et cela nous revient très cher sans qu'on en voie bien les résultats ! Au bout du compte, on ne comprend pas bien : à quoi servent les mathématiques tels qu'elles sont enseignées aujourd'hui ? Que pouvons-nous faire pour aider nos enfants à ne plus en avoir peur ? »

Les mathématiques préoccupent les parents... Au point de transformer, dans certains cas, les week-ends en cauchemars. Le père de famille, préposé le plus souvent au suivi de cette discipline, voit venir avec angoisse le moment où le problème de géométrie ou d'algèbre va arriver sur le tapis : il faudra faire bonne figure. Pourtant, il n'y comprend pas grand-chose. Et jamais vraiment la même chose que son fils ou sa fille. De quoi s'énerver très vite, multiplier les incantations, prendre dix fois de bonnes résolutions que l'on ne tiendra jamais. De quoi se décourager, surtout, et, faute de mieux, décider de se mettre en quête d'un étudiant ou d'une officine quelconque qui pourra, dorénavant, se charger des leçons particulières.

Mais, que se passe-t-il donc de si particulier entre les élèves et les mathématiques ? Existe-t-il vraiment, chez eux, un rejet des mathématiques ? La réalité est plus nuancée : d'après toutes les enquêtes, les mathématiques sont la discipline préférée des élèves de l'école primaire ; mais leur cote d'amour décroît nettement au cours des années de collège. Avant qu'un clivage assez radical s'installe au lycée entre ceux pour qui les mathématiques deviennent une sorte de langue naturelle et ceux qui basculent dans le rejet complet. C'est donc au collège que tout semble se jouer : les mathématiques y deviennent-elles plus abstraites, entraînant des difficultés accrues ? Leur utilité devient-elle moins évidente ? La rencontre avec d'autres disciplines les relèguent-elles à l'arrière-plan des motivations des élèves ? Peut-être un peu tout cela...

Il reste que le système d'enseignement se trouve interpellé. Tout comme il l'est par ces élèves qu'on dit « hermétiques » aux mathématiques, souvent dès l'école primaire. Tout comme il ne peut rester indifférent aux mises en cause des mathématiques comme moyen privilégié de sélection.

À quoi servent les mathématiques ?

Il revient aux enseignants de répondre à ces interrogations légitimes, de se demander, encore et toujours, comment favoriser l'accès, pour le plus grand nombre d'élèves – et même pour tous les élèves –, à une science profondément ancrée dans notre civilisation et qui fournit des outils indispensables à la compréhension du monde dans lequel nous vivons. Les mathématiques, c'est, en effet, une discipline essentielle pour acquérir un nombre considérable de savoir-faire utiles dans la vie quotidienne. C'est aussi un moyen essentiel pour ne pas se laisser manipuler par l'information chiffrée omniprésente, pour pouvoir interpréter des graphiques, des tableaux de chiffres, des résultats de sondage, des offres publicitaires : il s'agit de savoir lire ces informations, les regarder de façon critique pour pouvoir agir et décider librement.

En mathématiques, on apprend aussi à s'exprimer « graphiquement », par des plans, des maquettes ou des formules : autant de formes d'écriture que doivent maîtriser les futurs adultes.

On se prépare, à travers l'ensemble des activités proposées, à participer à toutes les formes de débat où il s'agit de convaincre, de démontrer, de démêler le vrai du faux.

Et puis, même à l'heure des calculatrices et des ordinateurs, il faut savoir calculer. Car calculer, c'est avant tout savoir quel calcul faire, lui donner une signification, « l'entrer » dans la machine, contrôler les résultats obtenus et même, souvent, les anticiper : le bon utilisateur d'une « machine à calculer » sait, d'emblée, repérer si le résultat obtenu est trop différent du résultat possible ; il doit être capable de repérer tout de suite une erreur de programmation. Ainsi, les outils dont nous disposons aujourd'hui ne rendent-ils pas inutile la maîtrise du « calcul mental » ; bien au contraire, l'efficacité de leur usage suppose que l'on connaisse le « sens » des opérations et qu'on sache, en quelque sorte, comprendre ce qui se passe dans « la tête » de la machine.

L'enseignement des mathématiques a donc une lourde responsabilité. Pour comprendre le monde, pour choisir et décider en citoyen avisé, le « bagage mathématique » est indispensable et il ne peut guère s'acquérir qu'à l'école.

Mais, à cet égard, dans le système d'enseignement français, de plus en plus d'élèves ressemblent à des « passagers sans bagages ». Des « passagers » ? Le terme n'est pas si impropre. Car aller à l'école, c'est franchir une succession d'étapes. L'enjeu est de réussir à « passer » de l'une à l'autre. Passer de la maternelle à l'école élémentaire, du primaire au collège, du collège au lycée, du lycée aux études supérieures, puis de l'école à la vie professionnelle... Et les enseignants qui reçoivent ces « passagers » souhaitent évidemment qu'ils aient acquis, lors des étapes précédentes, les bagages indispensables à la poursuite du voyage.

Les mathématiques : un problème de « bases » ?

Aujourd'hui, il n'est pas rare d'entendre : « Ce sont les bases qui lui manquent. » Effectivement, les évaluations à l'entrée en classe de sixième révèlent que presque un tiers des élèves – 20 à 30 % selon certaines études – n'ont pas les compétences nécessaires pour suivre avec profit les enseignements de la classe dans laquelle ils entrent.

Effectivement, contrairement à d'autres disciplines – comme la géographie ou la littérature – où l'on peut accéder à des connaissances nouvelles sans nécessairement maîtriser les connaissances du programme de l'année antérieure, les mathématiques supposent un apprentissage plus progressif. Cette « progressivité » est bien sûr au service des élèves : elle est faite pour leur éviter de se heurter prématurément à des difficultés insurmontables. Mais, en même temps, elle peut se retourner contre eux. Si une étape est manquée, la suite peut être compromise. Et, enfin, les élèves doivent être capables de transporter avec eux, d'une étape à l'autre, les « bagages » dont ils se sont munis.

Ce « transport », qui conditionne la réussite scolaire, nécessite que l'on sache faire trois opérations essentielles : transférer, mobiliser, se détacher. Un élève qui entre en sixième, par exemple, doit être capable de « transférer » les connaissances de l'école primaire en les adaptant à une situation toute nouvelle, où il peut se trouver fortement désorienté. Il doit donc être capable de les « mobiliser » à bon escient. Mais la condition, pour réussir cette mobilisation, est qu'il les « détache » de la situation antérieure et les adapte pour traiter un problème nouveau.

C'est ainsi qu'un élève qui sait utiliser la division lorsqu'on évoque un partage en parts égales (en utilisant, en particulier, la fameuse métaphore du gâteau) se révèle incapable de résoudre un problème simple où cette opération pourrait être utilisée, dès lors que le partage n'est plus explicitement mentionné... et que l'on ne peut ramener facilement la question à la découpe d'un gâteau. Par exemple, à l'entrée en classe de sixième, moins d'un élève sur deux répond correctement à l'énoncé suivant : « Pour la fête de l'école, on veut recouvrir chaque table avec une bande de papier d'une longueur de 4 m. Combien de tables pourra-t-on recouvrir avec un rouleau d'une longueur de 50 m ? » Pourtant une division simple suffit et, de plus, même si on ne fait pas de division, on peut facilement trouver la réponse en sachant multiplier par 10 et additionner : « Dans 50, il y a 10 fois 4 (donc 40) et encore 2 fois 4, donc au total 12 fois 4. »

Du problème des « bases » à celui du « transfert »

Ainsi, en CM2, la plupart des élèves font convenablement leurs exercices d'arithmétique. Certains sont même capables de véritables exploits techniques dans les quatre opérations. Et voilà qu'en sixième, dans un contexte scolaire nouveau, face à des problèmes présentés différemment, ils perdent leurs moyens. Pourtant, il semble bien que ce sont les mêmes savoir-faire qui sont sollicités. Mais ils ne s'y retrouvent plus.

C'est pourquoi il faut considérer qu'une compétence qui ne peut pas être transférée dans une situation scolaire nouvelle n'est pas, pour l'élève, une véritable « compétence de base », mais un bagage quasiment inutile. Savoir jongler avec les quatre opérations n'est vraiment utile que si l'on est capable, au moment opportun, dans les étapes ultérieures de la scolarité comme dans la vie courante, d'en faire usage de façon appropriée.

Plus encore que la technique, c'est le sens qui est important en mathématiques, c'est-à-dire la possibilité de se servir de ses connaissances. Savoir réciter la fameuse comptine « un, deux, trois, ... » jusqu'à sept ne témoigne pas du fait que l'enfant connaît la signification du mot sept, c'est-à-dire que 7 est bien un nombre. De nombreux élèves, à la fin du collège, savent déjà manipuler les symboles de l'algèbre. Ils savent « faire passer x de l'autre côté » sans toujours savoir pourquoi il est permis de le faire... Et moins nombreux encore sont ceux qui sont capables de réussir la « mise en équation ». La technique est peut-être là, mais le sens est absent : ils savent le « comment », mais ils ne maîtrisent pas le « pourquoi », et n'envisagent pas le « pour quoi faire ».

La question centrale est donc : comment faire pour que les savoirs enseignés aient du sens pour l'élève, c'est-à-dire, tout simplement, qu'ils soient disponibles, vivants et non inertes, inutiles ? Ce n'est pas facile, mais on peut y arriver : l'essentiel est de penser, dès le début, les savoirs enseignés dans des « situations de référence ». Il faut faire fonctionner les outils mathématiques dans la tête de l'élève en référence à des éléments qu'il peut se représenter, avec des objets qu'il connaît et entre lesquels ces outils mathématiques sont des « opérateurs » efficaces. En d'autres termes, construire des problèmes que l'élève peut comprendre et que les mathématiques peuvent aider à résoudre. Mais, si ces « situations de référence » doivent rendre l'apprentissage possible dans l'instant, elles ne doivent pas enfermer l'élève dans un contexte qui deviendrait la condition obligée de l'usage de la notion ou de la compétence. Par analogie avec l'expérience des adultes, disons qu'apprendre à conduire une voiture sur un modèle donné suppose qu'on maîtrise le maniement de ce modèle au cours des leçons de conduite, mais qu'on se prépare en même temps à piloter seul, dans différentes circonstances, un autre modèle qui nous fera oublier le premier.

Comprendre un savoir humain dans son histoire

Observons précisément comment cela fonctionne sur un exemple simple : le premier enseignement des « nombres entiers ».

« Deux et deux : quatre ; cinq et cinq font dix ; répétez, dit le maître... » Une célèbre chanson de Prévert et Kosma, interprétée par les Frères Jacques, évoque ces exercices de répétition des « tables » qui, pour beaucoup d'adultes, demeurent liés à leurs premiers apprentissages mathématiques. Effectivement, le contact avec les nombres entiers s'effectue très tôt. Il est organisé en enseignement systématique dès le cours préparatoire, au début de l'école élémentaire. Mais, déjà, dans la grande section de l'école maternelle, des exercices sont proposés sous forme de « jeux ».

Nous voilà donc en face d'une première édification de nos fameuses « bases ». Pour qu'elles soient solides, il faut que les activités proposées soient comprises, dans l'instant, par les enfants et leur permettent d'effectuer des opérations réussies : lire, écrire, réciter et utiliser ces nombres. Mais il faut aussi que ces activités contribuent à construire des « outils » utilisables plus tard, donc « transférables ». Il ne suffit pas de savoir faire maintenant, en classe, une addition avec des cubes ou une multiplication pour réaliser une recette de cuisine ; il faut que les mécanismes opératoires ainsi mis en place soient intériorisés indépendamment des cubes et de la recette en question. Il faut que, progressivement, l'enfant se détache des situations concrètes pour passer à l'abstraction.

À quoi servent les nombres ?

Pour répondre à ce type de question, un détour par l'histoire est nécessaire. Il montre que ce qui paraît simple et évident aujourd'hui a été élaboré longuement, et souvent de manière chaotique, par les hommes. Il témoigne surtout du fait que les problèmes rencontrés ont été le moteur essentiel des principales avancées. Sans question à résoudre, sans défi à relever, il n'y a pas de progrès scientifique. Cela s'applique aussi aux mathématiques.

On peut donc s'appuyer sur les « situations fondamentales » que les hommes ont rencontrées et les problèmes essentiels qu'ils ont eu à résoudre pour introduire les concepts mathématiques. Il s'agit, par exemple, de faire comprendre aux élèves que les nombres permettent de garder la mémoire des quantités, de les comparer, d'anticiper sur le résultat de leurs évolutions. Ces questions ont bien dû être posées un jour, dans l'histoire de l'humanité : « Comment savoir si j'ai autant de moutons le soir qu'il en est sorti le matin ?

Comment vérifier si j'en possède autant que mon voisin ? Comment déterminer combien je dois en acquérir pour faire vivre ma famille ? » Ce berger antique, fictif évidemment, qui compare les chiffres de son troupeau et ceux du troupeau de son voisin, qui s'interroge sur la quantité de moutons à acquérir, anticipe sur l'effet à attendre d'une diminution ou d'une augmentation des quantités. Utiliser les nombres lui sera bien utile.

Garder la mémoire des quantités, anticiper ce que deviendra une quantité qui augmente ou qui diminue ont ainsi, sans doute, constitué les premières fonctions de l'utilisation des nombres. Comment familiariser les élèves de grande section de l'école maternelle à comprendre, s'approprier, entretenir et développer ces différentes fonctions ? Voici une situation qui a été élaborée pour faire travailler les élèves dans cette direction : on leur présente un wagon au bord d'un quai. Des places sont occupées (elles sont symbolisées par des cases noires). D'autres sont libres (symbolisées par des cases blanches). La quantité de ces places libres doit être suffisamment importante pour que la simple mémoire visuelle ne permette pas aux élèves de s'en souvenir. Les élèves sont invités à aller chercher des cubes (les voyageurs) dans un endroit suffisamment éloigné pour qu'ils n'aient plus le wagon sous les yeux et soient donc conduits à utiliser les nombres pour garder la mémoire des quantités. Ils doivent ramener autant de cubes qu'il y a de places libres : « Juste ce qu'il faut, pas plus, pas moins. » Un seul aller et retour est autorisé afin d'éviter que les élèves ne comblent les cases vides par ajustements successifs sans ressentir la nécessité d'évaluer la quantité de places disponibles.

Voilà bien des règles compliquées imposées aux petits élèves ! Mais, si ces conditions sont respectées, la seule démarche possible pour que le problème soit résolu, c'est que les enfants pensent à utiliser les nombres, justement pour « garder la mémoire de la quantité de places libres ». Imposer toutes ces règles, c'est donc créer les conditions pour que les enfants comprennent le pouvoir que leur donnent les nombres pour traiter ce type de problème. Voilà ce qui est au cœur de l'apprentissage des mathématiques. Voilà ce à quoi nous devons nous attacher si nous voulons que les enfants entrent vraiment dans la culture mathématique.

De l'outil à l'objet et vice versa

Pour le berger qui compte ses moutons, comme pour l'élève qui compte les places manquantes, les nombres constituent des outils. Ils sont utiles pour que soient effectuées certaines opérations. Mais, dans de nombreuses cultures, dont la nôtre, les nombres ont très vite retenu l'attention pour eux-mêmes : ils sont susceptibles d'une organisation rationnelle propre, indépendante des objets auxquels on les applique. Ces *outils* sont donc en même temps des *objets*. Enseigner les nombres, c'est donc organiser les activités d'apprentissage de telle façon que les nombres soient étudiés tantôt comme des *outils* pour résoudre des problèmes, tantôt comme des *objets* dont on cherche à connaître les propriétés.

Une telle « dialectique » peut s'appliquer à tous les niveaux de l'école et du collège : trouver la hauteur d'un arbre à partir de la longueur de son ombre permettra, au collège, une approche du fameux « théorème de Thalès »... qui peut ensuite faire l'objet d'une étude plus complète dans tous types de triangles. Abordé comme « outil » pour résoudre une question particulière, ce théorème devient ensuite un « objet » dont une étude plus complète permettra l'utilisation dans de nouvelles circonstances. L'élève accédera ainsi à « l'intelligence mathématique » : partant de situations « concrètes » ou de problèmes « théoriques », il se dotera d'outils abstraits qui lui permettront de faire face à de nouvelles situations, plus complexes (et parfois plus abstraites)... et ainsi de suite.

Être attentif aux erreurs des élèves

Au moment où la maîtresse de l'école maternelle fait résoudre à ses élèves le problème des wagons, la connaissance des nombres chez les uns et les autres est très variable. Pour certains, le nombre n'est qu'un élément d'une comptine, avec ou sans musique (« Un, deux, trois... nous irons au bois ; quatre, cinq, six, cueillir des cerises... ») : on parle alors de « chaîne verbale ». Pour d'autres, le nombre est déjà un moyen de comptage qu'ils savent faire fonctionner. Chaque mot de la « chaîne verbale » *(un, deux, trois quatre, etc.)* peut être attribué à chacun des objets d'une collection. Il les numérote. Ce peut-être une enfilade de portes, une liste de noms, la suite des pages d'un livre, etc.

Mais cette chaîne verbale elle-même *(un, deux, trois, quatre, etc.)* n'est pas maîtrisée de la même manière par tous les élèves. Certains la connaissent relativement loin (au-delà de *vingt,* par exemple), alors que d'autres inversent certains mots *(six* et *dix* par exemple) ou les oublient. Certains ont déjà repéré, quand ils dénombrent des objets, que le dernier mot prononcé suffit à désigner la quantité. D'autres, effectuant la même opération, prononcent deux « mots-nombres » pour le même objet de la collection. Ils rééditent sans le vouloir la farce bien connue : « Combien ai-je de doigts à la main ? J'en ai quatre. Regarde, je les montre un à un : le premier, le deuxième, le second le troisième et le quatrième. » En réalité, cette vieille plaisanterie montre combien des opérations apparemment très simples peuvent ne pas être maîtrisées par des enfants et, donc, être à la source de graves handicaps pour la suite.

Si l'on veut surmonter ces handicaps, il faut être extrêmement attentif aux erreurs des élèves. L'erreur – on ne parle pas ici de l'étourderie passagère – peut tenir à plusieurs types de raisons. Retenons-en deux.

Soit elle illustre une difficulté commune à tous les membres d'une classe d'âge. Soit elle tient au développement intellectuel propre et aux acquisitions antérieures de tel ou tel élève. Elle appelle, dans ce cas, une analyse et un traitement spécifiques. Ces deux types d'erreurs nous renseignent précieusement sur deux types d'exigences propres à la réussite en mathématiques : apprendre à construire des « solutions expertes » aux problèmes rencontrés et proposer aux élèves des « situations problèmes » adaptées.

Apprendre à construire des « solutions expertes » aux problèmes rencontrés

Certains problèmes peuvent être résolus par les enfants de manière très précoce, alors que d'autres problèmes, apparemment du même ordre, doivent attendre un âge plus tardif. Prenez, par exemple, les deux problèmes suivants :

- *J'avais 5 billes. On m'en a donné 3. Combien en ai-je maintenant ?*
- *J'ai gagné 3 billes. J'en ai maintenant 8. Combien en avais-je au début de la partie ?*

Le premier problème peut être résolu par des enfants de cinq ans. Le second ne l'est qu'à huit ans, et encore par une minorité d'enfants. Trouver l'état d'une série d'objets avant une augmentation impose d'utiliser ensemble l'addition et la soustraction : la conjonction des deux opérations rend la démarche plus aventureuse.

Mais on peut imaginer que des enfants de moins de huit ans, pour résoudre ce second problème, « bricolent » une solution personnelle et, justement, en tâtonnant, trouvent la solution. Ils auront recours à un dessin, ils compteront sur leurs doigts, ils feront une « addition à trou », etc. Ces solutions personnelles sont intéressantes. Convient-il de les encourager ? C'est bien l'une des principales questions qui se posent aux enseignants et aux parents. Les solutions personnelles peuvent parfois être efficaces, mais elles peuvent aussi contribuer à mettre en place des habitudes qui se révéleront, par la suite, des handicaps pour aller plus loin. En s'attachant à des formules découvertes empiriquement, l'enfant s'interdit parfois d'accéder à des formules plus économiques et rationnelles... C'est là d'ailleurs, bien souvent, une des sources de malentendu et de tensions quand des parents font faire des mathématiques à leur enfant : ils leur imposent trop tôt une méthode indépendamment de la progression scolaire de la classe et qui vient télescoper celle-ci.

Les chercheurs sur l'enseignement des mathématiques ont l'habitude de distinguer deux types de solutions à des problèmes : les « solutions personnelles » et les « solutions expertes ». Dans ce dernier cas, la solution passe par une « expertise » : au tâtonnement réussi (par chance ou par méthode), se substitue la reconnaissance du fait que le problème se ramène à une catégorie connue : c'est un certain type de problèmes que l'on reconnaît, qui se caractérise par des opérations précises à mettre en œuvre, un type de problème sur lequel on a déjà travaillé et pour lequel on sait que la solution passe par telle et telle méthode. L'une des principales tâches d'un enseignant de mathématiques est donc d'aider les élèves à construire les « solutions expertes » à des problèmes. Ce qui impose de les amener, au bon moment, à identifier des catégories de problèmes qui reviennent régulièrement, dont on comprend le mécanisme et pour lesquels on sait qu'il faut utiliser telle et telle procédure. Analyser des catégories de problèmes, mettre en mémoire leurs caractéristiques, maîtriser les moyens pour les traiter... voilà qui s'avère particulièrement efficace. C'est une forme élaborée de ce que nous nommions plus haut « le transfert ». Selon le moment de l'apprentissage, l'aide des parents doit donc être différente. Il faut soit encourager l'enfant à « bricoler » sa solution « personnelle », celle qu'il comprend, soit l'entraîner à reconnaître la solution « experte » dont relève le problème : « As-tu déjà rencontré ce type de problème ? » « À quoi te fait-il penser ? »

Proposer aux élèves des « situations problèmes » adaptées

À côté des erreurs qu'on pourrait dire « structurelles », il existe des erreurs qui tiennent à l'histoire individuelle de chacun. Et là réside une des grandes difficultés du métier d'enseignant. Mieux comprendre pour mieux aider chaque élève dans son entreprise d'apprentissage : peu d'enseignants sont contre... Mais comment faire ? D'une part, il faut prendre le temps nécessaire pour repérer, avec chacun, les obstacles principaux devant lesquels il butte. Les reconnaître, comprendre pourquoi ils surviennent, les analyser, les décortiquer, traquer ce qui bloque : ce n'est, parfois, que l'incompréhension d'un mot ou le fait de ne pas avoir lu l'énoncé jusqu'au bout. On ne perd jamais son temps à s'arrêter sur une erreur et à montrer quelle est sa « logique ». Le faire avec toute la classe peut même, dans de nombreux cas, rendre service à beaucoup. L'intelligence des difficultés – de toutes les difficultés rencontrées – est un des moyens privilégiés pour entrer dans l'intelligence des solutions.

Mais, au-delà de ce traitement positif de l'erreur, ce qui est en question, c'est la démarche même de construction des connaissances mathématiques. On parle aujourd'hui de « situations problèmes ». Quelle différence avec les problèmes de robinet d'antan ? Ces derniers étaient, le plus souvent, des exercices destinés à mettre en application des notions que l'enseignant avait transmises auparavant. Il s'agissait surtout de vérifier que les élèves avaient bien écouté le cours. Ce n'est pas le cas des « situations problèmes ».

Reprenons l'exemple du problème des places libres dans le wagon. Rappelons qu'il est posé à des enfants qui passent de l'école maternelle à l'école élémentaire. Leurs connaissances anciennes sont insuffisantes pour trouver la solution : on ne permet pas aux élèves, en effet, de prendre et de placer les voyageurs un par un. Afin de parvenir à la solution, les élèves vont avoir à construire des connaissances nouvelles. Pour provoquer cela, l'enseignant n'attend pas le miracle qui jaillirait de la spontanéité créatrice des élèves. Plus prosaïque, l'enseignant *organise une situation* qui, comme on dit, va *faire problème.* Il conduit ainsi les élèves à élaborer des connaissances nouvelles.

Quelle est la « connaissance de base » que les élèves doivent apprendre dans cette situation et que le maître ou la maîtresse n'ont pas dévoilée directement ? *Que le recours aux nombres est l'outil le plus approprié pour résoudre une catégorie de problèmes à laquelle appartient le problème précis rencontré pour le wagon.*

On comprendra peut-être alors l'importance des conditions évoquées plus haut, et qui constituent les règles du jeu : impossibilité de voir, dans un même coup d'œil, les places libres et le groupe de voyageurs, réduction du nombre de déplacement à un seul. Leur but est que la connaissance visée – recourir au nombre – et elle seule, permette de résoudre le problème.

Malgré tout, les élèves ne vont pas, pour autant, réussir du premier coup ce qui leur est demandé. Mais le maître doit laisser aux élèves le soin de vérifier si leur tentative a réussi ou échoué. Il est probable que beaucoup d'élèves échoueront s'ils ne disposent pas déjà d'une conception de l'usage du nombre : ils se retrouveront sur le quai avec trop ou pas assez de voyageurs. Il leur faudra peut-être plusieurs tentatives pour que le dénombrement successif des deux séries de données (les places vides, puis les voyageurs) soit reconnu comme le moyen de résoudre le problème.

L'analyse des pratiques des autres élèves, les synthèses de l'enseignant, les entraînements qu'il propose au bon moment sont autant de moyens de progrès pour l'élève.

On conçoit combien, dans cette situation, l'erreur n'a pas à être sanctionnée de l'extérieur, sous la forme d'une bonne ou mauvaise note, par exemple. La sanction viendra de la situation elle-même : les élèves reconnaîtront d'eux-mêmes que leurs procédures initiales ne marchent pas. Reconnaître son erreur, la comprendre et la corriger sont des conditions essentielles de la réussite en mathématiques. Même si les erreurs nous agacent, en tant qu'enseignants aussi bien qu'en tant que parents, nous devons apprendre à « faire la paix avec elles » pour que l'enfant, de son côté, en les analysant avec nous, apprenne à les surmonter.

L'enseignant demeure le garant

Dans l'exemple de la « situation problème » des wagons, l'enseignant sera peut-être apparu un peu absent. Une fois les consignes données, doit-il disparaître ou se taire complètement ? Certainement pas. Les élèves travaillent. Mais l'enseignant travaille aussi. Il a travaillé *avant,* pour préparer la leçon. Il travaille *pendant,* pour différencier ce qu'il dit et ce qu'il fait en fonction du degré d'avancement de chaque élève ainsi que pour effectuer les synthèses dont toute la classe a besoin pour progresser. Il travaille *après,* pour aider à consolider les acquis et permettre d'avancer. Il travaille aussi *après* – mais seulement après – pour évaluer et noter les acquisitions individuelles.

Au total, lorsque les élèves auront reconnu qu'un double dénombrement est un moyen efficace pour résoudre le problème, l'enseignant « officialise » ce moyen, vérifie que chacun le maîtrise bien et entraîne la classe à dénombrer « mieux » et « plus loin ».

On demandera peut-être : « Pourquoi faire de tels

détours pour enseigner une connaissance aussi élémentaire ? Pourquoi ne pas dire directement aux élèves ce qu'ils doivent faire ? ». La réponse est connue depuis longtemps, même si elle a parfois du mal à se traduire dans les faits. C'est qu'apprendre, ce n'est pas simplement écouter, recevoir, c'est aussi et surtout chercher à comprendre : « J'écoute et j'oublie, je vois et je me souviens, je fais et je comprends. »

Des mathématiques pour apprendre à « faire la paix »

Recentrer les mathématiques sur l'intelligence de l'action et sortir des parties de bras de fer entre enseignants et élèves, parents et enfants que l'on voit trop souvent : tel est l'objectif. En classe comme en famille, les mathématiques sont, malheureusement, occasion de tensions, voire de conflits. Il y a ceux qui réussissent et ceux qui échouent, ceux qui s'imposent et ceux qui courbent l'échine. Il y a l'humiliation de ne pas comprendre et la peur de l'exclusion. Étrange dévoiement quand on pense que les mathématiques pourraient être un moyen privilégié de pacifier les rapports entre les hommes : comprendre et se mettre d'accord en échappant au rapport de force et à l'argument d'autorité. Les mathématiques, c'est, par excellence, *la discipline de l'accord possible entre les hommes*, quelles que soient les cultures d'origine, les générations, les préoccupations personnelles. N'en faisons pas, ni en famille ni à l'école, une discipline de la dispute et du conflit.

Tous les élèves ne sont pas appelés à devenir des mathématiciens. Mais tous ont à accéder aux outils mathématiques de base et, plus profondément, à la démarche mathématique elle-même. Tel est l'enjeu du travail des enseignants, médiateurs entre les élèves et le savoir mathématique, *« pour l'honneur du genre humain »,* comme l'écrit Jean Dieudonné, l'un des maîtres de la mathématique contemporaine. Tel est l'enjeu d'un combat où parents et enseignants doivent se retrouver au coude à coude. Car, vieilles de plusieurs millénaires, les mathématiques ont accompagné les progrès de l'humanité et continuent de contribuer très largement à ses évolutions. En permettre l'accès au plus grand nombre constitue un défi à la fois culturel et démocratique que l'école se doit de réussir.

POUR ALLER PLUS LOIN

Brousseau, G., *Théorie des situations didactiques,* Grenoble, La Pensée sauvage, 1998.

Charnay, R., *Pourquoi les mathématiques à l'école,* Paris, ESF éditeur, 1996.

Charnay, R., Mante, M., « Analyser les erreurs des élèves », *Préparation à l'épreuve de mathématique du concours de professeurs des écoles,* tome 2, Paris, Hatier, 1996.

Chevalard, Y., *La Transposition didactique*, Grenoble, La Pensée sauvage, 1985.

Dieudonné, J., *Pour l'honneur de l'esprit humain,* Paris, Hachette, 1987.

Douady, R., « Jeux de cadre et dialectique outil-objet », *Recherche en didactique des mathématiques* (Grenoble) vol. 7/2.

Meirieu, Ph., *Apprendre, oui... mais comment*, Paris, ESF éditeur, 1987.

« L'école, je n'en veux plus ! »
ou comment faire face à un refus ou à un échec scolaires graves

Serge Boimare
instituteur, psychothérapeute
directeur du centre Claude-Bernard (Paris)

« On voit aujourd'hui des enfants qui, après cinq ou six ans d'école primaire, sont incapables de lire un texte simple ou de faire une soustraction. Tous ne sont pourtant pas atteints de défaillances cérébrales. Certains apparaissent même comme très intelligents et parviennent, par exemple, à jouer à des jeux électroniques compliqués. C'est donc bien que l'école n'a pas fait son travail. On a dû utiliser avec eux des méthodes pédagogiques fantaisistes, manquer d'autorité ou les abandonner au fond de la classe. Et voilà maintenant qu'on nous explique que c'est de la faute des parents, qu'il y a dû y avoir "défaillance éducative précoce". On nous dit que cela est affaire de psychologie et que nous devons les confier à des "éducateurs" qui vont farfouiller dans leur inconscient et accuser, comme toujours, la mère possessive ou l'absence du père. On ferait mieux de leur apprendre la littérature et les mathématiques. Cela les aiderait à relativiser les choses... C'est vraiment facile pour les enseignants de se débarrasser des problèmes en faisant de la psychologie de bas étage ! »

Il existe des parents pour qui la question de l'échec scolaire n'est ni théorique ni générale. Des parents qui la vivent chaque jour, avec leur fils ou leur fille, en désespérant peut-être de parvenir à trouver une solution. Ils sont persuadés que leur enfant n'est pas moins intelligent, ni moins curieux qu'un autre. Et c'est aussi l'avis de ceux qui le connaissent. Pourtant, rien ne va plus dans ses résultats scolaires. Il a l'air d'être dépassé, perdu. Il éprouve pour tout ce qui touche à l'école une sorte de dégoût. Et ses parents pensent qu'il n'est sans doute pas totalement responsable, qu'on ne sait peut-être pas s'y prendre avec lui.

Il y a « échec » et « échec »...

Près de 10 % des élèves sont dans ce cas à l'issue de leurs études primaires. Mais cela nous oblige à chercher des explications plausibles à ce phénomène et, surtout, à imaginer des solutions.

Certains spécialistes du « y-a-qu'à » nous expliquent qu'il n'y a pas vraiment de problème et qu'il suffit de quelques aménagements de détail, d'un changement de classe ou d'école, de leçons particulières, voire d'un « bon coup de gueule » pour que tout rentre dans l'ordre. Mon expérience, depuis plus de trente ans, me prouve le contraire. S'il y a effectivement des enfants « en difficulté » qu'un soutien pédagogique ponctuel peut sortir de l'ornière, il y a aussi des enfants en échec grave, qui campent dans un refus de tout apprentissage scolaire et avec lesquels il faut complètement reconstruire les conditions du moindre apprentissage.

Lorsque aller à l'école réveille plus de malaises et de peurs que de plaisir et d'espérance, même les savoirs de base ne peuvent plus être abordés simplement. Quand apprendre déclenche des réactions violentes, un refus radical, un repli dans le mutisme ou, au contraire, le débordement d'injures, quand toute tentative de réconciliation est refusée *a priori*, il faut bien accepter le fait que nous avons à faire face à une situation exceptionnelle que nous devons traiter en tant que telle.

Car il existe bel et bien des enfants « en souffrance » : ils souffrent intérieurement et ils sont mis « en souffrance », comme de vagues colis, dans nos écoles. Ma conviction est qu'il faut tenter de les identifier et de les comprendre. Ma conviction, aussi, c'est que, pour eux et malgré les apparences, rien n'est irrémédiable : il y a une action pédagogique possible dès lors qu'on pose que ce sont des désordres affectifs ou des inquiétudes incontrôlées, et non un manque d'intelligence, qui empêchent l'organisation de la pensée.

Deux réponses contradictoires pour traiter l'échec scolaire grave...

« Je le ferai si je veux ! »... « T'as pas à me commander, t'es pas mon père ! »... « La grammaire, c'est bon pour les bouffons ! »... « Je peux pas réfléchir dans le silence, j'ai besoin de mon *walkman* »... Des phrases comme celles-là, j'en entends tous les jours.

Mais, ce qui est le plus déstabilisant pour moi, depuis que je fais ce métier, ce n'est pas de fréquenter ces jeunes qui ne sont pourtant pas faciles tous les jours. C'est d'entendre régulièrement certaines personnes qui ne les connaissent que de loin m'expliquer avec suffisance ce que je devrais faire pour les réconcilier avec l'école.

Deux voies contradictoires me sont habituellement proposées. Pour les uns, le salut ne pourra venir que d'un renforcement de l'autorité. Sanctions, repères, contraintes, savoirs fondamentaux sont les mots clés de ce discours. Toute réflexion sur les manières dont ces enfants apprennent, sur la formation de la personnalité ou sur le fonctionnement mental, pourtant si particulier de ces élèves en échec, est proscrite, considérée comme une perte de temps, voire comme une démission. Quand la mauvaise foi s'en mêle, cette réflexion est assimilée à du freudo-marxisme, comme le fait Thierry Desjardins dans son ouvrage *Le Scandale de l'Éducation nationale*. Mais je sais que M. Desjardins changerait probablement d'avis si l'un de ses petits-enfants se trouvait en situation de rupture scolaire radicale et qu'il soit contraint de le confier à quelqu'un comme moi. Quand on est confronté soi-même à des situations douloureuses, les éducateurs, même freudo-marxistes, retrouvent parfois quelque crédit à vos yeux.

À l'opposé, pour ceux qui privilégient la compréhension sur la sanction, c'est l'aspect relationnel et psychologique qu'il faut mettre au premier plan. Il convient d'abord, dit-on de ce côté, de valoriser les enfants en échec, de les rassurer. Il faut respecter leurs intérêts et leur culture propre, relâcher les contraintes artificielles qui pèsent sur eux. Voilà qui devrait leur permettre de retrouver le désir d'apprendre et la confiance en eux, de renouer le lien avec les adultes chargés de leur transmettre le savoir. Leur situation est due, explique-t-on, à la compétition forcenée, à l'anonymat et à l'indifférence qui sévissent dans le monde scolaire... Ceux qui prônent ces conceptions se réfèrent souvent à Françoise Dolto et, malgré l'immense respect que j'ai pour cette grande psychanalyste, je suis bien obligé de marquer mon désaccord avec eux.

Deux réponses plus complémentaires qu'opposées

Il m'a fallu quelques années de recul pour comprendre que ces deux discours contradictoires n'ont pas à être opposés. L'autorité est indispensable. Mais le respect aussi.

À l'évidence, les enfants, les adolescents que je côtoie ont autant besoin d'une relation valorisante, attentive à leur identité que des marques fermes d'une autorité et de repères fondamentaux. Ils ont besoin de rencontrer quelqu'un qui, tout à la fois, leur résiste et les comprenne. Il faut donc que j'aie assez de discernement et de capacité d'adaptation pour comprendre quel versant doit être privilégié selon le moment de la rencontre. Plus encore, il faut que je trouve des situations où s'articulent fermeté et écoute, stabilité d'une référence culturelle et respect de l'histoire de chacun. Or, c'est là, précisément, ce qui caractérise – ou devrait caractériser – la compétence spécifique des éducateurs. C'est une compétence « spécialisée », qui doit être l'objet d'une formation spécifique, mais que l'on peut parfaitement exercer dans le champ pédagogique « ordinaire ».

Il s'agit, en effet, quand la situation est bloquée, de rompre avec les modalités habituelles de transmission des connaissances. Plutôt que de chercher à adapter, voire à intensifier un système qui a fait les preuves de son insuffisance, je propose d'utiliser les grandes œuvres de notre culture : celles-ci, en effet, permettent, en même temps, d'accéder aux savoirs et de lever les peurs et les inhibitions qui bloquent l'apprentissage.

Alexandre et les anthropophages

Alexandre est un garçon de douze ans. Il est saisi de crainte quand il se trouve devant un texte à lire. Il est incapable de donner du sens à ce qu'il voit. Si bien qu'il passe son temps, quand il doit lire un mot seul, à le découper, à jouer avec les lettres, à les recopier et, ensuite, à les retourner dans tous les sens pour en faire des sexes et des armes. Il fait partie de ceux que l'on appelle les « grands non-lecteurs ». Malgré des rééducations diverses, il ne sait pas encore écrire son nom de famille et ne connaît pas les lettres de l'alphabet. En revanche, c'est un garçon qui parle beaucoup. Il s'exprime sans barrière aucune, avec une crudité étonnante... ce qui est particulièrement gênant dans une classe où cela amuse et démobilise ses camarades.

Comme beaucoup d'enfants de ce type, Alexandre veut bien apprendre, mais à condition de ne pas passer par la réflexion personnelle, de ne pas perdre de temps, de ne pas abandonner, même un court instant, ses préoccupations immédiates. Il lui arrive de me dire, quand il est en désaccord avec moi parce qu'il trouve que je ne lui transmets pas assez vite la connaissance : « Voir et savoir c'est pareil. » Et aussi : « Un jour je m'achète un cadavre et je le découpe pour voir ce qu'il y a dedans. » Ou encore : « Plus tard j'irai en Amérique, là-bas on apprend des tas de trucs, c'est pas comme ici où il faut voir toujours la gueule du même prof pour rien savoir. » Et même : « J'aurais voulu être un homme préhistorique avec personne pour me montrer ce qu'il faut faire, alors là j'aurais appris un max ! »

On observe ici la peur d'affronter le temps : entre le moment où la question est posée et celui où l'on va trouver la réponse, l'intervalle est insupportable. La réflexion ou une activité de recherche différeraient cette réponse. Celle-ci, en effet, ne reposerait plus sur ce qu'on voit, là devant soi, ou sur ce dont on se souvient brusquement. Elle échapperait à la maîtrise immédiate. Elle nécessiterait une recherche d'informations, des essais, des vérifications d'hypothèses, des applications de règles. Bref, toutes choses dont Alexandre est incapable. Car Alexandre veut savoir. Mais il ne veut pas, ne peut pas, prendre le temps d'apprendre, assumer la frustration nécessaire à la construction d'une vraie connaissance.

Or, voici qu'un jour, alors que nous nous connaissons depuis plus de six mois et que notre relation demeure très difficile, Alexandre est moins provocant à mon égard, ses craintes s'atténuent. Nous venons de trouver un texte qui retient toute son attention. Il s'agit du combat des anthropophages, décrit dans toute son horreur et son atrocité par Jules Verne dans *Cinq Semaines en ballon*. Des combattants s'entretuent et s'entre-dévorent dans un bain de sang, sur le champ de bataille, sous les yeux de gentlemen anglais qui, de leur ballon, suivent, horrifiés, le carnage.

« Ils étaient trois cents environ, se choquant dans une inextricable mêlée. La plupart d'entre eux, rouges du sang des blessés dans lequel ils se vautraient, formaient un ensemble hideux à voir. Dès qu'un adversaire gisait sur le sol, son adversaire se hâtait à lui couper la tête. Les femmes mêlées à cette cohue ramassaient les têtes sanglantes et les empilaient à chaque extrémité du champ de bataille. Souvent elles se battaient pour conquérir cet hideux trophée.

« Le chef se précipita sur un blessé, dont il trancha le bras d'un seul coup, prit ce bras d'une main, et le portant à sa bouche il y mordit à pleines dents... Mais le ballon ne partit pas assez vite qu'il ne pût voir la tribu victorieuse, se précipitant sur les morts et les blessés, se disputer cette chair encore chaude et s'en repaître avidement. »

Alexandre, qui apprécie tout particulièrement ce passage, me demande de le lui souligner dans son livre personnel, de le lui relire plusieurs fois, de marquer en rouge certains mots. Il va d'ailleurs l'apprendre par cœur et se servir des phrases et des mots qui lui paraissent les plus forts, les plus intéressants, pour en venir à un apprentissage enfin rigoureux des sons. L'intérêt pour ce texte va entraîner, durant plusieurs jours, un travail intense qui va permettre à Alexandre de rassembler ce qu'il avait déjà vaguement appris sur la lecture sans jamais le retenir. Après un mois d'effort soutenu, il commence à pouvoir déchiffrer. Voilà qu'Alexandre entre dans le temps. Il prend du temps. Il s'empare d'un objet, d'une « médiation culturelle » et se l'approprie progressivement, acceptant les difficultés inévitables de l'entreprise.

Vaincre la peur d'apprendre

Une des caractéristiques essentielles des enfants en échec grave est qu'ils ne peuvent supporter la confrontation avec le doute et le manque. Ces enfants-là n'acceptent pas l'idée de ne pas être tout-puissants, de ne pas tout savoir tout de suite et de devoir engager une démarche qui va nécessairement les confronter avec l'inconnu. Le fait de dire : « Je ne sais pas, je cherche », renvoie chez eux à des idées inconscientes de persécution, d'impuissance, d'abandon. Et celles-ci réveillent souvent des peurs très anciennes, incompatibles avec l'organisation de la pensée. Ils se recroquevillent sur eux-mêmes pour se protéger, ou se précipitent dans la violence du passage à l'acte pour n'avoir pas à réfléchir. L'acte d'apprendre devient un danger potentiel ; c'est une remise en cause intolérable.

Qu'est-ce qui se passe, en effet, avec les enfants qui apprennent normalement ? La charge affective ou émotionnelle du contact avec les gens et les choses diminue progressivement. On commence par aimer ou rejeter et, petit à petit, on distingue des objets extérieurs sur lesquels commence un travail de connaissance véritable. Et ces enfants accèdent alors à la dimension symbolique : ils peuvent étudier paisiblement, dans un livre, les caractères terrifiants d'un dinosaure sans se retourner pour vérifier que ce redoutable animal n'est pas subrepticement rentré dans la classe.

Pour les enfants en état d'échec grave, le mouvement est inverse. Ils ne sont pas sûrs que le dinosaure ne va pas tout à coup sortir du livre pour les agresser. « Faire connaissance » avec quelque chose ou quelqu'un engendre des craintes, des malaises, des angoisses parfois insurmontables : les objets et les êtres que l'on rencontre dans l'apprentissage sont avant tout des menaces pour leur identité. Leur fragilité intérieure est telle qu'ils ne peuvent pas supporter l'arrivée dans leur monde d'autre chose ou de quelqu'un d'autre.

Car ces enfants sont marqués par la perte de repères identitaires. Ils ne possèdent pas ce savoir minimum sur soi-même dont chaque enfant doit ou devrait disposer pour aborder les apprentissages scolaires. Ils ne savent pas se situer dans le temps et dans l'espace et, d'autre part, ils ignorent les possibilités et les limites de leur corps et de leur esprit.

Or, les bases de ce savoir doivent être en place entre cinq et sept ans. C'est à cet âge que les enfants entament ces apprentissages qui leur imposent de quitter ce qui est subjectif et centré sur soi pour aller vers des connaissances objectives. Et ceux qui n'arrivent pas à accéder à ces premiers apprentissages ne sont pas inintelligents. Ce sont des enfants qui, le plus souvent, avancent avec des lacunes, des interrogations obsédantes, des incertitudes sur leurs origines, leur filiation, leur place dans la famille, dans leur culture, dans leur environnement.

Certaines défaillances sont significatives de ce type d'échec dans la construction de soi : les difficultés pour fixer sa date de naissance ou l'orthographe de son nom de famille, pour apprendre l'heure ou les jours de la semaine, pour se repérer dans une suite ou dans la différence des générations. Car, s'ils ne savent pas se repérer ainsi à leur propre sujet, comment pourront-ils se situer dans les enchaînements, les liens, les successions nécessaires à toute démarche d'apprentissage de la lecture ou du jardinage, de la géographie ou de la mécanique ? Comment pourront-ils se projeter ailleurs, plus loin dans le temps ou dans l'espace ? Comment pourront-ils imaginer que des choses ont existé bien avant eux, existent en dehors d'eux et qu'ils n'ont pas le pouvoir sur elles ? Pour apprendre, il faut sortir de soi, échapper au « tout, tout de suite », entrer dans la frustration provisoire pour espérer des satisfactions possibles – mais encore invisibles – à plus long terme.

Julien, José, Yasmina, Georges, Sylvie et les autres

Voici Julien – dix ans – qui me dit : « Le verbe est bien con d'obéir au sujet. » Il me laisse entendre par là qu'il ne faut pas compter sur lui pour apprendre les règles de la conjugaison, et encore moins pour se soumettre à moi. Je comprends que l'exercice de grammaire que nous sommes en train de faire a réveillé en lui un fantasme de persécution. Et il s'en défend comme il peut : ici, en projetant son refus pathologique de la soumission sur les liens grammaticaux.

Voici José – treize ans – qui me dit : « La lecture, c'est comme l'opération de l'appendicite, faut faire ça jeune, ça fait moins mal »... ou « La lecture est un exercice juste bon pour les pédés. » Je me doute que les idées de castration, de féminisation dont il se défend avec force pour éviter l'anéantissement sont réveillées par le malaise qui le gagne lorsqu'il doit sortir de son omnipotence et admettre qu'il ne sait pas.

Voici Yasmina – neuf ans – qui me dit qu' « elle mélange tout dans la table de multiplication si je ne suis pas assis près d'elle quand elle doit faire des opérations ». Je sais qu'elle ne peut pas réfléchir, qu'elle ne peut pas faire appel à sa mémoire et à son intelligence si elle ne dispose pas d'une protection.

Voici Georges – treize ans – qui me dit : « Ça casse la tête, ce truc-là ! » en cherchant la réponse à un problème de géométrie que je viens de lui soumettre. Je comprends qu'en me regardant droit dans les yeux, avec arrogance, et qu'en repoussant son cahier avec mépris, il cherche la confrontation avec moi. Le conflit avec l'extérieur lui permettrait d'échapper aux idées de dépression, de dévalorisation que cet exercice fait naître en lui et qu'il ne peut métaboliser.

Voilà Sylvie. Elle est prise de violents maux de tête quand elle est face à un problème de mathématiques et qu'elle est sur le point de trouver la réponse. Je me doute que ce passage par le malaise corporel est la traduction du danger que représente pour elle toute forme de découverte. L'enfance de Sylvie a été marquée par la confrontation avec des scènes de violence familiale grave. Pour elle, la réussite est assimilée à un danger. Et dès qu'il y a malaise, danger, une image revient toujours, où il est question d'être aspirée, de disparaître, de tomber dans un trou. L'association, l'enchaînement d'idées sont alors paralysés par cette crainte qui ne peut être intégrée dans l'acte de penser et qui se transforme en trouble psychosomatique.

Faire en sorte que les inquiétudes deviennent partageables

Alors comment faire pour les aider ? Comment faire pour que l'objet de l'apprentissage ne devienne pas la cible de projections parasites, ne soit plus chargé de risques et de maléfices ?

Peu d'enfants nous disent les choses aussi crûment que Julien, Georges ou Yasmina. Néanmoins, comme eux, bon nombre d'élèves abordent la lecture, les mathématiques, la grammaire sans avoir pu mettre à distance les parasitages émotionnels, relationnels, qui pervertissent les enchaînements et les liens entre les opérations mentales. Si je veux les aider, je sais qu'il va être nécessaire d'atténuer ces projections qui engendrent la confusion et empêchent la pensée.

Plus j'avance dans ce métier, plus je suis persuadé qu'il n'y aura pas de sortie d'un échec lourd, comme celui que vivent ceux qui n'ont pas réussi à assimiler les bases de la scolarité primaire, sans prise en compte des images qui s'agitent en eux quand on leur demande d'apprendre. *À condition, bien entendu, de trouver la voie qui va permettre de les améliorer et de les rendre fréquentables pour que l'exercice de pensée devienne enfin possible en leur compagnie.*

Toutefois, si l'on veut rester dans le cadre pédagogique de l'école, il s'avère impératif de ne pas traiter directement avec ces inquiétudes mais de faire en sorte qu'elles deviennent partageables avec les autres dans un lieu où le projet reste toujours celui d'apprendre. C'est pourquoi je propose de leur donner forme par une *médiation culturelle*. Cette médiation peut prendre une forme littéraire, scientifique ou artistique. Elle permet aux questions brûlantes et aux inquiétudes qui taraudent les enfants en échec d'avoir droit de cité dans la relation éducative. Mais plus n'importe comment, cette fois. Elles sont intégrées dans un registre symbolique, dans une métaphore qui les met en forme et en atténue la violence. Les médiations culturelles permettent ainsi de se reconnaître. Elles permettent de se penser sans se renier. Puisque ce qui est pensé, c'est soi-même... mais soi-même transfiguré par l'exigence de toute culture : l'universalité.

Relire Jules Verne

Pour comprendre ce double rôle de la médiation culturelle, relisons donc Jules Verne. Celui-ci n'hésite pas, en effet, à ramener son lecteur au plus près de ses angoisses archaïques, comme nous l'avons vu avec *Cinq Semaines en ballon*. Et sans attendre, il lui propose un cheminement intellectuel acceptable. Il exprime l'angoisse et permet d'en sortir.

Ce n'est pas parce que Guillaume me parle avec des yeux brillants de convoitise du compte en banque de Michael Jordan, qui gagne trois Porsche par jour, soixante mille francs à l'heure, trois dollars à la seconde, que nous pourrons prendre appui sur ce savoir, pour aborder la multiplication des fractions ou la mise en facteur qui est à son programme. Ces savoirs-là sont trop immédiats, trop chargés et, surtout, sans perspective, sans projection possible vers un « comprendre » qui relie l'homme à ses semblables et au monde.

C'est la raison pour laquelle je préfère répondre à Guillaume avec Persée et Thésée. Ceux-ci nous fournissent des images fortes sur le conflit des générations, sur le désir incestueux, sur les limites de la force qui préoccupent tant Guillaume. Il en a besoin pour supporter cette confusion de sentiments que lui fait vivre la recherche mathématique.

Plutôt que de côtoyer Mike Tyson, que Guillaume vénère, je préfère lui présenter Héraclès. Celui-ci nous montre que le chemin pour atténuer la violence passe par une acceptation de sa fragilité, par une confrontation avec ses peurs. Plutôt que de lui laisser croire qu'il suffit d'être un « battant » pour devenir « comme Bernard Tapie » – qui est sa référence –, je préfère le mettre en présence d'Achille. Lui aussi possède des qualités sportives et guerrières, mais son histoire nous fait réfléchir sur la différence entre invincibilité et immortalité. Elle nous fait comprendre que la sagesse peut être alliée à la force sans risquer, pour autant, de faire perdre au héros sa virilité.

Guillaume accepte Persée, Thésée, Héraclès ou Achille, parce que leur histoire n'est pas aussi éloignée qu'il n'y paraît de la sienne. Cette médiation a de grands avantages. Elle permet de prendre de la distance dans le temps et l'espace. Elle nous place, mon élève et moi, dans la chaîne des générations qui me transcende autant que lui. Elle offre à l'élève des représentations de ce qui l'inquiète ou lui fait peur. Et, surtout, ces représentations sont exploitables par la pensée.

C'est sans doute ce qui va lui permettre de s'en saisir. Il s'éloignera ainsi de la répétition qui l'épuise. Il fera des liens entre ce qui ne pouvait être qu'éclaté ou dispersé. Il pourra aborder dans de meilleures dispositions ses lacunes en orthographe et en mathématiques. Ainsi augmentent les chances pour que cet enfant puisse accepter un cadre où il lui sera enfin possible d'admettre que, pour savoir, il faut d'abord apprendre.

Les parents responsables et l'école impuissante ?

Je ne suis pas de ceux qui stigmatisent les erreurs ou la démission des parents pour se dédouaner eux-mêmes. J'assume pleinement mes responsabilités d'éducateur.

Mais je ne peux pas, non plus, laisser croire que la pédagogie est toute-puissante et qu'elle dispose de tous les moyens pour réparer, à coup sûr, les dégâts psychologiques des premières années de la vie. Imaginez un enfant qui a été soumis, dans les premières semaines de son existence, à des situations de grande violence, marquées par la désorganisation et la dispersion. Il n'a pas été possible, pour lui, de se référer à des lois, à des règles, à des rythmes suffisamment fiables pour trouver des repères spatiaux et temporels, pour s'organiser psychiquement. Il n'a pas pu s'identifier, dans les premières années de sa vie, à un adulte qui respecte les lois, ou qui soit capable de l'initier à accepter la frustration nécessaire pour grandir. Cet enfant-là existe. Il ne faut pas se voiler la face. Et il s'agit bien de défaillance dans les premiers gestes éducatifs. Des défaillances qui vont peser très lourd dans le devenir intellectuel de cet enfant, même s'il rencontre, sur son chemin, d'excellents éducateurs.

Certes, je suis persuadé que, tout en restant à ma place, dans le cadre scolaire, je dispose de moyens pour réduire les effets de cette défaillance éducative précoce. Mais, si j'estime indispensable de repérer la précocité de la défaillance, c'est parce que je sais que, dans ce cas, le retour de l'élève vers les choses de l'esprit ne se fera pas miraculeusement. Il faudra que cette étape soit suivie d'un travail long, parfois fastidieux, de remise en place des repères de base, des fondements de la pensée. Il faut s'y préparer pour ne pas tomber dans la désillusion. Il faut, surtout, que les enseignants, les éducateurs spécialisés et les parents apprennent, chacun, à exercer au mieux leurs responsabilités propres. Car, la responsabilité en éducation n'est pas un gâteau qui diminue chaque fois que quelqu'un en prend une part. Ce que je fais, je ne l'enlève pas à l'autre. Au contraire, en m'impliquant pleinement, j'invite l'autre à en faire autant. Pour le bien de ces enfants en grand échec scolaire et que nous ne pouvons pas abandonner au bord de la route.

POUR ALLER PLUS LOIN

Bettelheim, B., *Psychanalyse des contes de fées*, Paris, Laffont, 1976.

Bettelheim, B., *La Lecture et l'enfant*, Paris, Laffont, 1983.

Boimare, S., *L'Enfant et la peur d'apprendre*, Paris, Dunod, 1999.

Hétier, R., *Contes et Violences*, Paris, PUF, 1999.

Meirieu, Ph., *Des enfants et des hommes – Littérature et pédagogie 1*, Paris, ESF éditeur, 1999.

Péju, P., *La Petite Fille dans la forêt des contes*, Paris, Laffont, 1981.

Tomkiewicz, S., *L'Adolescence volée*, Paris, Calmann-Lévy, 1999.

Vernant, J.-P., *L'Univers, les Dieux, les Hommes*, Paris, Seuil, 1999.

QUATRIÈME PARTIE

AGIR ENSEMBLE DANS L'ÉCOLE D'AUJOURD'HUI

« Les notes, les bulletins, le travail à la maison, c'est la crise ! » *ou* comment mieux aider les enfants dans leur travail scolaire

Dominique Sénore
inspecteur de l'Éducation nationale
Institut national de recherche pédagogique

« Les enseignants nous reprochent souvent, à nous parents, d'attacher trop d'importance aux notes. C'est vrai. Mais les enseignants eux-mêmes ne nous donnent guère autre chose pour nous aider à comprendre la scolarité de nos enfants. Ils nous reçoivent volontiers quand nous leur demandons un rendez-vous, mais nous avons du mal à obtenir autre chose que des constats. Aussi nous accrochons-nous à ce que nous avons : des carnets de notes et des bulletins. Parfois, quand ceux-ci arrivent, nous avons le sentiment qu'un couperet est tombé : certes, les enseignants sont les plus compétents pour juger de ce qui est le mieux pour l'avenir scolaire de notre enfant. Mais ce n'est pas une raison pour nous tenir à l'écart. D'autant plus que nous voulons vraiment aider nos enfants et que nous cherchons à les suivre le mieux possible dans leur scolarité. Si nous ne le faisions pas, on nous accuserait légitimement de démission... C'est comme pour le travail à la maison : on nous dit de ne pas aider nos enfants pour ne pas les embrouiller ou les favoriser. Mais, en même temps,

nous avons l'impression que les enseignants comptent bien sur les parents pour les relayer ! »

À la fin de chaque trimestre, au collège et au lycée, se tient le conseil de classe. Les « parents délégués » avertissent, quelques jours auparavant, tous les parents de la classe et les préviennent qu'ils peuvent les appeler au téléphone s'ils souhaitent faire des remarques à l'administration ou poser des questions aux enseignants.

Depuis quelque temps d'ailleurs, tels ou tels parents avaient noté un imperceptible émoi inhabituel, un infime changement dans le comportement de leur enfant. Voilà que ce dernier remettait en cause un peu plus vigoureusement que d'habitude l'attitude du professeur de mathématiques « qui ne répond jamais aux questions qu'on lui pose et reproche toujours aux élèves de ne pas en poser assez ! ». Il expliquait, avec une ardeur sans doute un peu intéressée, que le dernier contrôle de géographie était bien trop long et portait sur des chapitres qui n'étaient pas à réviser... On ne fait pas toujours attention à ces petites phrases, mais, tout à coup, un déclic s'opère. En effet, un courrier de l'établissement scolaire vient d'arriver, il contient le fameux bulletin trimestriel.

Pour chacune des disciplines enseignées, figurent, sur le bulletin une note, une appréciation du professeur, parfois la moyenne de la classe ainsi que la note la plus élevée et la note la plus basse. En fin de bulletin, un cadre est réservé à « l'avis du conseil de classe ».

En général, les parents commencent par parcourir l'ensemble très vite, fixant leur attention sur l'avis du conseil, revenant sur les notes obtenues dans les matières dites fondamentales, lisant les appréciations, essayant de se rassurer en vérifiant la moyenne de la classe, quand la note est insuffisante ou médiocre. Chacun, ici, met en œuvre toute une stratégie pour repérer les informations exploitables de ce document : qu'est-ce qui pourrait bien aider son fils ou sa fille à travailler de manière plus efficace et à améliorer ainsi ses résultats ?

Peut-on vraiment se fier aux notes ?

Car les notes, en elles-mêmes, sont assez difficiles à décrypter. Il arrive souvent, en effet, qu'une même note ne soit pas toujours accompagnée de la même appréciation. Par exemple, le même quatorze, obtenu en langue vivante, en éducation physique et en histoire, peut correspondre, dans un cas, à « Très bon trimestre », dans un autre cas à « Des efforts encore insuffisants » et, ailleurs enfin, à « Sophie participe un peu moins aux cours ; j'ignore pourquoi ». Plus bas, on repère une note de onze en français à côté de l'annotation suivante : « Les résultats écrits sont un peu décevants alors que les interventions orales sont excellentes ». Que signifie donc cette note unique ? Et, surtout, comment faire en sorte que les résultats s'améliorent là où c'est le plus nécessaire ?

Finalement, faute de trouver dans les notes et les annotations, des éléments suffisants, la plupart des parents se rabattent sur la comparaison entre la note d'un élève et la moyenne de la classe. Et, d'un certain point de vue, ils ont raison : ils savent que les notes n'ont aucune valeur absolue. Elles varient en fonction des exigences et des habitudes d'un enseignant, comme en fonction de la nature des exercices proposés : la note maximale d'une dissertation de français n'est jamais vingt, mais plutôt quatorze ou seize ; ce n'est pas le cas pour un exercice de mathématiques. En réalité, la note n'est pas un thermomètre qui mesurerait une température existante par ailleurs, pouvant être vérifiée par n'importe quel autre thermomètre. La note est, plutôt, l'indicateur provisoire de la place qu'occupe l'élève dans sa classe : longtemps après la suppression des classements, elle sert d'abord et avant tout à classer. Au point que la plupart des parents, quand leur enfant leur rapporte une note à la maison, demandent d'abord : « Et les autres, combien ont-ils ? »

On comprend bien le souci légitime qui s'exprime ici. Pourtant, il faut absolument cesser de raisonner ainsi.

D'abord, parce qu'en situant un enfant dans l'échelle de sa classe, nous n'apprenons rien sur son véritable niveau. Être premier dans une mauvaise classe n'est pas plus encourageant – sauf au plan psychologique ! – que d'être dernier dans une bonne classe.

Ensuite, parce que nous raisonnons selon un principe pervers : nous imaginons que la valeur d'une bonne note est liée à l'existence de mauvaises notes. Par exemple, si notre enfant a quatorze et que la moyenne de la classe est de quinze, nous considérons son résultat comme médiocre. Nous préférerions qu'il ait onze et que la moyenne de la classe soit de cinq. Nous sommes ainsi profondément convaincus qu'il faut des échecs pour donner de la valeur aux réussites. Si tous les élèves ont de bonnes notes, nous avons spontanément tendance à croire que ce n'est pas dû à la qualité de la pédagogie de l'enseignant, mais plutôt à son laxisme en matière de notation ! Nous encourageons ainsi, à notre insu, les enseignants à pratiquer une sélection que nous condamnons par ailleurs. Nous leur demandons de mettre des mauvaises notes, simplement pour nous rassurer sur la valeur des bonnes !

Enfin, la comparaison des notes entre les élèves d'une classe est aléatoire parce qu'elle fait l'impasse sur la nature réelle du travail de chacun, de sa réussite ou de son échec. La note ne permet pas vraiment de savoir si l'élève a échoué parce qu'*il ne savait pas* ou parce qu'*il ne savait pas faire* ce qui lui était demandé dans le cadre imposé. Si les mêmes connaissances avaient été évaluées autrement, l'élève aurait-il eu les mêmes notes ?

D'une certaine manière, si l'on voulait être absolument rigoureux, il faudrait dire des notes ce que les (bons) psychologues disent des résultats de leurs tests. Si les résultats sont mauvais, ils n'ont aucune signification : on peut toujours faire l'hypothèse que l'enfant n'était pas en forme ce jour-là, qu'il a été distrait, que les consignes lui ont été mal expliquées, etc. En revanche, un bon score à un test témoigne de réelles capacités : et, si l'enfant à de mauvais résultats par ailleurs, c'est qu'il y a un vrai problème pédagogique. Les résultats des tests psychologiques, quels qu'ils soient, ne sont utiles que s'ils sont bons, parce qu'ils permettent de repérer alors des domaines où il existe des potentialités inexploitées... Pour ce qui concerne les notes, c'est un peu la même chose. Une mauvaise note ne signifie pas qu'un élève est mauvais, mais qu'il a raté un exercice ou un devoir. C'est important, cela peut même être grave et le handicaper lourdement pour les évaluations et examens à venir. Mais cela n'a rien d'irrémédiable.

Méfions-nous donc des notes. Les enseignants eux-mêmes s'en méfient plus qu'on ne le croit et ils confessent souvent qu'ils n'en mettent autant – sans toujours croire à leur signification – que pour satisfaire les exigences des parents. Aux parents donc de ne pas les inciter à pratiquer si souvent l'approximation inutile.

Les appréciations sont-elles toujours de bon conseil ?

C'est précisément parce qu'il convient de relativiser les notes qu'il faut attacher de l'importance aux appréciations. Le bulletin entre les mains, les parents déplacent donc leur regard vers le cadre réservé à cet effet. Premier constat, il est trop petit pour résumer le travail et la vie scolaire d'un élève pendant tout un trimestre. Deuxième constat : il y a là, plus souvent, un constat qu'une proposition. Tout se passe, en effet, à l'école, comme si un médecin, à l'issue d'une consultation, se contentait d'écrire sur le carnet de santé : « État général moyen. Des efforts à faire pour éviter la grippe. Je ne comprends pas les raisons de la hausse du cholestérol. » Il y a fort à parier que personne ne retournerait chez ce médecin-là.

Ce que l'on attend de lui, en effet, ce ne sont pas seulement des constats, ce n'est pas seulement un diagnostic, aussi précis soit-il, ce sont de vrais conseils. Des remèdes même. Dans l'école, nous disons des « remédiations ». Des moyens concrets pour rattraper un retard dans l'acquisition du vocabulaire anglais, pour améliorer la mémorisation des cartes de géographie ou la rapidité à comprendre et à appliquer les consignes d'une manipulation de physique. Des éléments précis, saisissables, qui permettent d'avoir prise sur le travail et de progresser vraiment.

Il arrive, bien sûr, que les carnets et les bulletins comportent de tels conseils et il faut souhaiter que cela soit le cas plus souvent. Il faut aussi que parents et enseignants, dans le cadre des rencontres et concertations régulières qui doivent être organisées, travaillent en commun à la mise en place de carnets de liaison entre l'école et les familles. C'est ensemble qu'ils construiront des outils véritablement informatifs, lisibles par tous et permettant d'aider chaque élève. Aussi ne saurait-on trop insister pour que les parents, directement ou par l'intermédiaire de leurs associations représentatives, demandent que l'on ouvre ce chantier dans l'établissement de leurs enfants et s'y investissent.

Quoi qu'il en soit, et même si on améliore les carnets de liaison et les bulletins scolaires, il ne faudra pas attendre de tels outils l'exhaustivité et l'exactitude scientifique. C'est pourquoi on doit conseiller aux parents, plutôt que d'attendre le sacro-saint bulletin de notes mensuel ou trimestriel, de s'intéresser aux résultats de leur enfant de manière régulière. Certes, il faut éviter l'inquisition. À l'adolescence surtout, les jeunes ont besoin de leur domaine réservé. Exiger d'eux un compte rendu exhaustif quotidien de leurs activités scolaires est maladroit. Mais on peut néanmoins les encourager à recueillir, à conserver et à étudier – seuls ou avec leurs parents – tout ce qui peut les aider à améliorer leurs résultats : gardent-ils, dans une même chemise et classés par ordre chronologique, tous les devoirs de chaque discipline ? Consultent-ils régulièrement leurs cahiers et relisent-ils les annotations qui y figurent ? Repèrent-ils, avant chaque composition ou contrôle, les points qu'ils ont mal compris pour les reprendre systématiquement ? Car c'est là, précisément, qu'il y a les informations les plus précieuses, les évaluations les plus utiles. Et l'on peut se demander si, plutôt que de doubler tout cela avec un système « officiel » de communication des résultats aux parents, les enseignants ne feraient pas mieux de s'attacher quotidiennement à réaliser, suivre et faire exploiter ces précieux matériaux.

Le respect est contagieux

Nous imaginons facilement qu'un professeur remplissant un bulletin peut écrire, encore tout imprégné de l'ambiance du dernier cours : « Moins de participation orale, j'ignore pourquoi. » « Le travail est moins rigoureux ; les résultats suivent. » Ou encore : « Vient en classe pour contempler les tables et les murs ! » Ces remarques, malheureusement assez fréquentes, irritent profondément et légitimement les parents. Elles doivent disparaître.

Pour cela, on peut faire le pari que l'enseignant désinvolte ou rageur dans ses appréciations sur ses élèves n'agirait pas de la même façon si, lui-même, avait eu à lire, en conclusion de son rapport d'inspection, non pas une réflexion blessante, mais des informations pour l'aider à améliorer la qualité de ses pratiques : « J'observe qu'au moment d'interroger vos élèves, vous ne prenez peut-être pas assez la précaution de préciser qui vous souhaiteriez entendre. Cela a pour effet de faire s'exprimer relativement souvent les mêmes sans laisser d'espoir à ceux qui ne se sentent pas prêts à intervenir. Vous gagneriez en efficacité en nommant chaque fois les élèves, quitte à ne pas insister longuement si l'un d'eux ne répond pas... » Certes, on ne peut espérer qu'une telle manière de s'exprimer auprès des enseignants puisse, à elle seule, transformer miraculeusement le système ; mais un tel changement d'attitude est néanmoins très important. Car, en éducation, tout fonctionne par ricochets : les enseignants reproduisent eux-mêmes sur leurs élèves les comportements qu'ils subissent de la part de leurs autorités hiérarchiques. Et les élèves se comportent avec leur professeur en fonction de ce que leurs parents leur en disent ; et ces derniers en parlent-ils avec le ton et la modération qu'ils voudraient voir utilisés dans les jugements portés sur leurs propres enfants ?

Comment rendre utile le travail à la maison ?

À peine Stéphane a-t-il franchi le seuil de la porte que sa mère l'interroge :

« Alors ? Combien t'as eu ?

— Neuf !

— Quoi ! Neuf ! Avec tout ce que je t'ai fait faire le week-end passé, tu ne t'es pas foulé, tu aurais pu faire un effort ! »

Stéphane pensait pourtant avoir « sauvé les meubles » et engrangé neuf points. Sa mère le ramène brutalement à la réalité : il en a, en fait, perdu onze sur les vingt qu'il pouvait espérer : « Neuf, ce n'est pas la moyenne. Ce n'est pas bon. Un point c'est tout ! » Mais ni Stéphane ni sa mère ne se posent la seule question vraiment importante : « Qu'avons-nous fait le week-end dernier ? Avons-nous travaillé correctement ? Nous y sommes-nous bien pris ? Quelles leçons tirer de cette mésaventure ? » Car, en fait, au-delà de la note, se pose la question de la méthode que Stéphane a utilisée pour préparer son contrôle. Sa maman, au fond d'elle-même, ressent un peu la mauvaise note de son fils comme la sienne. Elle a tort : le travail scolaire est affaire de professionnels et l'on ne peut pas demander à tous les parents d'avoir la compétence et la disponibilité pour aider leurs enfants à le faire.

Apprendre en classe, avec l'enseignant, à faire les « devoirs à la maison » est une exigence essentielle de l'École de la République. C'est la condition fondamentale de l'égalité des chances. Chaque professeur doit donner un mode d'emploi du travail scolaire à ses élèves : comment apprendre une leçon par cœur ? Et – plus difficile encore – comment l'apprendre sans l'apprendre par cœur ? Comment faire un exercice d'application ? Comment réviser un contrôle ? Comment revoir un chapitre ? Comment préparer une fiche de lecture ? De quels outils a-t-on besoin, chez soi, pour faite une dissertation ? Comment se relire ? Comment préparer un dossier ? etc. Ce guide des devoirs à la maison devrait être fourni par tous les enseignants et, surtout, bien expliqué en classe.

Le travail à la maison ne doit pas être un handicap pour certains jeunes qui n'ont personne, dans leur entourage familial, pour tenir le rôle de répétiteur et dont les parents n'ont pas les moyens de payer des leçons particulières. C'est en classe qu'il faut prendre le temps de poser les questions essentielles : « Quand tu as eu cette bonne note, comment t'y es-tu pris pour apprendre ta leçon ? » « Dans quels livres es-tu allé chercher les informations ce jour-là ? » « Comment as-tu fait pour te relire ? », etc. À ces questions-là, seul l'élève détient la réponse : ce dont il parle, il le connaît bien puisque c'est de lui qu'il s'agit. Et ce qu'il découvre à cette occasion peut l'aider à comprendre comment il travaille et, surtout, à quelles conditions progresser. C'est aussi de cette manière qu'on peut se demander s'il vaut mieux laisser tomber une méthode qui ne marche pas et en choisir une nouvelle, plus appropriée à l'exercice demandé. C'est cela l'apprentissage de l'autonomie.

Agir ensemble pour la réussite des élèves

Faut-il alors que les parents renoncent à toute aide au travail à la maison ? Certainement non. Ils ne le souhaitent d'ailleurs pas car ils considèrent, à juste titre, qu'ils n'ont pas le droit de s'en désintéresser. Mais si aide il y a, elle doit, pour être efficace, mieux s'articuler avec le travail de l'enseignant : c'est à ce dernier d'expliquer comment il faut s'y prendre, de donner les consignes et de livrer les modes d'emploi des exercices scolaires. La tâche des parents, c'est de se mettre ensuite au service de la démarche de leur enfant et de l'aider à « trouver son propre chemin ».

La grande pédagogue, Maria Montessori, avait pour devise : « Aide-moi à faire tout seul ». Voilà notre mission d'éducateur : poser les bonnes questions pour faire réfléchir, s'interroger avec l'enfant sur les meilleures conditions de travail, le meilleur moment pour apprendre sa leçon, l'organisation du bureau et les outils nécessaires pour faire un devoir. Et, en réalité, les parents aident plus leur enfant à réussir à l'école – et à réussir leur vie – en lui donnant des responsabilités dans l'organisation d'un voyage qu'en lui courant après avec son cahier de textes. Organiser un voyage avec ses parents, ses frères et sœurs ou ses amis, c'est apprendre à lire une carte, calculer des échelles, convertir des grandeurs, identifier des itinéraires touris-

Après six heures de travail en classe, un enfant ne doit plus avoir à fournir un travail scolaire à la maison. Cependant, à la maison, les parents peuvent l'aider efficacement :

SOYEZ ATTENTIF À SON ÉTAT DE SANTÉ

- Il doit dormir suffisamment.
- Avoir une bonne vue, une bonne audition.
- Avoir des moments pour jouer, rêver (attention à la consommation de télévision mais aussi d'activités de toutes sortes !).
- S'aérer, si possible avec des amis.

SUSCITEZ SON INTÉRÊT POUR LA LECTURE

- Inscrivez-le dans une bibliothèque.
- Lisez-lui des livres.
- Lisez devant lui votre journal, des magazines, des livres.
- Parlez-en avec lui occasionnellement.
- Cultivez ses passions.

DÉVELOPPEZ SA CRÉATIVITÉ

- Laissez-le dessiner.
- Écoutez avec lui la légende de ses dessins, demandez-lui de vous expliquer ce qu'il a dessiné.
- Proposez-lui de colorier, de découper, de créer des volumes, de faire des maquettes.
- Engagez-le à réaliser une « œuvre », à réfléchir à toutes les étapes de sa réalisation à évaluer son travail, à chercher des solutions en cas de difficulté, etc.

FAITES APPEL À SA LOGIQUE

- Demandez-lui son avis sur l'actualité, les événements du quartier ou du village.
- Discutez de sa journée de classe, s'il l'accepte. Faites en sorte qu'il vous explique ce qu'il a appris et compris de nouveau.
- Discutez avec lui des questions qu'il vous pose sur votre propre activité personnelle ou professionnelle.
- Proposez-lui des puzzles et tous les jeux « intelligents » qui pourront l'intéresser. Apprenez avec lui de nouveaux jeux de société.
- Faites-le compter le plus souvent possible et dans des activités variées.

RESPONSABILISEZ VOTRE ENFANT

- Donnez-lui une responsabilité régulière à la maison, soyez exigeant pour qu'il l'assume.
- Soyez présent, si vous le pouvez, quand il entreprend un travail quelconque ; encouragez-le, posez-lui des questions pour l'aider à s'organiser mais n'agissez pas à sa place.

ET PUIS

- Regardez son travail de classe régulièrement, parlez-en avec lui en soulignant particulièrement ses réussites et ses progrès.
- Allez à l'école si vous êtes demandeur de plus d'informations. N'hésitez jamais à interroger les enseignants et à chercher avec eux comment aider votre enfant.

tiques, discuter, argumenter sur les choix à faire, écrire des lettres, rechercher des informations dans des encyclopédies, etc. Que lui demande-t-on de plus à l'école ?

En réalité, la réussite des enfants à l'école requiert la mise en place d'un véritable partenariat entre les parents et les enseignants. Il faut, pour cela, au collège et au lycée, des conseils de classe plus ouverts, qui ne soient pas de simples chambres d'enregistrement mais de vrais lieux de débats, d'échanges d'informations utiles au progrès des élèves. Il faut, dès l'école maternelle, développer toutes les formes de collaboration possibles sur toutes les questions qui intéressent aussi bien les parents que les enseignants : la lecture, le bon usage de la télévision, l'opportunité des devoirs de vacances, la fatigue, la formation à l'écoute et au débat, etc. Sur tous ces sujets, les enseignants et les parents doivent collaborer car ni les uns ni les autres ne détiennent seuls les solutions. Ainsi, dans cette école primaire de Lyon, enseignants, parents volontaires et élèves se retrouvent tous les vendredis de 16 h 30 à 17 h 30 pour lire ensemble les magazines de télévision et sélectionner deux ou trois émissions que l'on conseillera à tous de regarder, sur lesquelles il pourra y avoir de vraies discussions en famille ou à l'école. Ailleurs, dans la région de Nancy, des instituteurs de l'Institut coopératif de l'École moderne (adeptes de la pédagogie de Célestin Freinet) ont élaboré avec des parents un aide-mémoire (ci-contre) qui sert de point de départ à des rencontres et que l'on enrichit chaque année.

Rien de révolutionnaire dans ce document qui apparaîtra bien banal à certains. Et pourtant ! Voilà une démarche originale où des parents et des enseignants travaillent ensemble, comme ils devraient le faire plus souvent, sur des enjeux éducatifs essentiels. Et toutes les questions qui préoccupent les uns et les autres devraient pouvoir être abordées ainsi sans agressivité : les notes et le travail scolaire à la maison, l'orientation et le règlement intérieur. Certes, les enseignants restent « les professionnels de l'apprentissage », mais l'éducation, par définition, nécessite la collaboration de tous ceux qui sont concernés. Arrêtons de tirer, chacun de notre côté, sur un bras de l'enfant comme dans le jugement de Salomon. L'enfant n'y résiste pas. Plaçons délibérément et une bonne fois pour toutes « l'enfant au centre ».

POUR ALLER PLUS LOIN

Abernot, Y., *Les Méthodes d'évaluation scolaire*, Paris, Bordas, 1988.

Bélair, L., *Évaluation dans l'école : nouvelles pratiques*, Paris, ESF éditeur, 1999.

CEPEC, sous la direction de Delorme, C., *L'Évaluation en questions*, Paris, ESF éditeur, 1987.

Develay, M., *Parents, comment aider votre enfant*, Paris, ESF éditeur, 1999.

Hadji, C., *L'Évaluation, règles du jeu*, Paris, ESF éditeur, 1989.

Lieury, A., Fenouillet, F., *Motivation et réussite scolaire*, Paris, Dunod, 1996.
Peretti, A. de, Boniface, J., Legrand, J.-A., *Encyclopédie de l'évaluation en formation et en éducation*, Paris, ESF éditeur, 1998.
Perrenoud, Ph., *L'Évaluation des élèves*, Paris, Bruxelles, De Boeck, 1997.
Pierron, H., *Examens et docimologie*, Paris, PUF, 1969.
Sénore, D., *Pour une éthique de l'inspection*, Paris, ESF éditeur, 2000.

« Ils ne savent plus se tenir ! »
ou comment réapprendre à vivre ensemble

Bernard Defrance
professeur de philosophie

« C'est vrai : le monde a changé. On n'en est plus aux règles de politesse guindées et hypocrites qui sévissaient du temps de notre jeunesse. Les rapports entre les enfants et les adultes sont plus francs, plus libres qu'autrefois. C'est peut-être mieux ainsi. Mais n'est-on pas allé trop loin ? N'a-t-on pas abandonné trop vite les règles élémentaires qui permettent un minimum de respect mutuel ? Ne bascule-t-on pas trop dans un "jeunisme" débile où tout est permis pourvu que cela "fasse mode" ? Ainsi, dans les séries télévisées, on voit des enfants et des adolescents qui n'ont plus aucun respect pour personne, se montrent agressifs et grossiers. On nous dit que ceux qui écrivent les scénarios et les dialogues de ces films ne font que refléter la réalité. On nous dit aussi que, même dans les classes, les élèves tutoient les enseignants, interpellent les jeunes enseignantes de façon grivoise, se comportent sans égard les uns pour les autres. Est-ce que les enseignants n'ont pas une part de responsabilité dans cette triste évolution ? »

Beaucoup de parents sont inquiets : ils trouvent, dans la bouche de leur fils ou de leur fille, un vocabulaire que ces derniers ne peuvent pas avoir entendu à la maison. On appelait ça autrefois des « gros mots ». S'il ne les a pas appris en famille, ce ne peut être qu'à l'école ! On apprend aussi que, pendant les récréations, les bagarres sont plus fréquentes, plus violentes, que les insultes dégénèrent et que cela semble laisser les enseignants indifférents.

À qui la faute ?

Nous avons tous tendance, les uns et les autres, parents ou enseignants, à nous rejeter mutuellement « la faute » ou, au moins, la responsabilité de certains comportements malpolis ou agressifs des enfants : « Mais où est-ce qu'il a appris ça ? » s'indignent les parents, et, en écho, les enseignants apostrophent parfois les élèves : « Tu ferais ça chez toi ? Hein ? » en les voyant, par exemple, cracher par terre. Ces accusations mutuelles de « mauvaise éducation » peuvent s'échanger ainsi à l'infini.

Qui doit apprendre la politesse aux enfants ? La vie en collectivité suppose évidemment des règles de comportement, qui n'ont pas toutes la même importance. Chacun peut comprendre, par exemple, qu'il est plus grave d'injurier quelqu'un que de mettre ses coudes sur la table en mangeant ! Comment vivre ensemble ? Comment pouvons-nous aider les enfants à apprendre à vivre ensemble, à saisir l'utilité de ces différentes règles, sans les confondre, ni en inverser ou mélanger l'ordre d'importance ?

« Quoi de neuf ? »

Je suis allé rencontrer récemment des jeunes enseignants et enseignantes en formation. L'une d'entre elles a cité un cas qu'elle a vécu en stage, dans une école primaire. Les enfants ont actuellement la passion de collectionner des images et de les échanger. À l'occasion d'un de ces échanges, un élève a cru qu'un autre l'avait escroqué ! Et il a voulu se venger. Il l'a menacé en exigeant que, dès le lendemain, il lui rapporte une cinquantaine de ces images. C'était une sorte de racket, en somme ! Et, le lendemain, l'autre a apporté les images... Les deux élèves n'étaient pas dans la même classe.

La chose a été rendue publique à l'occasion d'un « Quoi de neuf ? » dans la classe de celui qui s'était soumis, par peur, à cette extorsion. Le « Quoi de neuf ? » est une sorte de rituel qui a été adopté dans cette école. Tous les matins, pendant dix minutes, dans chaque classe, après s'être inscrit auprès du maître ou de la maîtresse, chacun peut raconter tout simplement ce qu'il a envie de dire : petits événements de la vie quotidienne, commentaires de l'actualité. Les autres peuvent réagir, donner leur opinion. Chacun parle à son tour... L'idée des enseignants qui ont instauré ce rituel est la suivante : un moment de paroles, importantes ou banales, d'une durée limitée, permet souvent de se débarrasser de soucis qui accaparent l'esprit avant de se mettre au travail scolaire.

Et c'est là que la maîtresse entend un élève expliquer qu'un de ses camarades, qu'il ne nomme pas, a été racketté. La maîtresse a, bien sûr, calmé les esprits : les enfants étaient sincèrement indignés ; certains envisageaient déjà d'organiser des représailles ! La peur était là cependant, qui empêchait la victime de dénoncer celui qui l'avait extorqué... ce que la maîtresse s'est d'ailleurs bien gardé d'exiger.

Mais, tout de même, elle en parle à son collègue qui a la responsabilité de l'autre classe de même niveau. Celui-ci intervient dans sa propre classe pour rappeler que toute violence, menace et, bien sûr, le racket, sont interdits. Il devine assez facilement qui a été l'auteur de cette extorsion, mais, en l'absence de preuves formelles, il ne dit rien, se contentant donc de rappeler la loi. Et, le lendemain même, toujours au « Quoi de neuf ? », celui qui avait été racketté annonce que les images lui ont été rendues.

Parmi les enseignants en formation qui écoutaient ce récit, plusieurs trouvèrent que c'était beaucoup de bruit pour rien, en définitive. L'un d'entre eux a rappelé que, dans d'autres écoles, on appelle ce moment « la causette ». Cela en a fait rire quelques-uns. Mais, la plupart reconnurent que de tels dispositifs pouvaient permettre d'entendre ce qui se joue entre les enfants et que les adultes et les enseignants, pris dans l'urgence des programmes, n'entendent pas toujours...

Apprendre à vivre ensemble

Pour apprendre avec efficacité à l'école, il faut avoir l'esprit libéré de ses soucis, de la peur de l'autre et aussi des tentations de sa propre violence. L'institution de moments de parole, réglés par le rituel classique du « chacun parle à son tour », sous la présidence du maître ou de la maîtresse dans les petites classes, ou d'un élève chez les plus grands, permet la mise au jour de ce qui reste, trop souvent, caché.

La parole, structurée par une loi, est le meilleur remède à la violence, et d'abord dans ses formes apparemment les plus « anodines » – qui ne le sont pas vraiment ! : le manque de respect, les moqueries, les petites injures et, parfois, les coups... Nous avons à faire en sorte que les enfants ne s'habituent pas, ne se résignent pas à la violence, quelles qu'en soient les formes. Et si les enfants peuvent, à l'école, apprendre à se respecter les uns les autres, c'est parce que les adultes donnent eux-mêmes l'exemple du respect et de la politesse.

Bien sûr, les enfants sont turbulents : ils sont pleins de vitalité et cette énergie se manifeste au quotidien, même si elle nous dérange souvent ! Il ne s'agit pas, à l'école, de réprimer cette énergie mais, grâce aux apprentissages, de la canaliser dans des formes d'expression qui donnent du plaisir à soi et aux autres. Cette éducation au « vivre ensemble » (à commencer en effet par la simple politesse !) est nécessaire à l'instruction elle-même. Comment apprendre si on reste englué dans des situations d'animosité, de peur, d'humiliation ?

Le « Conseil »

Une autre des enseignantes en formation a évoqué sa propre expérience de stage. Elle a effectué ce dernier dans une école où, tous les vendredis après-midi, se tenait le « Conseil ». « Conseil », c'est le moment où, dans chaque classe, le maître et les élèves – là aussi suivant les procédures habituelles de toute réunion – font le point sur la semaine écoulée, règlent les conflits qui surgissent inévitablement dans tout travail collectif, modifient les règles de fonctionnement ou en adoptent de nouvelles selon les nécessités, mesurent les progrès parcourus par chacun, prévoient les activités de la semaine à venir et répartissent les responsabilités.

Tout fonctionnement de groupe suppose des moments de régulation, de programmation et de décision. La mise en pratique des règles élaborées là permet progressivement aux enfants de comprendre les exigences de la vie en collectivité. Et ces exigences – auxquelles on doit former les élèves à l'école pour en faire de futurs citoyens – peuvent être classées en sept niveaux.

Les sept exigences de la vie collective

1. *Les caractères de chacun.* Nous nous construisons tous une personnalité, unique, singulière. C'est cette extraordinaire diversité des traits de caractère qui fait la richesse de notre condition. En collectivité, nous devons apprendre à ajuster nos manières d'être, à formuler nos demandes réciproques les uns à l'égard des autres, à nous enrichir mutuellement de nos différences. Ce qui suppose la renonciation à la violence immédiate du refus de l'autre ou de la différence. Même si nous ne comprenons pas bien qui est l'autre, pourquoi il est comme il est, nous devons l'accepter. Il n'y a pas de connaissance possible – des savoirs et d'autrui – sans cette reconnaissance préalable.

2. *Ensuite, nous pouvons constater que nos comportements quotidiens sont structurés par des habitudes, des coutumes, des règles de politesse.* Elles ne sont pas forcément les mêmes d'une culture à l'autre et selon les milieux sociaux. Mais, même si elles leur paraissent parfois arbitraires, les élèves peuvent faire l'expérience qu'il est bien utile de les connaître et de les respecter. Cela refrène les impulsions dont nous aurions tous à pâtir. Cela met de la convivialité dans les rapports sociaux : il est bien agréable, en fin de compte, de pouvoir compter sur la courtoisie de l'autre. La politesse n'est pas seulement conformité à des normes extérieures. Elle n'est pas l'apprentissage de l'hypocrisie. La vraie politesse est d'abord une attitude intérieure de respect de l'autre, connu ou inconnu.

3. *Dans nos classes, les élèves peuvent désormais être originaires de toute la planète.* Les enfants apprennent donc, à l'école, l'extraordinaire variété des

comportements culturels, des traditions, des religions, des croyances, des rituels sociaux. Cette découverte est un enrichissement. D'une part, l'enfant peut prendre clairement conscience de ses propres enracinements culturels et les voir reconnus par les autres. D'autre part, il apprend à découvrir les traditions et cultures de ses camarades. Il peut parvenir à comprendre que tout être humain s'inscrit dans une histoire à la fois personnelle et collective, et que c'est cette inscription dans des filiations qui fait de nous des êtres humains. Il peut, enfin, réussir à découvrir que les groupes humains, en dépit de leurs différences, ont tous besoin de principes pour régir les rapports entre les hommes et éviter qu'ils basculent dans le chaos.

4. *L'école permet de comprendre l'utilité, pour la liberté effective de chacun, des règles techniques de fonctionnement de n'importe quel groupe.* Si nous avons des devoirs les uns à l'égard des autres, c'est parce que nous voulons exercer nos droits. Nous voulons coordonner nos actions les unes aux autres et ainsi parvenir à la réalisation de nos projets. Entraide, coopération, dialogue : les enfants peuvent découvrir que leur liberté propre peut se construire avec celle de l'autre et non contre elle. Les règles de la prise de parole en groupe ne limitent pas du tout la liberté d'expression : ce sont elles, au contraire, qui la permettent. Et il en sera ainsi dans toute l'existence. Le code de la route, par exemple, ne limite pas du tout notre liberté de circuler. Au contraire, il la garantit.

5. *Ainsi la parole est, dans nos cultures démocratiques, protégée par des écrits.* Dans le lieu où l'on parle, le « parlement », s'élaborent les lois de notre société, qui se traduisent en codes (civil, pénal, etc.). Dans les assemblées professionnelles, s'élaborent les

déontologies, les conventions collectives. Ces dispositions supposent l'activité permanente d'un citoyen qui ne se contente pas d'obéir à la loi mais participe, directement ou par délégation, à l'élaboration même de la loi. Pourquoi désobéirait-on à une loi quand on a participé à son élaboration ? La qualité de citoyen confère des droits et exige le respect de devoirs qui sont la conséquence logique de ces droits. Le débat démocratique permet de « faire la loi ». Dans ce « Conseil » du vendredi, dont on a évoqué le fonctionnement, les enfants apprennent à accepter les exigences du débat. Ils savent quelles sont les prérogatives de leur assemblée : inutile de leur laisser croire qu'ils ont des pouvoirs qui leur échappent, ils ne seraient pas dupes ! Mais, à l'intérieur d'un cadre défini, sur des objets précis et sans que l'adulte renonce à son autorité, ils apprennent progressivement à écouter, à argumenter, à corriger leur point de vue personnel pour tenir compte de l'intérêt général. C'est ainsi qu'ils se forment en tant que futurs citoyens.

6. *De plus, nous cherchons tous à donner un sens à notre existence et nous tâtonnons dans cette recherche : quelles valeurs sont les nôtres, quelle morale nous anime ?* Dans tout groupe humain, et surtout dans un groupe institutionnel comme la classe et l'école, on ne choisit pas les partenaires avec lesquels on va vivre et travailler. Or, nous n'avons pas tous les mêmes valeurs ni la même éducation ! Ces désaccords sont inévitables et probablement nécessaires. Les parents souhaitent transmettre à leurs enfants les valeurs qui les font vivre. Sans cette éducation parentale, le travail d'éducation scolaire à la citoyenneté serait, sinon impossible, du moins rendu très difficile. Et le rôle de l'école est de permettre au futur citoyen d'apprendre à respecter les convictions et les valeurs d'autrui, sans pour autant renoncer aux siennes bien sûr.

Une pause est nécessaire avant le septième et dernier point. Jusqu'ici, en ce qui concerne les niveaux d'importance des normes qui nous permettent de vivre ensemble, nous sommes dans « le discutable » : les *caractères* singuliers, s'ils doivent être reconnus, ne peuvent cependant pas s'imposer aux autres et, sous couvert d'autorité hiérarchique, dissimuler l'arbitraire de manies et caprices personnels. Les *coutumes*, avant de devenir habitudes sociales, ont été inventées par les hommes. Elles ont évolué au fil du temps. On peut d'ailleurs, assez souvent, en retrouver les origines historiques et anthropologiques. Les *rituels,* eux aussi, peuvent représenter des carcans pour la liberté d'un sujet. La politesse peut se pervertir en hypocrisie sociale, et certains – qui connaissent particulièrement bien les codes – ont l'art d'« injurier poliment » ! Ils retournent à leur profit ce qui devrait être au service de tous.

Une vigilance critique est ici nécessaire. De même, en ce qui concerne les *règles* du fonctionnement social : nous avons toujours à vérifier qu'elles sont bien adaptées à l'objectif qu'elles visent... le code de la route, par exemple, peut se discuter : n'y aurait-il pas des articles plus efficaces pour la sécurité routière ? La loi aussi « se parle ». Elle change. Le travail critique du citoyen peut faire apparaître que telle ou telle mesure prescrite par les *codes,* civil ou pénal, n'a pas prévu certaines situations. Mais, celui qui n'est pas d'accord avec telle ou telle disposition légale ne peut décider de les enfreindre arbitrairement : il ne peut qu'essayer de rassembler ceux qui partagent son analyse pour tenter, par les procédures démocratiques, de changer la loi... qui s'applique tant qu'elle n'est pas modifiée ou abolie. À condition, bien sûr, qu'elle soit l'émanation d'un pouvoir légitime.

Ainsi, les débats qui mettent en jeu les *valeurs* les plus profondes auxquelles nous croyons, sont, tout à la fois, les plus difficiles et les plus nécessaires.

7. *Et, pour finir, revenons un instant à l'étymologie. Quel est le sens premier du verbe « interdire » ?* Il signifie : « dire entre nous ». Le mot désigne ainsi ce qui rend possible la rencontre des sujets parlants, « disant entre eux » ce qu'il convient de faire ou de ne pas faire. Nous voici donc arrivés à ce qu'on appelle les *interdits* fondateurs. Ce sont *les principes éthiques qui ne se discutent pas, précisément parce qu'ils permettent la discussion*. Ces principes, on les retrouve dans toutes les cultures. Ils ont une portée universelle. Ils caractérisent l'espèce humaine elle-même. Et ils sont à refonder dans l'éducation de chaque petit d'homme.

Dans la famille, l'enfant découvre que l'interdit de l'inceste lui permet d'exister comme sujet unique, dans sa liberté irréductiblement personnelle. Il n'appartient pas à ses parents, il n'est pas « l'objet » de sa famille. Cet interdit l'oblige à se tourner vers l'extérieur : « Tu quitteras ton père et ta mère. » Là est ta liberté.

À l'école, les enfants apprennent l'égalité de droit de tous les sujets humains, grâce à deux interdits. L'*interdit de la violence* oblige à sortir des rapports de domination/soumission. L'*interdit de l'idolâtrie* empêche de succomber à la fascination des images et des apparences, dans les médias et la publicité, à ne pas basculer dans les tentations sectaires, religieuses ou politiques.

Enfin, dans la vie associative, sportive ou culturelle, les enfants découvrent que l'on ne prend vraiment plaisir aux activités que l'on mène qu'à condition d'agir aussi pour le plaisir et dans l'intérêt des autres : chercher sa seule satisfaction dans un jeu d'équipe ou dans la réalisation d'une pièce de théâtre mène à l'échec. Ici c'est l'*interdit du parasitisme* qui ouvre les voies de la fraternité, qui oblige à l'échange, au don réciproque, à la construction de soi comme « un parmi les autres ».

Tous ces principes éthiques se formulent *négativement*. Cela nous laisse une grande marge de manœuvre.

C'est à nous, ensemble, d'inventer ensuite, *positivement*, les voies de la liberté, les conditions de l'égalité, les structures de la fraternité.

De l'enfant au citoyen

Oui, quand l'école joue le rôle qui est le sien, en tant qu'institution de la République, elle apprend aux enfants, non seulement à lire, écrire et compter, mais aussi à vivre ensemble. Et cet apprentissage-là ne se fait pas au détriment des connaissances intellectuelles. Bien au contraire. Il se fait à travers elles et il est la condition de leur réussite. C'est quand elle prend en compte solidairement ces deux exigences – sociale et intellectuelle – que l'école ouvre à tous les enfants le champ de la culture humaine. Car ce « vivre ensemble », structuré par le droit, en vue de l'exercice des droits, permet à chaque petit d'homme d'entrer à son tour dans l'aventure des hommes, dans les techniques, les arts et les sciences.

Certes, beaucoup d'écoles, encore aujourd'hui, sont bien loin de réaliser ce programme, toutes n'utilisent pas les méthodes que j'ai évoquées plus haut pour l'institution de la parole et de la loi. C'est donc à nous, et cette fois pas seulement en tant qu'enseignants ou parents, mais d'abord en tant que citoyens, d'agir pour obtenir les conditions et les moyens par lesquels chaque école peut être l'École.

POUR ALLER PLUS LOIN

Debarbieux, E., *Violence dans la classe*, Paris, ESF éditeur, 1990.

Debarbieux, E., *La Violence en milieu scolaire*, Paris, ESF éditeur, 1999.

Defrance, B., *La Violence à l'école*, préface de S. Tomkiewicz, Paris, Syros, 6e éd., 2000.
Defrance, B., *Sanctions et discipline à l'école*, préface de J.-P. Rosenczveig, Paris, Syros, 3e éd., 1999.
Defrance, B., *Le Plaisir d'enseigner*, préface de J.-T. Desanti, Paris, Syros, 2e éd., 1997.
Defrance, B., *Les Parents, les Profs et l'École*, Paris, Syros, 2e éd., 1998.
Defrance, B., *La Planète lycéenne*, Paris, Syros, 1996.
Fotinos, G., Fortin, J., *Une école sans violences*, Paris, Hachette, 2000.
Joyeux, Y., *L'Éducation face à la violence*, Paris, ESF éditeur, 1996.
Pain, J., *Écoles : violence ou pédagogie*, Paris, Matrice, 1987.
Olweus, D., *Violences entre élèves, harcèlements et brutalités*, Paris, ESF éditeur, 1999.

« Hors des grands lycées, point de salut ! » *ou* comment choisir la « bonne école »

Gilbert Longhi
proviseur
président de l'Observatoire déontologique de l'enseignement

« Monsieur le proviseur,

« Un chef d'établissement voit défiler tant de jeunes qu'il lui est difficile de comprendre ce que représente l'avenir d'un seul d'entre eux pour ses parents. L'inscription de notre fils dans un grand lycée de centre-ville est, pour nous, un devoir car nous voulons mettre toutes les chances de son côté. Dans les grands lycées, le niveau des professeurs est plus élevé qu'ailleurs : l'élite de la nation est passée par là. On n'y rabaisse pas l'enseignement à des activités socioculturelles sympathiques qui constituent une véritable démission des adultes. Dans un lycée de ce type, notre fils trouvera des jeunes comme lui, qui auront les mêmes principes, et il se fera de vrais amis... Dans ce lycée, le proviseur est respecté et il a le pouvoir d'écarter un élève indésirable ou un membre du personnel défaillant. Ce n'est pas le cas dans les lycées-ghettos où des élèves d'origine étrangère s'adonnent entre eux à des trafics en tout genre. C'est pourquoi nous comptons sur vous, Monsieur le proviseur, pour nous aider à obtenir cette dérogation. Toutefois, permettez-nous une

requête à laquelle nous savons que vous serez attentif : notre fils pourrait-il reprendre sa place, en cours d'année, dans votre lycée s'il ne s'adaptait pas dans le lycée prestigieux auquel nous aspirons pour lui ? »

Soyons honnête : jamais je n'ai reçu une telle lettre. Pourtant, rien de ce qu'elle contient ne m'est inconnu. Tous les arguments qu'elle développe, je les ai rencontrés dans la bouche de nombreux parents. Je les ai entendus aussi, avec quelques précautions stylistiques supplémentaires, de la part d'enseignants et même de collègues chefs d'établissements.

Les hypocrisies du palmarès des établissements

Il faut dire que le climat général s'y prête : chaque année, les grands hebdomadaires publient le palmarès des lycées. C'est le numéro qui se vend le mieux. Il dépasse le tirage des grands guides touristiques. Certes, depuis trois ans, on ne se contente plus d'y faire figurer le pourcentage brut de réussite au baccalauréat : on y a ajouté des indicateurs plus fins qui prennent en compte les orientations au cours du parcours, les redoublements, le niveau à l'entrée en seconde, la catégorie socioprofessionnelle des parents. Ainsi, un lycée qui se trouve classé en trois centième position en termes de résultats bruts à l'examen peut, si l'on intègre tous ces éléments, faire partie des cinq premiers sur le plan national. *A contrario*, un lycée prestigieux de centre-ville, qui a 90 % de réussite à l'examen, peut être considéré comme ayant une très mauvaise « valeur ajoutée » : compte tenu du niveau scolaire et social des élèves, compte tenu de la sélection qu'il pratique, il devrait avoir 100 % de réussite.

Il reste que, même si les Français prenaient en

compte tous ces éléments et s'intéressaient d'abord à la « valeur ajoutée » d'un établissement, ils n'auraient toujours pas une vision exacte de la valeur intrinsèque de chacun d'eux. Connaître celle-ci exigerait des observations et des mesures beaucoup plus fines : il faudrait suivre les élèves après le baccalauréat pour voir comment ils se débrouillent dans leurs études supérieures et leur vie professionnelle ; il faudrait regarder comment l'établissement forme à des qualités qui ne sont pas évaluées par l'examen, comme la capacité à travailler en groupe, à effectuer une recherche documentaire, à exercer sa créativité et sa citoyenneté, à utiliser intelligemment ses temps de loisirs, etc.

Mais parions que, si l'on était capable d'effectuer, pour chaque établissement, des recherches aussi précises, cela ne changerait pas grand-chose : la réputation des lycées est, en effet, fondée d'abord sur la place qu'ils occupent dans l'imaginaire collectif et, surtout, sur le fait qu'en attirant « les bons élèves », ils peuvent toujours se vanter de les avoir chez eux. Cercle vicieux : « Nous sommes les meilleurs... Donc nous avons les meilleurs... Ce qui prouve bien que nous sommes les meilleurs ! »

Chacun cherche l'intérêt de son enfant

En réalité, même si je désapprouve la démarche des parents qui cherchent à tout prix « la bonne école », je dois bien reconnaître qu'elle témoigne d'un souci légitime pour la scolarité de leur enfant.

Mais le chef d'établissement que je suis a aussi le souci de chacun de ses élèves. Il n'est pas simplement l'hybride d'un hygiaphone et d'une porte capitonnée. Il connaît parfaitement l'inquiétude qui tenaille les familles. Comment ne pas savoir que, le jour où des parents conduisent leur fils ou leur fille pour la première fois à la maternelle, ils ont mis dans son immense cartable, à côté du petit goûter, toutes les espérances possibles enveloppées dans une parcelle d'éternité ? Les études sont la planche de salut, la généalogie de ceux qui ne possèdent ni croisé ni baron d'Empire parmi leurs ancêtres. Nous cherchons tous la meilleure école afin que notre postérité puisse avoir une véritable réussite sociale qui se propagera dans toute la lignée.

Pour autant, faut-il croire qu'un élève sera intellectuellement modifié en passant sous le porche d'un prestigieux lycée de centre-ville ? C'est tout l'inverse : le lycée demeurera prestigieux tant qu'il réussira à attirer chez lui les élèves correctement « formatés » pour y faire de bonnes études. Ce que nous montrent toutes les statistiques, c'est que, précisément, *ce sont les bons élèves qui font les bons lycées et non l'inverse.* En revanche, il arrive que des lycées plus modestes parviennent à tirer d'affaire des élèves en difficulté... qui, eux, ne sont jamais admis dans les lycées prestigieux dont ils compromettraient l'image de marque.

Les Belges, les Japonais, les Québécois, les habitants d'Issoudun ou de Perros-Guirec peuvent-ils donner un sens à leur vie dès lors qu'ils sont dépourvus des grands lycées renommés qui font la gloire de nos grandes villes françaises ? Parfois, ils parviennent à se rattraper : les habitants de telle préfecture encenseront une institution tenue par les jésuites ; ceux d'une autre feront l'éloge d'un lycée public plutôt stakhanoviste ; ailleurs, on rappellera les antiques mérites d'un pensionnat, séculairement fréquenté par les héritiers de la bourgeoisie locale... Tous ces organismes honorables spéculent sur la crédulité des autochtones ; mais, à bien y regarder, ils ne sont, pourtant, que des avatars de l'histoire.

Les « bons établissements » ont-ils de meilleurs enseignants ?

Un argument revient sans cesse : dans les grands lycées, les enseignants seraient meilleurs qu'ailleurs. D'où vient cette certitude ? Sait-on vraiment comment définir la qualité des enseignants ? À ma connaissance, il n'existe aucun classement sérieux dans ce domaine. Ni les diplômes, ni l'âge, ni même l'expérience ne semblent, dans les statistiques, influencer sérieusement le niveau et la réussite des élèves. C'est terrible mais c'est ainsi : les élèves qui réussissent dans les grands lycées réussissent d'abord parce qu'ils bénéficient d'un environnement familial favorable... et réussiraient sans doute de la même manière quels que soient leurs enseignants ! Mais l'imaginaire collectif a la peau dure et nous sommes tous convaincus que les meilleurs professeurs se concentrent dans le Quartier latin. Ils y processionnent sur un chemin de lumière qui, de l'École normale supérieure, mène aux lycées Henri-IV, Louis-le-Grand ou Saint-Louis, fait un détour par le Collège de France, pour aboutir enfin au Panthéon... quand il est temps, pour ce cortège exceptionnel, de passer *ad patres*.

Certes, on peut lire, ici ou là, que le système tout entier se rend coupable de pratiques insolites en concentrant dans quelques établissements privilégiés les grands cornacs du Mammouth pour favoriser les enfants de la nomenklatura ! Certains, même, ajoutent que les jeunes professeurs inexpérimentés seraient, eux, envoyés dans les établissements difficiles de nos banlieues. Invraisemblable ! Ce serait un peu comme si les plus grands professeurs de médecine, les plus compétents pour soigner les maladies graves, étaient cantonnés dans le traitement des grippes bénignes, auprès de populations bien-portantes, tandis que les très grands malades seraient confiés aux jeunes généralistes pour se faire la main ! Si l'on pratiquait ainsi dans l'Éducation nationale, on peut espérer que les syndicats d'enseignants auraient réagi vivement, ne serait-ce que pour défendre leur déontologie. Si c'était le cas, les grandes fédérations de parents d'élèves auraient fustigé de telles pratiques ; les députés, toutes tendances politiques confondues, auraient apostrophé le gouvernement et dénoncé ce scandale !

Où enseigne-t-on les « vrais savoirs » ?

De nombreux parents veulent mettre leurs enfants dans des havres de paix de l'enseignement traditionnel, parce qu'ils sont convaincus qu'ils n'y perdront pas leur temps à faire des jumelages avec le Tiers-Monde, des stages de manutention ou des travaux de groupes. Ces procédés, inconnus dans un lycée digne de ce nom, dissimuleraient, pour beaucoup, une véritable démission culturelle.

Il faut condamner sans l'ombre d'une hésitation, et où qu'elles se pratiquent, les méthodes qui, pour être conviviales, tombent dans le ridicule et bafouent les connaissances. On se souvient peut-être de cette anecdote rapportée par un journaliste : un jeune instituteur, donnant à observer une grenouille à ses élèves, tenta de leur faire dire à quelle espèce cet animal appartenait. Mutisme général. La classe, rodée à « la démocratie scolaire », organisa alors un vote et la rainette fut élue « poisson »... puisqu'elle vivait dans l'eau ! Il fallut un deuxième tour de scrutin, sur ordre de la directrice courroucée, pour remettre la pauvre bête dans sa famille naturelle des amphibiens... et l'instituteur sur le chemin de la vraie science. Ce type d'anecdotes ressemble à celles que l'on réunissait jadis dans *La Foire aux cancres*. Mais – signe des temps – elles concernent aujourd'hui plutôt les enseignants que les élèves. Ne soyons pas dupes : une carence individuelle – aussi grave ou savoureuse soit-elle – ne signifie pas la faillite du système.

La vérité, c'est que les « vrais savoirs » s'enseignent partout, et pas seulement dans les établissements prestigieux. La vérité, c'est que l'exigence culturelle n'est nullement le monopole des collèges ou des lycées de centre-ville. La vérité, c'est que, justement, des activités artistiques de haut niveau sont présentes dans les établissements « défavorisés »... alors qu'ailleurs on s'en remet, le plus souvent, à l'initiative culturelle des familles. La vérité, c'est que quelques errements marginaux ne doivent pas faire oublier le travail de fond effectué partout par beaucoup d'enseignants scrupuleux, mobilisés, dans des conditions ingrates et des situations difficiles, pour permettre à tous leurs élèves d'apprendre.

De « bonnes écoles » pour être « entre soi » ?

Mais l'argument qui porte le plus en faveur des lycées de centre-ville est celui du caractère particulièrement « choisi » de leur clientèle. Les parents sont convaincus que, là, leurs enfants seront « tirés vers le haut ». La preuve : il suffit de regarder la liste des anciens élèves de ces lycées pour être édifié : toute l'élite française en est sorti.

Mais, est-ce l'établissement qui donne du talent ou bien s'en approprie-t-il seulement la paternité lorsque ses anciens élèves sont devenus illustres ? Et, pour un génie, combien d'inconnus, de névropathes, d'hommes et femmes en échec dans leur vie personnelle, de suicidés, de mis en examen ? Si l'on veut faire des palmarès, alors il faut donner toutes les listes. En définitive, les lycées huppés ont fourni moins de génies que de scribouillards. Sans être cruel, j'ajouterai qu'ils ont même un très mauvais rendement : ils écrèment la société depuis des lustres ; et, au bout du compte, le nombre de leurs élèves notoirement reconnus demeure scandaleusement faible : à peine vingt-cinq dans la dépêche de l'Agence France-Presse du 9 octobre 1996, au moment du bicentenaire d'un des plus prestigieux lycées parisiens.

En réalité, la célébrité d'un établissement repose sur sa capacité à mettre en concurrence, pendant leur scolarité, des jeunes culturellement et sociologiquement à peu près identiques tout en les constituant en groupe de pression solidaire qui leur permettra de se serrer les coudes à la sortie. On se fait la guerre pour avoir la meilleure place, mais on forme un réseau efficace pour s'entraider après, dans une société où les « anciens de... » tiennent la plupart des clés de la réussite sociale. Quelles que soient les justifications républicaines de ces pratiques, elles relèvent bien de la ségrégation, dans la plus belle tradition du libéralisme... que nos « républicains » ne cessent de vilipender.

La peur de la mixité sociale

Voilà le point le plus délicat : le métissage des couches sociales et le voisinage, à nos portes, de quartiers d'Afrique et de cités françaises posent problème à beaucoup d'entre nous. On peut le comprendre : il existe une forme de pensée « politiquement correcte » qui a prôné la mixité sociale sans se donner les moyens de la réaliser sereinement et qui a fait, ainsi, le lit de la violence et de l'insécurité. Les Français en ont assez d'être les cobayes de l'expérimentation urbaine d'une « gauche caviar » qui envoie les enfants des autres dans les ghettos – au nom de la solidarité – et qui met les siens dans des établissements préservés – pour ne pas risquer d'être contaminée.

Mais l'homogénéité sociale des lycées prestigieux n'est qu'une illusion. Une illusion confortable, certes, mais une illusion quand même. L'égalité apparente des élèves dans la classe cache de profondes disparités qui réapparaissent dès que sonne le signal de la sortie. La hiérarchie des revenus entre les familles s'exprime, là, par mille et un signes extérieurs de richesse. Plus subtil encore est le réseau des fréquentations qui reconduit de véritables clivages claniques. Croisez tout cela avec les appartenances religieuses, les idéologies, les engagements politiques et vous n'aurez plus qu'un groupe artificiellement mais solidement réuni par ses seuls intérêts communs. Là où vous imaginiez une communauté solidaire, vous n'avez qu'une tribu intellectuelle, très hiérarchisée, avec ses princes et ses vassaux, ses familles qui se partagent les territoires du pouvoir, ses règles implacables : ne pas avoir plus d'ambition que vos origines et vos amis vous le permettent, au risque d'être impitoyablement écarté ; exiger ce qui vous est dû selon votre rang ; ne pas chercher à infiltrer la caste supérieure au risque d'être méprisé et humilié...

Il arrive même que ceux que l'on nomme « les bons élèves » aient, en réalité, une très mauvaise mentalité. Parfois leur envie de gagner éteint en eux tout altruisme et tout esprit collectif. Leur supériorité les amène à prendre les autres pour des adversaires, voire des ennemis, au mieux de la piétaille. La manière dont on traite les élèves dans certains établissements de prestige pour en faire des « virtuoses » étouffe leur humanité et une intelligence scolaire éclatante cache souvent mal un véritable handicap relationnel.

Le traumatisme d'un élève face à des camarades issus d'une autre culture, exposés au chômage de leurs parents, habitués à d'autres règles du jeu, serait-il plus grave ? Tout est dans la façon dont l'établissement s'y prend pour organiser la vie scolaire. Un vrai travail en commun, même conflictuel, est souvent plus formateur que la simple loi de la jungle policée qui sévit dans les beaux quartiers. Dans le lycée où j'exerce, il y a de nombreux élèves qui se sont fait des amis dans des activités communes, en découvrant d'autres univers que le leur, sans nécessairement s'occuper de chercher leurs clones. Leurs résultats scolaires n'ont pas particulièrement baissé. Ils ne sont pas des abandonnés de la grande culture : ils vont au théâtre et à l'opéra ; ils rencontrent des artistes et des savants qui viennent au lycée ; ils lisent de grandes œuvres. De plus, leur univers mental ne se réduit pas au cinquième arrondissement de Paris. Ils connaissent les problèmes sociaux auxquels sont confrontés leurs camarades. Ils entrevoient, à travers la mixité sociale qui règne dans l'établissement, les questions essentielles qui se posent aux hommes. Ils ne renoncent pas, pour autant, à leur identité et à leurs projets propres. Au contraire, ils les développent de manière plus exigeante, dans une perspective de complémentarité et non de concurrence.

Il reste qu'à cet égard mon établissement est privilégié, justement parce qu'il y règne une certaine mixité sociale. Ce n'est pas le cas partout : il existe des « établissements ghettos », symétriques des lycées prestigieux, des établissements où l'homogénéité sociale, voire ethnique, rend toute éducation difficile : la concentration de problèmes économiques et sociaux est telle qu'elle peut décourager les enseignants. Là, on ne rencontre plus la vraie différence. Comme dans les lycées d'élite, on est « entre soi » et c'est la rivalité pour dominer ou survivre dans le clan qui domine. Les règles y sont aussi dures et l'enfermement aussi dangereux... Ces établissements existent parce que, justement, à l'autre bout de la chaîne, les grands lycées persistent dans leur politique sélective. Entre les deux, un système de déversoirs successifs. C'est tout ce système contre lequel il faut lutter. Mais ce n'est plus là strictement affaire de l'école, c'est affaire de la Cité.

Et aujourd'hui, que faire ?

En attendant que le pouvoir politique traite sérieusement du problème de la mixité sociale dans les établissements scolaires, les parents sont soumis à la carte scolaire, telle qu'elle existe. Elle n'est pas parfaite et, souvent, au lieu de contrecarrer les ségrégations urbaines, les renforce. Mais, ce sont des règles qui s'imposent à tous et permettent à chacun d'avoir un établissement d'accueil. Le scandale serait qu'un élève ne soit inscrit dans aucun établissement ! Dans une démocratie, on peut changer les règles mais, tant qu'elles existent, elles sont légitimes et nul n'a le droit de les détourner au profit de son intérêt personnel. Faire accepter cela à un adolescent, c'est aussi l'éduquer.

Et, que penser maintenant de ceux et celles qui s'efforcent de dévoyer les principes de la carte scolaire tout en se retournant vers l'établissement de leur quartier en cas d'échec ? Que penser des lycées prestigieux qui renvoient les élèves qui se trouvent en difficulté en leur sein ? Ce comportement n'est pas anodin : il touche aux fondements même du système éducatif. Pourquoi « les lycées de grande marque » rétrocéderaient-ils leurs « dégriffés » ? Il est inconvenant qu'après avoir trié les élèves sur le volet on ose se débarrasser de ceux qui tombent en disgrâce. Si les lycées prestigieux n'ont pas le discernement auquel ils prétendent, qu'ils en assument au moins les conséquences en offrant des recours en interne ! Ils apprendront ainsi progressivement les vertus de l'hétérogénéité des classes ! Peut-être se souviendront-ils même que le projet de l'École de la République est d'être un véritable « creuset social » ?

POUR ALLER PLUS LOIN

Bouchard, P., *La Morale des enseignants*, Paris, L'Harmattan, 1997.

Davidenkoff, E., Tassart, B., *Le Lycée*, Paris, Balland, 1999.

Longhi, G., « Côté classe », Chronique mensuelle, *Famille magazine*.

Longhi, G., *Pour une déontologie de l'enseignement*, Paris, ESF éditeur, 1998.

Meirieu, Ph., Guiraud, M., *L'École ou la guerre civile*, Paris, Plon, 1997.

Pierrelée, M.-D., *Pourquoi vos enfants s'ennuient en classe*, Paris, Syros, 1999.

« Les enseignants sont des irresponsables ! » *ou* comment reconstruire la confiance entre la famille et l'École

Hervé Baro
professeur de physique
secrétaire général du Syndicat des enseignants (FEN)

« L'Éducation nationale française compte des centaines de milliers d'enseignants. Ces derniers tiennent en main le sort de plusieurs millions de jeunes qui leur sont confiés. On se demande parfois si ces enseignants sont vraiment dignes de la "confiance" qui leur est ainsi faite. Nos enfants forment un "public captif" : ni nous ni eux n'avons le choix des professeurs. Certains élèves "tombent bien" ; ils ont de la chance. D'autres "tombent mal" et sont parfois dégoûtés d'une matière pour longtemps. Pouvons-nous accepter une telle injustice ? Pouvons-nous accepter qu'alors que beaucoup de Français doivent rendre des comptes sur leur activité professionnelle et sont menacés du chômage s'ils échouent, les enseignants bénéficient, tout à la fois, de la sécurité de l'emploi et de l'impunité ? Qu'est-ce qui justifie ce statut privilégié ? Peut-on enfin espérer que l'école et ses maîtres aient à cœur de faire réussir chacun ? Faut-il encore un nouvelle réforme pour cela ? Pourquoi ne pas décider – enfin ! – d'exclure les enseignants réputés incompétents ? »

En recevant le bulletin trimestriel de leur enfant, ces parents constatent que le conseil de classe a décidé de l'orienter, contre leur gré, vers un lycée professionnel. Ils ne comprennent pas. Comment accepter un tel verdict pour eux qui voulaient faire de leur fils un médecin ? L'incompréhension, l'abattement, la colère, la révolte les envahissent. Ces sentiments sont d'autant plus forts qu'ils avaient l'impression, voire la conviction, que leur enfant avait donné le meilleur de lui-même depuis le début de sa scolarité.

Comme, jusqu'ici, ils n'avaient jamais eu besoin d'intervenir dans la scolarité de leurs enfants, ils pensaient que le système éducatif conduit immanquablement à la réussite dans les sections générales « prestigieuses » tout élève sérieux et travailleur. Aujourd'hui, ils sont convaincus que le système scolaire et ses principaux artisans ont failli à leur mission. Pour eux, la responsabilité en incombe aux professeurs : ils n'ont pas été capables de conduire leur enfant dans la voie qu'ils avaient choisie avec lui. Irrités, ils se demandent alors pourquoi l'école n'a pas une véritable obligation de résultats. Pourquoi les enseignants ne pourraient-ils pas être considérés comme responsables des dégâts qu'ils causent sur les enfants ? Qu'on fasse enfin le ménage et que les incompétents soient renvoyés !

Pourquoi l'École ne peut-elle pas être soumise à l'obligation de résultats ?

En soumettant l'école à une obligation de résultats, nous l'assimilerions à une entreprise. Nous nous placerions dans la logique de l'économie marchande. Cette posture est légitime quand on fait, par exemple, l'acquisition d'une voiture : nous sommes alors en droit d'exiger que le véhicule réalise les performances pour lesquelles il a été commandé. Mais certaines professions sont traditionnellement soumises à la seule obligation de moyens : il en est ainsi des avocats ou des médecins, par exemple. Dans ce cas, ces professionnels s'engagent, les uns auprès de leurs clients, les autres auprès de leurs patients, non pas à garantir le résultat à coup sûr, mais à déployer tous les moyens disponibles pour y parvenir : il n'est pas certain que l'accusé soit acquitté ni que le malade soit guéri, mais tout devra avoir été fait pour cela. La seule chose qu'il sera possible de reprocher, après coup, aux professionnels, c'est d'avoir omis l'un des moyens qui pouvait augmenter les chances d'approcher le résultat et qu'il était, pourtant, possible d'utiliser.

Or, les éducateurs doivent faire face à des situations humaines essentiellement aléatoires, dont il est impossible de programmer à l'avance toutes les données. Et, d'une certaine manière, c'est une bonne chose ! Il est heureux qu'un enfant ne puisse jamais être assimilable à un produit manufacturé dont les performances exactes sont identifiables à l'avance sur une *check list*. Travailler avec la matière vivante – et même souvent très vivante ! – que sont les enfants, n'a rien à voir avec un processus de production. Bien sûr, dans n'importe quel métier, nous avons tous à rechercher les meilleurs résultats et à tout faire pour y parvenir. Mais le critère de l'évaluation ne sera pas ici : *Avez-vous réussi ?* mais plutôt : *Avez-vous vraiment pris les moyens de réussir ?*

Une École et des enseignants qui réussissent plutôt bien

Pour l'essentiel, les enseignants de tous niveaux sont des professionnels sérieux et formés. Certes, comme dans tous les métiers, nous avons notre part de personnels qui ne font pas preuve d'une conscience professionnelle suffisante. Il y en a aussi qui réussissent moins bien que leurs collègues face à des situations scolaires analogues. Quelques-uns n'étaient peut-être pas faits pour exercer ce métier et certains y ont été mal préparés. Mais l'immense majorité d'entre eux est déterminée à faire réussir tous les élèves qui leur sont confiés au point que les parents leur font massivement confiance. Ce n'est pas là de la langue de bois syndicale mais bien le résultat de tous les sondages d'opinion réalisés depuis plusieurs années.

D'ailleurs, ces trois dernières décennies ont été marquées par des progrès sensibles de l'ensemble de l'institution scolaire. Cette période est intéressante car elle correspond à l'arrivée progressive, au collège et dans les lycées, de la quasi-totalité de chaque classe d'âge alors qu'auparavant seule une minorité y parvenait.

Or, que constatons-nous ? Nous sommes parvenus à un taux de réussite au baccalauréat de 65 %, alors que, dans les années soixante-dix, il n'était que de 10 % d'une classe d'âge. Ce saut quantitatif s'est accompagné d'une amélioration qualitative du niveau de connaissances de tous les élèves. Car, contrairement à une idée couramment répandue, le niveau ne baisse pas ; au contraire, il ne cesse de s'élever. Les jeunes ne savent pas forcément les mêmes choses qu'hier, mais ils en savent plus. L'école a dû, en trente ans, accueillir beaucoup plus de jeunes. Et, dans le même temps, elle a su élever le niveau des connaissances et l'adapter aux évolutions de la société.

Rien de tout cela n'aurait été possible sans la mobilisation simultanée des instituteurs ou professeurs des écoles jusqu'aux professeurs de tous les lycées en passant par ceux des collèges... sans oublier les cadres administratifs et pédagogiques, comme les personnels de service dont la présence dans les établissements est beaucoup plus déterminante qu'on ne le croit.

Échecs de l'école ou échec de la société ?

Toutefois, si ce résultat est incontestablement positif, de graves problèmes demeurent. En effet, si de plus en plus d'élèves réussissent, si le niveau général des connaissances s'élève, notre système éducatif laisse trop de jeunes au bord du chemin. Trop nombreux sont ceux qui n'arrivent toujours pas à acquérir une qualification, au moins du niveau du CAP, ou qui ne parviennent pas au baccalauréat qui correspond aujourd'hui, de fait, pour la plupart des parents, au terme normal de la scolarité obligatoire.

Mais tout le monde doit-il arriver au même diplôme ? N'a-t-on pas tendance à considérer que le baccalauréat général – en particulier la série S – est la seule véritable voie de réussite ? La vraie mission de l'École est de conduire toute une classe d'âge à une qualification reconnue. Dans cette tâche délicate, les enseignants doivent exploiter toutes les potentialités des enfants et valoriser toutes les formes d'intelligences et de compétences. Au fur et à mesure de sa scolarité et en découvrant toute la palette des activités scolaires qui lui sont proposées, tel enfant réussira plutôt dans l'abstraction mathématique, privilégiant « la pensée à distance des objets », alors que tel autre s'épanouira pleinement dans l'action, dans une planification plus concrète et immédiate mais qui nécessite tout autant d'intelligence. Peut-on parler de succès pour l'un et d'échec pour l'autre ? Certainement pas. Si les talents sont divers, ils méritent une égale considération tout comme les voies scolaires qui sont empruntées par les uns ou les autres.

En revanche, il existe bel et bien dans la société une hiérarchie des valeurs : certaines compétences, certains métiers sont plus valorisés que d'autres. Mais ce n'est pas l'école qui décide de cela. Elle y est elle-même assujettie. Car l'école ne peut constituer, avec ses élèves, un continent à part, coupé des principes en vigueur et des systèmes de valeur de la société globale. Ainsi, c'est la société française tout entière, et non sa seule école, qui engendre le sentiment d'échec chez les familles dont les enfants sont orientés vers l'enseignement professionnel. C'est elle qui transforme ce sentiment en « réalité ». En refusant une vraie reconnaissance à certains métiers « manuels » ainsi qu'à bon nombre de « nouveaux métiers » en plein développement – comme les services de proximité aux personnes, par exemple – nous condamnons par avance les efforts de l'école et des enseignants : on aura beau déclarer l'égale dignité des talents, tant que la reconnaissance sociale n'est pas au rendez-vous, personne n'y croit ! En tant que citoyens, travailleurs actifs, membres de la société civile et politique, nous participons ainsi nous-mêmes à la dévalorisation de filières dont nos propres enfants pourront être victimes.

C'est pourquoi, en face d'« orientations » difficiles vers des voies dévalorisées, il ne faut pas parler trop vite d'un échec de l'élève, de ses enseignants ou même de l'école. Il s'agit, bien plutôt, d'un échec social, économique et politique. L'échec à faire reconnaître à chacun sa place, avec ses talents propres, dans l'organisation sociale.

Le véritable échec de l'école

Cependant il y a bien un échec propre de l'école : c'est son incapacité à faire éclore et à reconnaître de façon équitable les talents de tous les enfants et, en particulier, des plus défavorisés d'entre eux. À capacités égales, ils n'ont pas les mêmes chances de succès dans le système tel qu'il fonctionne aujourd'hui. Leurs talents sont gâchés par une école qui les écarte trop tôt, les désigne abusivement comme des incapables et ne leur fournit pas les aides nécessaires pour compenser leurs difficultés sociales.

Bien sûr, rien n'est facile : dans sa classe, l'enseignant doit faire face à un groupe d'élèves de plus en plus diversifié. Les compétences des uns et des autres y sont multiples, les situations sociales extrêmement variées. C'est dans ce cadre complexe qu'il va devoir déployer sa pédagogie : trouver, fournir et améliorer les moyens qui permettent aux élèves d'apprendre. Inventer des situations pour motiver, des exercices pour faire acquérir, des évaluations pour vérifier le niveau atteint. Accompagner chacun, observer ses progrès et ses difficultés, être attentif à la progression de chacun.

Car, dans la course au savoir, tous les enfants n'avancent pas au même pas. Or, un rythme unique, celui du passage de classe en classe, d'un niveau d'enseignement à un autre, leur est imposé. À l'école primaire, quand les élèves sont regroupés par cycles et non par niveau de classe, on peut individualiser les parcours. Mais, au collège et au lycée, en cas d'échec dans une ou deux disciplines, le redoublement oblige à tout refaire. À l'évidence, le système manque de souplesse et les enseignants n'y peuvent pas grand-chose.

De plus, on impose à tous les élèves des programmes dont la lourdeur est parfois excessive et surtout – fait bien plus grave encore – dont les priorités ne sont pas clairement définies. Obligation nous est faite de traiter intégralement ces programmes dans la perspective du passage en classe supérieure et, à terme, de la préparation à l'examen terminal. L'enseignant est ainsi sans cesse tiraillé entre le « bouclage » du programme et le souci que chaque élève progresse. Il fera, le plus souvent, tout ce qui est en son pouvoir pour conduire toute sa classe vers la réussite. Mais il arrivera un moment où sa mission deviendra impossible. Il ne fera pas délibérément le choix d'abandonner un ou plusieurs de ses élèves, mais constatera, impuissant, le décrochage de quelques-uns.

Et ce qui est terrible pour l'enseignant, c'est le sentiment d'impuissance face à l'échec d'un de ses élèves, alors qu'il sent bien qu'il faudrait parfois peu de choses pour que change sa destinée. Car un enseignant tire fierté de la réussite de chacun de ses élèves. Pensez-vous qu'il se réjouisse de leur échec ? Devant l'échec, un véritable échec, l'enseignant ne peut qu'éprouver du désarroi. Et ils sont nombreux à en souffrir.

Éviter les boucs émissaires

Mais leur inquiétude ne doit pas, pour autant, les amener à chercher des boucs émissaires faciles : ni les élèves, ni leurs parents ne peuvent être tenus pour responsables de la situation injuste qui est faite à certains dans l'école d'aujourd'hui. Comment pourrait-on reprocher à des parents de ne pouvoir aider leurs enfants, dès lors que leur culture d'origine, leurs activités professionnelles ou leurs propres difficultés dans l'existence les rendent étrangers aux réalités quotidiennes de l'école ? Rien n'est plus abusif que cette stigmatisation de la « démission » des parents qui sert de paravent à un fatalisme sociologique qui n'ose pas dire son nom. De même, comment faire porter aux élèves la responsabilité d'échecs imputables très largement au contexte social ou à la carence d'un système incapable de mettre en place une aide efficace ? Certes, les élèves sont soumis, eux aussi, à « l'obligation de moyens » ; ils ne peuvent se réfugier derrière leurs difficultés sociales pour éviter de prendre leurs responsabilités. Mais leur effort n'est possible que s'ils trouvent, à l'école, les interlocuteurs capables de les accompagner.

Dans ces conditions, il est toujours possible de considérer que ce sont les « réformes » que nous avons vécues depuis trente ans qui sont à l'origine des contre-performances de certains élèves à l'école. Même si, c'est vrai, les réformes qui se sont succédé n'ont pas toujours été très lisibles ni évaluées en profondeur, elles avaient toutes pour objectif de répondre à la demande sociale de la nation à l'égard de son école : il s'agissait bien, chaque fois, de démocratiser l'accès aux savoirs. Qui, aujourd'hui, accepterait que l'on restaure l'examen d'entrée en sixième ? Qui accepterait que l'on supprime les baccalauréats professionnels ? Qui voudrait revenir à l'époque où moins de 10 % des enfants de quatorze ans apprenaient une langue étrangère ? La critique des « réformes » est devenue chez nous un sport national et donne lieu à une surenchère de démagogie : « Revenons au passé et tous les problèmes seront résolus ! » C'est là une attitude grave : on ne dit jamais ouvertement que l'on souhaite le *statu quo*, qu'on cherche à limiter l'accès à l'école et aux savoirs, qu'on veut maintenir les privilèges de quelques-uns... Mais, en définitive, c'est bien cela que l'on veut. *Le refus des « réformes » cache la volonté de résoudre les problèmes de l'école par la seule méthode qui n'en demande pas : l'exclusion.*

Construire un vrai « projet politique » pour l'école

Il faut sortir de l'idéologie des boucs émissaires et consacrer notre énergie à nous demander comment l'école pourrait être fidèle à son idéal et combattre véritablement les inégalités sociales. Plutôt que d'accuser, de condamner, de sombrer dans la nostalgie, regardons si l'on a vraiment tout essayé pour répondre à « l'obligation de moyens » nécessaire à la réussite de tous.

Il faut maintenant que la société donne aux enseignants les moyens de remplir vraiment la mission qu'elle leur confie. Un grand pas serait franchi s'ils pouvaient, dans leur établissement scolaire, organiser, pour les élèves en difficulté, l'aide qui leur fait défaut et qu'ils ne pourront trouver chez eux. Cela est possible. Mais il existe une condition que tous les partenaires doivent accepter : que l'école donne plus à ceux qui en ont le plus besoin, sans retirer quoi que ce soit à tous les autres. Cette idée peut paraître banale, voire simpliste. On peut se demander pourquoi on a tant attendu et pourquoi on hésite encore à la mettre en œuvre de manière systématique. Le syndicaliste demande ici, évidemment, des moyens matériels – c'est son rôle et personne ne comprendrait qu'il ne le tienne pas – mais il réclame aussi du politique des perspectives affirmées, un projet à long terme, un travail cohérent et obstiné, associant tous les partenaires de la communauté éducative.

Car, au-delà des moyens financiers nécessaires, c'est la conception même de l'école qui est en cause. Les enseignants veulent simplement y prendre leur place : ils demandent avec force, dans leur immense majorité et au-delà de la plupart des clivages traditionnels, que leur soit donnée la possibilité d'aider et d'accompagner individuellement leurs élèves. Ils n'acceptent plus une situation qui ne leur permet pas de secourir ceux qui en ont besoin.

En disant « secourir », on prend évidemment le risque de s'exposer aux ricanements des « bons esprits » : « Vous confondez, disent-ils, les enseignants avec des bons samaritains ou des assistantes sociales. La mission du maître n'est pas d'aider l'élève. "Aider" conduit immanquablement à s'occuper de ce qui ne regarde pas l'école. Le travail de l'enseignant n'est pas de fouiller dans les problèmes intimes de ses élèves. Sa seule tâche, c'est d'instruire tous les élèves indifféremment, selon le principe de l'égalité républicaine ! » Mais est-ce s'immiscer dans la vie privée des élèves que de leur apporter l'assistance scolaire qu'ils sont en droit d'attendre pour, tout simplement, faire le travail qui leur est demandé ? Certes, les enseignants savent qu'il n'est pas toujours facile de déterminer où s'arrêtent leurs compétences. N'y a-t-il pas un moment où le problème n'est plus de leur ressort, mais relève des parents ou d'un soutien psychothérapeutique ? Mais être un « professionnel », un « enseignant professionnel », c'est, précisément, savoir repérer cette limite.

La majorité des enseignants ne se réfugie pas frileusement dans la conception abstraite du « transmetteur » de connaissances, refusant de descendre de sa chaire physique ou mentale, s'adressant à un élève lui aussi abstrait. Ils ont la volonté, au contraire, de concilier leur fonction d'enseignement – sans rien céder aux exigences des savoirs – avec le respect des jeunes et de leurs besoins scolaires spécifiques. Ils veulent que les élèves, qu'ils respectent, acquièrent de vraies connaissances, qu'ils respectent tout autant.

Des enseignants capables d'aider chaque élève

Faire face aux exigences d'aujourd'hui n'est pas possible avec les habitudes d'hier. Si l'on veut que les enseignants puissent accompagner tous les élèves dans leur réussite, il leur faut des temps clairement réservés à l'aide, et d'autres pendant lesquels ils pourront se concerter entre eux ou avec les parents, élaborer des stratégies de prise en charge collective des élèves. Pour ce métier difficile et exigeant, ils ont également besoin d'une formation renouvelée, adaptée aux besoins des jeunes et aux évolutions sans cesse en mouvement des connaissances.

Or, il faut reconnaître que, tels qu'ils sont conçus encore aujourd'hui, les concours qui président au recrutement des professeurs d'école, de collège ou de lycée peuvent difficilement évaluer leur aptitude effective à enseigner. Peut-être pourrait-on, au moins à travers certaines épreuves, essayer de mieux apprécier leurs capacités à travailler avec des enfants ou des adolescents ?

De plus, notre système de formation dans les Instituts universitaires de formation des maîtres (IUFM) reste encore insuffisamment professionnalisé. Nos jeunes collègues ne sont pas assez préparés aux problèmes concrets qu'ils rencontreront dans la classe : que ce soit les programmes qu'ils devront enseigner à leurs élèves ou les situations pédagogiques, souvent difficiles, auxquelles ils auront à faire face.

Enfin, la formation au cours de notre carrière diminue d'année en année, alors qu'elle devrait au contraire, au vu des évolutions accélérées des publics scolaires et de notre métier, prendre de plus en plus d'importance.

Des enseignants plus compétents pour des parents plus exigeants

Il faut des enseignants de plus en plus compétents pour des parents de plus en plus exigeants. Des enseignants capables de mettre véritablement en œuvre l'obligation de moyens qui leur permettra de retrouver la confiance totale de la population. Des enseignants qui puissent expliquer aux élèves et aux parents l'ensemble des dispositifs qu'ils leur offrent. Des enseignants qui ne pourront jamais réussir tout seuls – sans les élèves et leurs parents – mais qui pourront, en travaillant en équipe, offrir à tous le maximum de chances. Des enseignants qui assument ensemble leur responsabilité sociale en invitant leurs partenaires à assumer les leurs.

En aucun cas, l'École ne progressera par l'exclusion. Elle ne progressera pas en excluant les élèves qui ont des difficultés ; elle doit, au contraire, inventer des solutions adaptées à chacun. Elle ne progressera pas en excluant les parents intimidés ou agressifs ; elle doit, au contraire, mieux les informer et chercher à les impliquer. Elle ne progressera pas, non plus, en excluant les enseignants réputés incompétents ; elle doit, au contraire, leur donner les moyens de mieux faire face à leur mission. Il faut, pour cela, aux enseignants une ambition politique claire qui leur permette de savoir ce que la nation attend d'eux, de retrouver une véritable identité et la fierté de leur métier. Il leur faut une administration plus proche d'eux et moins tatillonne, attentive à ce qui peut faciliter leur vie quotidienne. Il leur faut du temps pour résoudre en équipe les problèmes dont ils ne peuvent venir à bout individuellement. Il leur faut une vraie formation pédagogique, initiale et continue, adossée à la recherche la plus poussée. Quand, à tous les niveaux et avec tous les partenaires concernés, on cherchera ensemble comment résoudre les difficultés de l'école sans exclure, alors la confiance reviendra complètement entre les enseignants, les parents et les élèves.

POUR ALLER PLUS LOIN

Barlow, M., *Le Métier d'enseignant*, Paris, Anthropos, 1999.

Bouchard, P., *Métier impossible – La situation morale des enseignants*, Paris, ESF éditeur, 1992.

Derouet, J.-L., Dutercq, Y., *L'Établissement scolaire : entre autonomie locale et service public,* Paris, ESF éditeur, 1997.

Gayet, D., *Modèles éducatifs et relation pédagogique*, Paris, Armand Colin, 1995.

Geay, B., *Profession : instituteurs – Mémoire politique et action syndicale*, Paris, Seuil, 1999.

Lang, V., *La Professionnalisation des enseignants*, Paris, PUF, 1999.

Meirieu, Ph., *Enseigner, scénario pour un métier nouveau*, Paris, ESF éditeur, Paris, 1989.

Ozouf, J. et M., *La République des instituteurs,* Paris, Hautes Études/Gallimard-Seuil, 1992.
Perrenoud, Ph., *Enseigner : agir dans l'urgence, décider dans l'incertitude*, Paris, ESF éditeur, 1998.
Robert, A., *Actions et décisions dans l'Éducation nationale*, Paris, L'Harmattan, 1999.
Robert, A., Terral, H., *Les IUFM et la formation des enseignants*, Paris, PUF, 2000.

« Les profs, on ne peut jamais les voir ! » *ou* comment renouer le dialogue dans l'intérêt de l'enfant

Claude Rebaud
proviseur

« Les enseignants sont des gens difficiles d'accès. Certes, en début d'année, ils nous convoquent à des réunions de parents. Mais c'est souvent artificiel : nous sommes assis à la place des élèves et infantilisés. On hésite à poser des questions. On hésite encore plus à donner notre opinion sur quoi que ce soit, de peur que cela retombe, d'une manière ou d'une autre, sur nos enfants. Il arrive que les enseignants nous invitent à les rencontrer individuellement dans des sortes de réunions "confessionnal" où l'on défile chacun pour demander le niveau de notre fils ou de notre fille dans chaque discipline. Là encore, ce n'est pas facile : on a l'impression d'être nous-mêmes des élèves qui doivent demander pardon pour leurs mauvais résultats ou leur travail insuffisant. Quand on tente de donner notre point de vue, il semble que cela agace les enseignants : ils trouvent inadmissible de recevoir des conseils sur leur manière de s'y prendre pour faire leur métier. Nous avons le sentiment, nous les parents, d'être bien encombrants. »

L'histoire est banale : un père de famille se plaint au proviseur que je suis. Le professeur de sa fille, Sandra, l'aurait « rembarrée » de manière plutôt sèche alors qu'elle venait lui demander un renseignement. Il m'explique que Sandra traverse une période difficile et qu'elle a besoin de compréhension. Elle vit chez sa mère et, depuis quelque temps, elle est souvent de mauvaise humeur, voire franchement agressive, dès qu'il s'agit de se mettre à son travail scolaire. Elle donne l'impression d'avoir pris l'école en grippe.

Ce père m'explique ensuite qu'il est séparé de son épouse mais garde avec elle un contact régulier. Il l'a donc encouragée à faire part de leurs inquiétudes communes au professeur principal. Cette dernière aurait coupé court à l'entretien. Elle ne voyait pas en quoi l'on pouvait lui reprocher, à elle, que Sandra claque les portes à la maison... Elle n'avait rien observé de particulier dans le comportement de cette élève en classe, sauf que Sandra était parfois, effectivement, un peu « collante ». Mais sans plus. Ses résultats demeuraient convenables. Le professeur principal aurait conclu que, de toute façon, trente-deux élèves dans la même classe, c'est beaucoup pour montrer de l'attention à tous, surtout quand ce n'est pas la seule classe dont on a la charge.

Je connais bien le professeur incriminée : je sais qu'elle ne peut être suspectée de manquer d'intérêt pour ses élèves. Au contraire. J'ai souvent remarqué, au cours des conseils de classe, que, non seulement elle connaissait très bien les dossiers scolaires des élèves dont elle avait la charge, mais aussi qu'elle était capable d'évoquer avec tact des problèmes personnels qui pouvaient expliquer certains relâchements ou certains échecs.

J'ai donc parlé avec ce professeur de la démarche du père de Sandra. Elle ne considère pas cette dernière comme une élève en difficulté ; elle dit simplement que c'est encore une « grande enfant » qui cherche à se rendre intéressante. L'incident évoqué par son père et qui semble avoir traumatisé Sandra a eu lieu à un moment où la professeur était très occupée par un petit groupe d'élèves qui, eux, peinaient particulièrement sur un problème. Elle a pensé que ceux-là avaient la priorité. Elle a pu montrer, avoue-t-elle, un peu d'impatience devant l'insistance de Sandra...

Il est normal que des parents soient inquiets de voir leurs enfants en difficulté dans le travail scolaire. Il est normal qu'ils craignent de passer à côté de problèmes graves et qu'ils interrogent les enseignants de peur de laisser la situation se dégrader de façon irrémédiable. Mais il est normal aussi que les enseignants se donnent des priorités et ne se considèrent pas taillables et corvéables à merci par les élèves et leurs parents. Alors, comment avancer ensemble dans ces conditions ? Comment renouer le dialogue quand c'est nécessaire ?

Quand l'élève cherche à attirer l'attention

Le professeur principal mis en cause par le père de Sandra me disait que, dans une autre classe, elle était vraiment préoccupée par un élève qui, lui aussi, cherche à attirer systématiquement l'attention. Mais, celui-là prend les grands moyens : insolence, brusquerie, contestation permanente, comportement exécrable avec ses camarades. « Moi, de toute façon, personne ne m'aime », a-t-il jeté une fois en pleine classe. Au collège, il semble pourtant que ce garçon n'avait jamais fait parler de lui. Il est donc bien arrivé quelque chose dans sa vie entre-temps. Il est possible que son comportement de lycéen soit la conséquence d'un problème personnel qui, en apparence, est plus grave que celui que rencontre Sandra. Si c'est le cas, il faut le traiter en priorité. Choisir d'intervenir plutôt ici ou là, comprendre l'urgence et percevoir les enjeux d'une situation, demandent du discernement. Et l'exercice du discernement n'est pas facile.

Dans le cas de ce garçon, avons-nous à faire une enquête pour tenter de comprendre ce qui se passe ? De quel droit allons-nous nous immiscer dans la vie privée de ses parents si nous pressentons que le problème qu'il exprime en classe trouve sa cause à la maison ? Où se situe la frontière entre la nécessaire assistance à une personne en danger et l'intrusion dans une vie privée qui ne nous regarde pas ? Nous n'avons pas à tout savoir. En revanche, si ce garçon empêche manifestement ses camarades de travailler – car il suffit d'un seul individu dans une classe pour cela –, qu'allons-nous faire de lui ? Qu'allons-nous faire pour lui ?

Une multitude de situations différentes

L'incident évoqué par le père de Sandra montre que son professeur a manifestement choisi, à ce moment-là, de donner la préférence à d'autres élèves. Probablement a-t-elle eu raison. Car – pour ce qu'elle a pu en juger sur le moment – ces élèves avaient besoin d'elle de manière plus urgente et ce soutien était une priorité professionnelle.

Et, justement, si le professeur ne s'était pas occupé particulièrement de ces élèves-là, leurs parents, eux, ne seraient sans doute pas venus me trouver pour se plaindre. Alors que le père de Sandra n'a pas hésité, lui, à décrocher son téléphone pour demander un rendez-vous. Cette démarche est, pour lui, naturelle. « Naturelle » ? Si l'on peut dire ! En réalité, nous appartenons, lui et moi, à la même culture, nous avons les mêmes codes. Nous n'hésitons pas à nous rencontrer et à discuter. Il n'a pas peur de moi et je n'ai pas de prévention particulière contre lui.

En revanche, il y a des parents qui ne téléphoneront jamais au proviseur du lycée. Pour eux, c'est un personnage lointain devant lequel on craindrait de se révéler gauche et emprunté. En face des enseignants, ces parents-là se retrouvent comme des élèves pris en faute et que l'on regarde avec un peu de mépris.

Certains passent alors parfois d'un extrême à l'autre. Et c'est l'agression physique. Le principal du collège où Sandra se trouvait encore l'an passé a été attendu devant sa voiture, il y a quelques semaines, par un père d'élève qui l'a bousculé et qui l'aurait sans doute « passé à tabac » si deux passants un peu musclés n'étaient intervenus. Pour ce parent d'élève irascible, c'était là le seul moyen de protester contre ce qu'il estimait être une injustice à l'égard d'un de ses fils. Que faire ? Le principal a porté plainte pour préméditation, agression et voies de fait. C'est un pis-aller, quand il faudrait engager le dialogue. Car si le moyen était répréhensible, le motif méritait peut-être d'être examiné. Mais on ne peut pas, non plus, laisser la violence faire la loi.

Voilà trois cas – l'incompréhension entre le professeur principal et les parents de Sandra, le problème du garçon insupportable en classe, le père qui agresse le principal – qui illustrent bien tout le chemin qui reste à parcourir pour que le dialogue entre les parents et les enseignants devienne possible, dans le respect des prérogatives des uns et des autres.

L'École contre la famille : une vieille histoire...

La place de la famille dans l'école, ainsi que le rôle respectif des enseignants et des parents, est un vieux problème. Condorcet, dès la Révolution française, a proposé, sur cette question, une théorie radicale mais cohérente : l'école devait être, pour lui, une entreprise destinée à contrebalancer l'emprise idéologique des familles, elles-mêmes sous la coupe du clergé ou de manipulateurs habiles. Et l'école reçut effectivement pour mission d'éclairer les esprits des enfants contre l'obscurantisme des pères.

Il y eut alors un partage des tâches qui est longtemps allé de soi : à l'école, l'instruction ; à la famille, l'éducation. Mais, dans la réalité, l'instituteur a toujours été investi de l'éducation morale de ses élèves qui, d'une certaine façon, était un peu ses ouailles à lui, « anticuré laïque ». Condorcet, pourtant, avait lui-même mis en garde l'école contre ce qu'il considérait comme un dévoiement : qu'en endoctrinant à son tour, elle se fasse « éducatrice ». À ses yeux, contrebalancer l'emprise des familles, c'était « émanciper les esprits » de toute influence extérieure, leur rendre leur liberté de juger par eux-mêmes. Mais ce n'était surtout pas les faire adhérer à un nouveau catéchisme ou les entraîner dans un élan d'affection irraisonnée pour les valeurs de la République. Il ne fut pas entendu. L'école de Jules Ferry a voulu autant conquérir les cœurs qu'émanciper les esprits.

Il y eut donc bel et bien, dès le début de notre École républicaine, un conflit entre les valeurs familiales, souvent demeurées très conservatrices, bourgeoises ou paysannes, et les valeurs de l'École, officiellement progressistes. Les difficultés considérables – et les bagarres politiques héroïques – pour définir la « neutralité », voire la « laïcité » elle-même, viennent de là.

Aujourd'hui, bien des penseurs de la laïcité rappellent la mise en garde de Condorcet. C'est le cas de Christian Nique et Claude Lelièvre quand ils écrivent, non sans un brin de provocation : *La République n'éduquera plus*. Et bien des enseignants ont tendance à comprendre leurs analyses comme une mise en garde : revenez à votre mission et contentez-vous d'elle. Votre travail est d'instruire pour « émanciper les esprits », non d'éduquer en vous laissant engluer dans la sollicitude à l'égard des problèmes de vos élèves. Vous n'êtes ni de « gentils organisateurs », ni des bonnes à tout faire, ni des psychiatres, ni des pères et mères de substitution.

La réaction du professeur principal de Sandra s'explique peut-être, en partie, par cette volonté de réserve. Elle semble refuser de faire attention à une élève en particulier pour lui préférer un groupe en difficulté : c'est que le problème de Sandra lui semble mineur et plutôt dans un registre psychologique qui ne relève pas de sa compétence. Elle ne peut pas tout faire ! Elle choisit donc ce pour quoi elle a été formée et recrutée : apporter à des élèves une aide appropriée dans le domaine spécifique de l'acquisition des savoirs.

Pourtant, cette enseignante sait bien que le partage des tâches entre la famille – qui gérerait l'affectivité – et l'école – qui se contenterait de s'occuper des savoirs – n'est jamais aussi simple qu'on pourrait le croire. Le cas du garçon évoqué plus haut le montre, hélas, avec une logique imparable : les problèmes psychologiques et affectifs de cet adolescent (« Personne ne m'aime ! ») sont bien à l'origine de ses difficultés proprement scolaires. Ce qui se passe à la maison (ou ce qui ne s'y passe pas !) influe sur ce qui se passe (ou ne se passe pas) à l'école, et vice versa. De cela, les professeurs ont parfaitement conscience.

La famille avec l'École : une nécessité pour aujourd'hui

Dans le cas de ce garçon, seule une action conjointe de la famille et du lycée peut résoudre un problème personnel dont les comportements en classe ne sont que l'une des manifestations. Il faudra, pour l'aider, que ses parents et ses enseignants se parlent : que les parents soient conscients de ce qui se passe en classe et des blocages dont cela témoigne, qu'ils cherchent ensuite, de leur côté, ce qu'ils peuvent faire pour rassurer leur enfant. Les enseignants, grâce aux informations fournies par les parents, pourront alors se demander comment valoriser certaines compétences de cet élève, qu'ils n'avaient peut-être pas encore identifiées ; ils s'efforceront de pointer au mieux les réussites possibles et de recréer ainsi un climat de confiance. L'amélioration des relations familiales et du comportement scolaires iront alors de pair : plus à l'aise dans sa famille, l'élève sera moins pénible à l'école ; plus reconnu à l'école, il sera moins exigeant avec sa famille.

Les enseignants disent trop souvent que les difficultés de leurs élèves sont dues à des problèmes familiaux... alors que s'il réussissaient mieux dans les apprentissages scolaires, les élèves pourraient sans doute faire face plus facilement à leurs problèmes familiaux. Les parents croient trop souvent que les difficultés qu'ils rencontrent en famille avec leurs enfants sont dues à des échecs scolaires... alors que, s'ils savaient créer un climat plus serein en famille, leurs enfants réussiraient souvent mieux à l'école.

Certes, les parents ressentent encore souvent de la réticence de la part des enseignants quand ils veulent parler avec eux des problèmes de leurs enfants. Mais les choses changent. Les fédérations de parents revendiquent le principe de la coéducation. Les syndicats d'enseignants ne s'opposent plus à ce principe. Les parents ont acquis un « droit d'entrée » à l'école publique, dans ses instances représentatives comme les conseils de classe ou les conseils d'administration. Il est loin le temps où figurait, à la porte de tous les établissements scolaires, l'écriteau : « Entrée interdite à toute personne étrangère au service. »

Parents encombrants et absents chroniques

Mais il existe des parents, tellement angoissés par l'ampleur des enjeux d'une scolarité, tellement tétanisés à l'idée du déclassement social qui menacerait leurs enfants en cas d'échec, qu'ils se comportent comme des clients encombrants, exigeants, donneurs de leçons, voire agressifs. Ils sont vindicatifs à la moindre difficulté. Et ils exercent sur l'école et les enseignants, comme sur leurs propres enfants, une pression parfois terrible qui conduit, le plus souvent, au bachotage obsessionnel, au détriment d'une véritable formation.

À l'opposé de ces parents, qu'on pourrait dire trop présents, il y a les absents chroniques. Les enseignants regrettent l'absence de contact avec eux, surtout si ce sont leurs enfants qui ont le plus de difficultés. Je suis persuadé que le professeur de mathématiques de Sandra souhaiterait vivement rencontrer les parents des adolescents dont elle s'occupait, à l'occasion de cette activité de soutien au cours de laquelle on est venue l'interrompre.

Ces parents, trop éloignés de l'école, font partie, pour beaucoup, de ces « nouveaux parents », ceux dont les enfants accèdent depuis peu à l'école. Ils sont, bien souvent, les moins initiés aux rouages de la machine scolaire, les plus démunis, les plus en décalage avec la culture et la langue des enseignants. Ils savent seulement que l'échec scolaire est synonyme d'exclusion sociale. C'est pourquoi ils ont honte de l'échec de leurs enfants, honte d'en parler. Ils ont le sentiment que les rares rencontres qu'ils ont eues avec les enseignants n'ont été que des séances de reproches. Cette situation est d'autant plus douloureuse qu'ils ont, quand ils viennent dans les murs de l'école, l'impression de revivre un passé scolaire personnel plus ou moins chaotique.

Face aux parents « encombrants » et aux parents trop absents, mais face aussi à tous les autres, la responsabilité des enseignants et des cadres éducatifs est grande : c'est à eux de proposer des occasions de rencontre, de dédramatiser les situations tendues pour qu'un dialogue serein puisse avoir lieu. C'est à eux à de permettre qu'une parole puisse se tenir, dans un registre constructif. En se demandant ensemble comment chacun des partenaires peut, de son côté et avec ses moyens propres, contribuer à la réussite d'un élève... qui est toujours aussi le fils ou la fille de ses parents !

Multiplier les occasions de rencontre entre les parents et l'école

Les fédérations de parents d'élèves, de leur côté, organisent déjà, un peu partout, des réunions de parents et contribuent à les informer pour qu'ils participent plus activement à la vie de l'établissement, à travers ses instances officielles comme à l'occasion de rencontres plus informelles. Souvent, elles le font en concertation avec l'administration de l'établissement qui s'appuie sur elles pour dénouer des situations difficiles, parce que le niveau d'une classe devient problématique, que de graves problèmes de discipline sont apparus ou encore qu'on a découvert un racket ou un trafic de drogue. Mais il n'est pas bon d'attendre la crise pour provoquer la rencontre, en convoquant en catastrophe une réunion qui devra travailler « à chaud ». C'est tout au long de l'année qu'une véritable démarche de partenariat doit être mise en œuvre. C'est en permanence que les questions du racket, de la drogue, mais aussi de l'usage de la télévision ou de la presse, de la politesse et de la violence, des bulletins de notes et du travail à la maison... peuvent être abordées entre les parents et les enseignants – sans oublier les élèves, bien sûr, surtout au lycée !

Les établissements ont, de plus, la responsabilité d'organiser des rencontres régulières avec les parents où de véritables échanges puissent avoir lieu. Ces regroupements peuvent s'effectuer selon diverses configurations : parents d'une même classe, parents des élèves étudiant la même langue vivante, parents d'élèves participant à une même activité, parents intéressés par la même question, etc. On peut, à ces occasions, valoriser les réalisations des élèves avec leurs professeurs : du journal scolaire au montage vidéo, en passant par la construction de la maquette d'une ville romaine, en collège, ou d'une voiture de karting en lycée professionnel.

Toutes ces rencontres peuvent être de précieuses occasions pour tenir un discours positif, identifier ce qui réussit, réfléchir en commun aux moyens de mieux impliquer les élèves dans leur travail, inventer ensemble des solutions nouvelles. Cela peut se faire en abordant avec les parents la question du projet d'établissement, des moyens à mettre en œuvre pour le réussir et des outils pour en évaluer l'efficacité. Cela peut se faire en organisant des réunions de travail pour préparer des collaborations futures : les parents, en effet, peuvent mettre ponctuellement au service de l'établissement leurs compétences professionnelles ou personnelles. Cela peut se faire chaque fois qu'un problème particulier surgit : il peut être particulièrement utile, par exemple, de mettre en place, en début d'année scolaire, des rencontres entre chaque élève qui redouble, sa famille et le professeur principal ; en commun, ils pourront analyser les difficultés de l'année précédente, se fixer des objectifs simples et réalistes pour l'année en cours, s'interroger sur la manière d'organiser le travail, de faire profiter les autres élèves de la classe des compétences déjà acquises, de se mettre à flots dans les matières où il y a le plus de lacunes, etc. Il s'agit, en définitive, de reconnaître simplement ensemble qu'on ne croit pas en la fatalité de l'échec et de se mobiliser pour réussir.

Les Instituts universitaires de formation des maîtres, de leur côté, doivent éclairer les jeunes enseignants, en particulier sur la complexité de la relation aux parents et sur les techniques d'entretien. Car, c'est souvent la peur qui paralyse ici les différents partenaires, une peur qu'il faut absolument lever, avant qu'elle ne se transforme en méfiance ou agressivité.

Limiter le comportement consumériste de certains parents, d'une part, réconcilier les autres avec l'école, d'autre part, sont deux tâches bien difficiles et différentes. Elles visent pourtant au même but : faire de l'École le lieu de la construction d'un pays plus démocratique. Et c'est au jour le jour, avec toutes les Sandra qui peuplent nos écoles, que nous avons à réaliser cette tâche.

POUR ALLER PLUS LOIN

Gayet, D. (sous la direction de), *L'École contre les parents*, Paris, INRP, 1999.

Montandon, C., Perrenoud, Ph., *Entre parents et enseignants : un dialogue impossible ?* Berne, Peter Lang, 1987.

Nique, C., Lelièvre, C., *La République n'éduquera plus*, Paris, Plon, 1993.

Obin, J.-P. (sous la direction de), *Questions pour l'éducation civique*, Paris, Hachette, 2000.

CINQUIÈME PARTIE

PROJETS ET UTOPIES

« Assez de pédagogie... qu'on travaille enfin ! » *ou* comment y voir clair dans un vieux débat

Daniel Hameline
professeur honoraire de l'université de Genève

« Nous avons l'impression que certains enseignants, qui se prétendent "pédagogues", sont en réalité des démagogues. Ils disent qu'il faut adapter l'enseignement à la "demande" des élèves. En réalité, ils se laissent dicter leur conduite par le désir de beaucoup de jeunes d'esquiver les difficultés et de refuser tout effort. Ils nous expliquent qu'il faut "rendre l'élève actif", "prendre en compte ses besoins", mais cela n'amène-t-il pas à abandonner toute véritable exigence culturelle ? Pour rendre les savoirs accessibles, n'en vient-on pas à remplacer la véritable transmission par une vague animation socioculturelle ? Certains enseignants, sous prétexte d'être "proches des jeunes", n'hésitent pas à transformer leur cours en une espèce de "Club Med". L'ambiance est "sympa". Mais on n'y fait pas grand-chose. Ce n'est pas aux élèves de dicter aux professeurs le programme et la méthode. C'est aux enseignants de s'imposer, et d'imposer. C'est le prix à payer pour toute éducation véritable. »

En 1967, un universitaire américain, Neil Postman, publiait un ouvrage intitulé *Teaching as a Subversive Activity*. Douze ans après, en 1979, il faisait paraître un autre livre dont le titre semble un écho paradoxal du premier : *Teaching as a Conserving Activity*.

Il n'est pas nécessaire d'être très fort en anglais pour saisir le sens de ces deux titres, et avoir l'impression qu'ils se contredisent : le premier considère l'enseignement comme une activité « subversive », le second comme une activité « conservatrice » ou de « conservation ». L'explication, me direz-vous, est tout à fait facile. 1967 : c'est, aux États-Unis, l'année fameuse de la *subversive activity* dans tous les domaines. L'auteur était alors gauchiste. Douze ans après, il se retrouve néo-conservateur – quand est venu, un peu partout, le temps de la *conserving activity*.

Ce serait effectivement une évolution banale : on pourrait faire une litanie avec les noms de nos propres soixante-huitards qui se retrouvent aujourd'hui potiers en Ardèche... ou conseillers dans un cabinet ministériel. L'auteur devait être un de ces « pédagos » subversifs. Il célébrait dans sa classe la fête émancipatrice. Il a rentré ses pétards... quand il s'est aperçu que ce n'était pas des pétards pour rire, ou que le rire était jaune. Fini de rigoler, justement. Le voici « prof », dénonçant le « pédagogisme ». Il vient désormais en classe pour faire travailler et apprendre à respecter les valeurs. Il le dit bien haut. Il en fait même un livre : *Conserving Activity*.

Eh bien non ! Vous avez tout faux. En réalité, les deux ouvrages se complètent mutuellement. Car, on ne peut rien comprendre à ce qu'est enseigner sans inscrire d'emblée cette activité au cœur d'une opposition : enseigner, c'est, nécessairement et tout à la fois, « subvertir » et « conserver ». Enseigner, c'est toujours agir au sein d'une contradiction. Mais la pédagogie, en l'occurrence, n'est pas l'art de « se tirer » de la contradiction, c'est *l'art de la reconnaître et d'en tirer le moins mauvais parti*.

Le théâtre scolaire et ses figures

On peut évidemment préférer une solution plus théâtrale, opposant radicalement, dans nos débats *alla francese*, les partisans des deux options. Il suffit de répartir les tâches – *subversive activity*, *conserving activity* – entre deux groupes d'acteurs, prêts à incarner les bons face aux méchants. Évidemment chacun désignera les bons et les mauvais selon ses préférences ou ses penchants.

Lever de rideau. Aux uns la subversion. À gauche, côté jardin. Avec l'uniforme de rigueur... En l'occurrence, ce serait plutôt l'absence de rigueur. L'idéologue camouflé en pseudo-copain. Proximité conviviale. Socrate assis sur la table – et sur le programme –, dialoguant à la bonne franquette à propos des sujets du jour avec des élèves décontractés... « Le lycée sans peine ».

Aux autres, la « conservation ». À droite, côté cour. Uniforme opposé. Tenue stricte. Sévère mais juste. Enseignement magistral, cela va de soi. Leçons superbement balancées. Distance courtoise. L'incarnation même de l'institution du savoir. Pas de concession à l'air du temps. Passéisme par résolution. Le lycée sans fard.

Qui ne voit que cette division en deux camps est une caricature ? Dans la réalité, en effet, les manières s'entremêlent toujours et les traits s'embrouillent. Il n'existe pas – et, heureusement – de type « pur » d'enseignant. Mais, dans le débat d'idées, une vigoureuse opposition des figures permet le simplisme, sous couvert de la rigueur. Elle autorise les procès d'intention. Elle alimente un vivier indispensable à la survie de nos détestations : la réserve d'adversaires. Elle nous écarte de l'essentiel : assumer la contradiction inhérente à tout acte pédagogique. Or, c'est à cela – à cette simplification insupportable – que le « pédagogue subversif » doit précisément « résister ». Préfaçant, en 1981, la traduction française, avec D. J. Piveteau, j'ai proposé comme titre au livre de Postman : *Enseigner, c'est résister*.

Faire apprendre : une activité contradictoire

Faire apprendre quelque chose à quelqu'un c'est l'engager dans un double mouvement contradictoire. C'est le stabiliser dans la confiance en soi : « Oui, je t'estime capable... » ; et c'est le déstabiliser dans la méfiance à l'égard de soi : « Non, tu n'es pas encore au bout de tes peines... » Faire apprendre quelque chose à quelqu'un, c'est l'encourager à se développer à partir de soi et de son propre chef. Mais c'est aussi lui faire accepter une vérité difficile à entendre : que l'on ne devient soi-même qu'altéré par les autres. On ne *prend* vraiment que dans la mesure où l'on reconnaît que l'on *reçoit*. Et recevoir d'autrui blesse la complaisance à soi. Reconnaître sa dette est une épreuve. Toujours.

Faire apprendre quelque chose à un élève, c'est aussi lui apprendre à s'évaluer. Et s'évaluer soi-même *justement* est un des actes les plus difficiles qui soit. Toute personne qui intervient pour en évaluer une autre au cours d'une formation assume, de ce fait, une responsabilité éducative. Pourquoi ? Pour une raison bien simple : il dispose d'un pouvoir sur l'image que les gens se font d'eux-mêmes, et sur l'estime qu'ils se portent. L'évaluateur pose un diagnostic : « Pas très fort, votre devoir, vous n'avez rien compris ! ». Mais ce diagnostic ne peut pas ne pas être entendu comme un pronostic. Mettons que ce pronostic soit pessimiste : « Vous n'y arriverez jamais... ». Ajoutons même que ce pronostic a toutes les raisons d'être fondé. Tous ceux qui instruisent et évaluent les autres doivent, un jour ou l'autre, avoir le courage de choisir l'attitude juste : *décourager l'élève sans le détruire, l'encoura-*

ger sans le tromper sur lui-même. Difficile métier qui demande de la « pédagogie ». Car c'est peut-être là que la résistance risque le plus de devenir endurcissement.

Les enseignants ne sont pas les bonnes à tout faire

Car, après tout, les états d'âme des enfants, qu'est-ce que les enseignants en ont à faire ? De quoi les enseignants ont-ils à se mêler, au demeurant ? Je viens de relever comme inévitablement éducative la contradiction fondamentale de l'acte de faire apprendre et de l'acte d'évaluer. Mais, en faisant ce constat, je reste dans les limites du métier d'instruire. Prononcer des décisions d'orientation est au cahier des charges des enseignants. Le faire avec équité est une règle de déontologie professionnelle. Expliquer ces décisions, les « accompagner » quelque peu psychologiquement, relève de l'éthique élémentaire. Mais il doit bien arriver un moment où cette responsabilité proprement éducative du métier d'instruire s'arrête.

Le *hic*, c'est qu'il n'est pas simple de le déceler, ce moment-là, le moment où l'on dégage sa responsabilité. Et en être capable *justement, c'est-à-dire avec justesse et avec justice,* c'est se montrer « pédagogue » au plus haut degré. J'ai entendu un jour le psychologue François Marchand déclarer, non sans un humour un peu cruel, qu'à témoigner à ses élèves une sollicitude inconsidérée, l'enseignant pouvait devenir « quelqu'un qui patauge avec ses névroses dans les névroses d'autrui ». Mais il ajoutait que refuser d'entendre les appels au secours qui se cachent parfois sous une question anodine ou sous une attitude incompréhensible et répréhensible, peut être passible du délit de « non-assistance à personne en danger ». Le rôle des enseignants n'est pas de consoler les élèves. Il n'est pas de les désoler non plus.

Ce fut l'une des affirmations fortes de Postman, il y

a vingt ans : l'école ne saurait devenir la bonne à tout faire d'une société qui laisse à l'abandon les détresses de ses membres, et même leur élémentaire éducation. L'école n'est pas le substitut des autres institutions défaillantes. Ses agents ont à y faire leur devoir de citoyens solidaires. Un citoyen solidaire est à la fois exigeant et secourable. Mais qu'on assigne les enseignants, et eux seuls, à fournir la « grande oreille » dont la jeunesse a besoin pour se sentir écoutée, c'est qu'on les prend pour le bon Dieu. Et, de toute évidence, ils ne sont pas le bon Dieu, même s'il arrive que l'un ou l'autre fasse parfois un miracle...

Le développement du « Programme premier »

Postman constatait, à travers ses deux livres, que l'ambivalence des humains à l'égard des savoirs n'a fait qu'augmenter dans la culture contemporaine. Celle-ci est marquée par un double mouvement contradictoire. On sait aujourd'hui beaucoup de choses, mais on les sait souvent très mal. Comme le rappelle Thomas de Koninck dans *La Nouvelle Ignorance et le problème de la culture* : *« Nos gains inouïs de connaissance se paient en gains inouïs d'ignorance. »*

D'une part, ce sont de petits réseaux d'initiés qui détiennent – et retiennent – les savoirs. La connaissance est éclatée. La multiplication des savoirs humains est exponentielle. Leur complexification et leur cloisonnement sont indéfinis. Au début des années soixante-dix, la Fondation européenne pour la culture commandait plusieurs études prospectives qui furent intitulées un peu pompeusement « Plan Europe 2000 ». Il en sortit un rapport sur *L'Enseignement de l'an 2000* dont le principal rédacteur fut le psychologue français Maurice Reuchlin. S'appuyant en particulier sur les travaux du mathématicien Pierre Pigagniol, Reuchlin escomptait qu'en moins de trente ans, le volume des connaissances accumulées serait au moins multiplié par huit. Il prévoyait juste. Il prévoyait aussi, par voie de conséquence, que l'enseignement serait pris entre deux impératifs contradictoires : accentuer la spécialisation de haut niveau dès les études initiales, faire face à la dequalification inévitable de nombreux débouchés traditionnels. Il n'y a aucune raison que le mouvement d'atomisation des connaissances s'arrête. Étroitement lié à des modifications technologiques dont nous constatons le rythme vertigineux, ce mouvement fait qu'une bonne part des connaissances est déjà périmée au moment où leur diffusion se généralise.

Mais, d'autre part, cette diffusion s'effectue sur des réseaux que les savants ne contrôlent plus. Les savoirs y deviennent des « informations », c'est-à-dire des produits transportables, périssables et cotés sur des bourses aux valeurs douteuses. Postman annonçait, il y a vingt ans, ce qui se passe aujourd'hui avec Internet : le vaste marché aux puces planétaire. Le « bruit » parasite y est assourdissant. N'importe qui veut vous faire prendre ses opinions – ou ses lubies – pour un savoir dont dépend, sur-le-champ, votre bonheur, la réussite de votre fille au baccalauréat, la clôture en hausse de Wall Street, la survie des dauphins ou l'avenir de la civilisation.

Relayée par l'antique télévision, incarnant la victoire de la marchandise sur l'enseignement, cette araignée prodigieuse tisse désormais les réseaux où se diffuse ce que Postman appelait, il y a vingt ans, le *Programme premier*. Mais cette programmation est sans programmeur *légitime*, qui serait responsable de l'ordre et soucieux de l'égalité des sociétés humaines devant cette gigantesque distribution.

Dans ces conditions, comment ne pas comprendre la perplexité de beaucoup d'enseignants, y compris parmi ceux ou celles qui sont, *at home*, d'intrépides internautes ? Il leur faut désormais accepter que ce qu'ils ont en charge d'enseigner à l'école n'est plus le *Programme premier*, mais ce que Postman proposait de qualifier de *Programme second*. Car, effectivement, l'enseignement scolaire n'est plus premier. Il n'est plus premier dans la hiérarchie du plaisir d'apprendre. Il n'est plus premier dans l'emprise sur les mentalités : les médias l'ont devancé dès l'âge du biberon. Il n'est plus premier dans le décompte des heures de captation hebdomadaire d'un vaste public adolescent. Il n'est plus premier dans les plans d'investissement des manieurs de capitaux. Il n'est plus premier ? Et alors ?

L'École comme « Programme second »

L'enseignement n'a pas d'avenir à singer le *Programme premier*. Mais, en revanche, il en a beaucoup à (ré)inventer le *Programme second*. Et celui-ci a de beaux jours devant lui pour un bricolage ingénieux au service de ses propres objectifs : résister, et faire apprendre la résistance. Comme le soulignait Olivier Reboul, dans *Les Valeurs de l'éducation*, résister, c'est *« promouvoir l'explication contre la seule information »*. Le but de l'enseignement est que les élèves soient capables de s'expliquer le monde et de s'expliquer avec lui.

Or, promouvoir l'explication exige des interlocuteurs qui résistent à la vitesse, comme le fait remarquer Régis Debray dans son *Introduction à la médiologie*. Car le monde médiatique communique beaucoup, mais, en définitive, explique peu. Pour une raison simple : expliquer demande de prendre son temps au risque de le perdre. La minute d'antenne coûte des fortunes. Et les petites phrases y sont de règle. Elles frappent, mais n'expliquent pas.

Le *Programme second*, celui de l'école, devrait être le programme du temps résolument et raisonnablement perdu pour le loisir d'apprendre offert à tous. Savez-vous que *scholè*, dont nous avons fait le mot « école », veut d'abord désigner en grec le lieu où il est loisible à des jeunes gens de se former en fréquentant des maîtres ? Voilà l'un des grands chantiers pédagogiques d'aujourd'hui : que l'on restaure le temps propre de la *scholè*, le temps nécessaire pour s'expliquer le monde, au sein d'une institution dont la règle serait que le savoir est chose qui se professe et se partage, autant que chose qui se détient, se diffuse ou se troque contre des peaux d'âne. Le *Programme second* – la scolarité – constitue à notre époque le seul lieu de ce temps-là pour la plupart des enfants et des jeunes.

Ainsi enseigner, c'est prendre (de) son temps pour que s'effectue l'explication, c'est-à-dire pour que soit respecté et savouré le temps au cours duquel d'autres vont comprendre. Mais tout enseignant le sait : ce temps-là est pluriel. Les vitesses ne sont pas les mêmes d'un élève à l'autre, d'un objet à l'autre, d'un moment de la vie à un autre. Et personne ne pense que le succès aux examens puisse être signe d'un enseignement réussi sur le long terme : la chance y a trop de part, et la ruse y est quelquefois le seul apprentissage qui s'y confirme vraiment. C'est ce qu'exprime l'adage que se transmet l'élite de nos « bêtes à concours » pour décrire l'art de « tromper l'ennemi » au cours d'un examen oral : « Dans le doute, j'affirme ; dans l'ignorance, je donne des détails ». La formule est cynique. Il n'est pas dit qu'elle ne marche pas. Après tout, l'apprentissage le plus fécond dans ce genre d'épreuve est peut-être l'apprentissage du culot.

Pourtant, là où s'effectue l'explication, l'aveu d'ignorance devrait trouver son lieu naturel et protégé. C'est là qu'il devrait pouvoir s'exprimer enfin sans être menacé. Hélas ! La première règle du métier d'élève est de se refuser à cet aveu : le savoir est chose qui se mime. Misérablement, dans bien des cas.

Or, *le but de l'école n'est-il pas que tous les élèves soient capables de reconnaître, y compris devant un examinateur, qu'ils savent peu et ignorent beaucoup ?*

Mais qu'ils soient en mesure de montrer que le peu qu'ils savent, ils le savent bien.

L'objectif peut apparaître trop ambitieux. J'ai écrit, en effet : « tous les élèves ». Mais n'est-il pas inévitable, voire normal, que certains élèves n'accèdent pas à cette posture aristocratique et socratique ? N'est-il pas légitime qu'elle laisse de côté les besogneux et les gagne-petit du bachotage ? Or, la pédagogie, c'est, sans gloire aucune et sans l'ombre d'une envie de pavoiser, l'entêtement à chercher et offrir toujours les moyens pour que l'accès à l'élite ne soit fermé à aucun. Postulat égalitariste. Mais par le haut. Tempéré par une double certitude : tout le monde ne peut pas accéder aux plus hautes marches du podium, même le jour où celui-ci n'est plus le piédestal exclusif des favorisés de la culture ; et il n'existe pas de potion magique qui permette de faire l'économie de l'effort d'apprendre.

Le bricolage pédagogique

Pour qui veut promouvoir l'explication comme principe central du « programme second », de nombreux moyens sont possibles. Ils vont de la parole prononcée en public jusqu'au silence attentif à l'écoute d'un seul. La leçon, le dialogue, le questionnement, la mise à l'épreuve, l'organisation systématique, l'expérience, le soutien, la programmation individualisée, le « rattrapage », la saisie de l'occasion, la confrontation et la coopération en groupe, l'apprentissage des ressources documentaires, l'évaluation qui forme, de préférence à l'évaluation qui stigmatise, etc : voilà les moyens de l'explication. Et cela demande de l'ingéniosité toujours, de l'ingénierie parfois.

Appelons ça « pédagogie ». Aucun de ces moyens n'est *le* bon. Ils sont bons quand ils conviennent. Méfions-nous toujours des faiseurs de promesses qui prétendent avoir trouvé *la* bonne méthode, la seule, la vraie, efficace pour tous et chacun. Nous savons par expérience que ce qui « marche » pour un enfant ne va pas forcément pour l'autre. Un bon enseignant est tout le contraire d'un dogmatique.

Un pédagogue n'a jamais honte d'être éclectique, si l'on qualifie par là le droit et le devoir que l'on se donne de trouver, dans la panoplie des moyens possibles, ceux qui conviennent à un individu ou à un groupe donnés dans une situation donnée. Ces moyens, le pédagogue les associera sans vergogne à d'autres moyens qui relèvent, en théorie, d'une autre logique. Comme l'écrit très justement Antoine Prost, « l'important n'est pas que les enseignants emploient telle ou telle méthode, mais que les élèves apprennent quelque chose ».

Je connais ainsi des enseignants capables de faire des exposés, clairs, diserts, bien construits, voire captivants. Certains les classeraient volontiers dans la catégorie des enseignants « magistraux », toujours prompts à prendre la parole... et à la garder. Mais voilà que les mêmes savent se transformer sans problème en « modérateurs » d'un débat de groupe. La tâche y est de faire s'exprimer les élèves et de les inciter à reformuler les propos des autres sans les surcharger ni les tirer à soi. Ces maîtres passent ainsi dans la catégorie des « non-directifs », plus prompts à écouter qu'à intervenir. Mais ils sont tout aussi capables de faire le point au moment opportun.

Ils inventent aussi, avec des collègues, des « dispositifs » pour permettre aux élèves, à d'autres moments, d'apprendre selon des parcours plus personnalisés. Les voilà devenus « didacticiens », voire techniciens ou technologues de leur discipline. Leur travail consiste alors à fabriquer ou à utiliser des exercices qui permettent aux élèves d'identifier et de dépasser les conceptions implicites, souvent inexactes mais rarement illogiques, présentes dans leur esprit, pour accéder aux notions et aux concepts élaborés par les savants. Ainsi les enseignants sont-ils pédagogues quand ils utilisent, comme les y encourage André de Peretti dans son plaidoyer *Pour une école plurielle*, une palette différenciée de techniques et de méthodes.

Expliquer requiert beaucoup d'imagination dans la recherche, non des « grands moyens », mais des « petits moyens », pour parodier un titre d'une comédie de Labiche. Voilà pourquoi la pédagogie n'est pas un art dont on se vante comme d'une série de prouesses. C'est plus de la couture de cousette que de la couture de grand couturier.

Au total, toute activité d'enseignement porte en elle-même la capacité de pervertir les intentions les plus généreuses. Résister, c'est s'interdire de passer le seuil au-delà duquel cette perversion l'emporte. C'est rester dans la contradiction, proscrire le plaisir facile des oppositions théoriques figées : attitude « permissive » contre attitude « répressive », « instruire » contre « éduquer », « recevoir d'autrui » contre « prendre » par soi-même, etc. C'est, alors, donner le temps d'accéder, par d'infinis et modestes bricolages, à l'explication de soi et du monde. Un enseignant peut n'être ni un saint ni un génie. Mais il est assigné à l'intelligence de ce qu'il fabrique. Et s'il ne veut pas qualifier de « pédagogique » cette intelligence-là, laissons-lui cette coquetterie. Elle est inoffensive.

POUR ALLER PLUS LOIN

Debray, R., *Introduction à la médiologie*, Paris, PUF, 2000.

De Koninck, T., *La Nouvelle Ignorance et le problème de la culture*, Paris, PUF, 2000.

Fondation européenne pour la culture, *L'Enseignement de l'an 2000*, Paris, PUF, 1973.

Foucault, M., *La Volonté de savoir*, Paris, Gallimard, 1976.

Giordan, A., de Vecchi, G., *Les Origines du savoir – Des*

conceptions des apprenants aux concepts scientifiques, Neuchâtel et Paris, Delachaux et Niestlé, 1987.
Hameline, D. (avec M.-J. Dardelin), *La Liberté d'apprendre*, Paris, Éditions ouvrières, 1967.
Hameline, D., *La Liberté d'apprendre, situation II*, Paris, Éditions ouvrières, 1977.
Hameline, D., *Le Domestique et l'affranchi, essai sur la tutelle scolaire*, Paris, Éditions ouvrières, 1977.
Hameline, D., *Les Objectifs pédagogiques en formation initiale et en formation continue*, Paris, ESF éditeur, 1979.
Hameline, D., *Courants et contre-courants dans la pédagogie contemporaine*, Paris, ESF éditeur, 2000.
Marchand, F., *Risquer l'éducation*, Marseille, Hommes et Perspectives, 1989.
Peretti, A. de, *Pour une école plurielle*, Paris, Larousse, 1987.
Postman, N., *Enseigner, c'est résister*, Paris, Centurion, 1981.
Prost, A., *Éloge des pédagogues*, Paris, Seuil, 1985.
Reboul, O., *Les Valeurs de l'éducation*, Paris, PUF, 1992.

« Hors de la réussite scolaire, point de salut ! » *ou* comment faire de l'École un lieu créateur d'humanité

Albert Jacquard
généticien
professeur d'« humanistique » à l'Université du Tessin

« Les parents son prêts à entendre un certain nombre d'arguments en faveur d'une pédagogie plus centrée sur la coopération et moins sur la compétition. Ils sont sensibles à la nécessité d'éveiller les enfants à la solidarité. Ils voient bien les dégâts psychologiques que peut provoquer l'obsession de la réussite scolaire... Mais ils s'inquiètent néanmoins : ne faut-il pas, quand même, préparer les enfants à assumer la société dans laquelle ils vont entrer ? S'ils sortent d'une école fraternelle pour entrer dans un monde de combattants individualistes, ne vont-ils pas être broyés ? Peut-on vraiment imaginer une société qui soit fondée sur des valeurs nouvelles, en rupture avec la compétition acharnée ? Nous voulons bien y croire mais ne faudrait-il pas que l'école donne l'exemple ? »

Beaucoup de parents attendent de l'école qu'elle fasse de leurs enfants des « gagnants ». Il faut alors assumer cette évidence : si leurs enfants gagnent, beaucoup d'autres vont perdre. Essayons d'en tirer les conséquences.

La structure du système éducatif est nécessairement le reflet d'un projet de société. Or, un projet de société ne peut être fondé que sur une définition de l'homme. Au cours du siècle qui s'achève, les avancées de la science ont totalement renouvelé notre regard sur l'univers et, dans cet univers, sur la partie qui nous passionne le plus : nous. Après les remises en cause conceptuelles qu'impliquent la relativité d'Einstein, la physique quantique de Bohr, Heisenberg, Dirac et tant d'autres, l'expansion de l'univers de Hubble, l'indécidabilité de Gödel, et, surtout, la découverte du rôle de la molécule d'ADN dans le développement des êtres vivants, il n'est plus possible de donner de la personne humaine la même définition qu'autrefois. En montrant que la Terre n'est qu'une planète banale tournant autour d'une étoile ordinaire, Copernic et Galilée avaient apporté un ferment révolutionnaire dans la pensée des philosophes et des théologiens. Combien plus lourd de conséquences est le constat que l'univers a une histoire, et que cette histoire, longue de quelque quinze milliards d'années, a abouti à son chef-d'œuvre provisoire et local, l'être humain.

Bouleversement plus profond encore : la découverte de l'ADN a réduit à rien le mystère de la « vie ». Cette molécule explique, en se référant à des processus banals d'interaction entre structures chimiques, les pouvoirs des êtres qui en sont pourvus. La reproduction elle-même n'est que le résultat du jeu des atomes constituant cette double hélice.

Une nouvelle définition de l'homme

Tous les objets présents dans le cosmos ont ainsi la même origine ; selon l'expression des astrophysiciens, tous, humains, chimpanzés, bactéries ou cailloux sont des « poussières d'étoiles ». Comment, avec cette vision, fonder le respect que nous, les hommes, revendiquons ?

Certes, nous nous distinguons par quelques traits spécifiques, comme la marche debout ou la complexité du système nerveux central. Mais, en prolongeant la recherche dans cette direction, on ne trouve que des caractéristiques de la nature ; si merveilleuses soient-elles, elles ne peuvent justifier notre exigence de respect. C'est en fonction d'une performance singulière qu'il faut fonder celle-ci. Pourquoi pas dans la faculté de « se savoir être » ?

Tout, autour de nous, est. Mais nous sommes apparemment seuls à savoir que nous sommes. Cette conscience, qui nous permet de dire « je », n'est pas un cadeau de la nature ; notre patrimoine génétique ne comporte aucun gène nous incitant à dire « je ». À moins d'imaginer une intervention divine nous dotant d'une âme (hypothèse non réfutable et, par conséquent, non scientifique), force est d'admettre que cette capacité est le résultat de la rencontre des autres. « Je dis : je » car d'autres m'ont dit : « tu ».

Ce constat aboutit à regarder chacun des membres de notre espèce en y constatant la présence de deux réalités : d'une part, des individus faits par la nature, au moyen de mécanismes maintenant bien élucidés de reproduction et de choix aléatoires de gènes transmis de génération en génération ; d'autre part, des personnes auto-construites grâce à la rencontre des autres. L'exigence de respect concerne avant tout les personnes, elle ne rejaillit sur les individus que dans la mesure où, dès leur conception, ils sont des personnes humaines potentielles.

Ce double regard est, étrangement, admis de façon implicite par le terme « éduquer » que l'on peut analyser (sans doute au mépris de la véritable étymologie) comme signifiant « conduire hors de soi-même ». L'éducation fait sortir la personne de l'individu à la façon dont le papillon sort de la chenille. Avec cette différence que les caractéristiques du papillon sont programmées entièrement par le génome de la chenille, alors que celles de la personne dépendent essentiellement de l'apport de l'environnement humain.

Quelle société pour quel homme ?

Prise au sérieux, cette conception réaliste de l'être humain aboutit à une remise en cause radicale des objectifs de nos sociétés. Cet objectif ne peut être que d'apporter à chacun les matériaux de son auto-construction, en rendant ses rencontres aussi fécondes que possible. Certes, la société doit aussi apporter tout ce qu'exigent les besoins des individus, en nourriture, en chaleur, en protection, car il faut bien que les métabolismes de la survie puissent se prolonger. Mais il se trouve que les progrès techniques permettent de faire face à ces besoins avec de moins en moins de travail. La voie est donc enfin libre pour donner leur véritable importance aux activités fondamentales spécifiques de l'espèce, celles qui concernent les personnes, celles qui, par conséquent, favorisent les rencontres.

La société qu'ont mise en place les cultures occidentales est loin d'être un modèle en ce domaine, en raison notamment de son choix, de plus en plus marqué, de la compétition comme moteur de l'activité. Être en compétition, c'est vouloir l'emporter sur l'autre, c'est donc ne plus pouvoir échanger avec lui, c'est le tarir en tant que source de soi. Certes, cette recherche peut nous amener à nous dépasser nous-mêmes ; mais la finalité est celle d'une victoire sur l'autre. Nous sommes ainsi conduits à regarder comme une défaite un dépassement de soi lorsqu'il n'a pas permis de dépasser l'autre, alors qu'en fait le seul objectif raisonnable, l'emporter sur soi, était atteint. La seule attitude vraiment utile est celle non de la compétition, mais de l'émulation ;

celle-ci nous incite à nous comparer aux autres, non pour les dépasser, mais pour prendre la mesure de nos progrès possibles lorsque les autres nous dépassent.

Le goût destructeur, collectivement suicidaire, pour la compétition est si bien accepté par notre société que la simple évocation de son rejet paraît pure utopie. Une interprétation simpliste des idées darwiniennes fait croire que, dans la nature, la lutte pour la vie a été à l'origine de l'amélioration des espèces. Accepter cette lutte au sein de notre société serait ainsi nous conformer aux grands mécanismes du cosmos, nous conformer aux « lois de la nature ». C'est oublier que l'évolution des espèces a donné un rôle parfois décisif à des individus ayant reçu des mutations défavorables et peu armés pour la lutte. C'est oublier, surtout, que nous sommes capables de dire « non » à la nature et que ce « non » est la source de nos plus belles victoires, celles, par exemple, obtenues dans notre lutte contre la maladie, contre la mort des enfants. La nature ne peut nous dicter notre morale ; ce n'est pas chez elle que nous devons chercher des règles de comportements.

La lucidité nous contraint à constater que le jeu généralisé de la concurrence entre les entreprises ou entre les États, de la compétition entre les individus, aboutit actuellement à une course folle vers toujours plus de consommation, épuisant les ressources non renouvelables de la planète et détériorant son climat. Une attitude plus respectueuse des contraintes est nécessaire et urgente.

Comment faire bifurquer la société occidentale ?

L'écart est si grand entre la société souhaitable excluant, ou du moins limitant, la compétition, et la société occidentale actuellement dominante, que la transformation semble irréalisable. Sauf à imaginer un accident historique d'une telle ampleur qu'il entraînerait une remise à zéro de toutes les attitudes de la vie en commun.

Cet accident prendra peut-être la forme d'une révolte violente de ceux qui se sentent exclus de la répartition des richesses produites. Les inégalités sont si scandaleuses, à l'intérieur des sociétés comme entre celles-ci, que l'hypothèse d'une sage attente de jours meilleurs par les plus démunis est peu réaliste ; leur patience atteindra un jour sa limite ; leur exaspération risque de les conduire alors à des débordements incontrôlables. Les récentes réactions populaires contre les projets de mondialisation proposés par les technocrates des pays nantis sont le signe d'une révolte prête à exploser.

Peut-être, au contraire, cet accident se produira-t-il au cœur même des temples de la finance triomphante et sera-t-il le résultat d'un dysfonctionnement soudain des mécanismes mis en place pour réguler les échanges ? L'hypothèse d'un éclatement de la bulle financière internationale, devenue sans commune mesure avec le volume des échanges de biens et de services, entraînant un krach boursier généralisé, aux conséquences dévastatrices, fait partie des scénarios envisageables à moyen terme.

Quelle que soit la nature de l'accident provoquant un sursaut, attendre qu'il se produise pour faire bifurquer le « comment vivre ensemble » des six milliards d'humains vers une direction plus raisonnable serait une solution de désespoir, car le coût humain de ce soubresaut, qu'il soit financier, économique ou social, risque d'être terrible.

Il est peut-être encore temps de provoquer une révolution tranquille. Elle ne pourra changer le cours de l'histoire que grâce à une adhésion de la majorité des hommes à un objectif à long terme, et non plus à l'actuelle recherche permanente, épuisante de petites victoires individuelles, quotidiennes, provisoires, débouchant sans fin sur d'autres affrontements.

L'outil de cette mutation des esprits existe : l'école. Son rôle est d'offrir aux petits d'homme le trésor de réflexion, de compréhension, d'interrogations, accumulé par l'espèce depuis qu'elle a pris conscience de sa propre existence. C'est à l'école que l'individu se transforme en personne. C'est donc à l'école que la collectivité humaine peut provoquer sa propre réorientation.

Loin d'être le lieu de ce ressourcement, l'école d'aujourd'hui est utilisée pour assurer la continuité des comportements agressifs de génération en génération. Les formules toutes faites assenées aux jeunes pour justifier l'obligation scolaire sont significatives de ce rôle conservateur : « À l'école, tu prépares la vie active... » Comme si les adolescents ne traversaient pas la phase la plus active de leur vie ! « Travaille pour obtenir une place dans la société ! » Comme si le devoir premier de cette société n'était pas de ménager une place à chacun ! « Obtiens de bonnes notes et tu l'emporteras sur les autres ! »... Comme s'il fallait, dès le départ, assimiler le parcours d'une vie à une succession de batailles ! Les réflexes du corps enseignant sont révélateurs d'un système éducatif affecté à la préservation de la structure sociale : les professeurs affirment sincèrement que leur rôle est de préparer les élèves aux examens ; les autorités jugent les établissements en fonction du taux de réussite à ces examens et publient des palmarès. Ce détournement de finalité unanimement accepté ne choque, hélas, presque plus personne.

D'une école qui sélectionne...

Quelques mesures symboliques permettraient, tout au moins, d'en mettre en évidence la perversité. Elles devraient, pour être efficaces, remettre radicalement en cause le véritable nœud du système, le point chaud où il atteint son acmé : les écoles dites « grandes » et, plus généralement, les filières comportant un concours où un *numerus clausus* implacable oblige les candidats à une lutte sans merci les uns contre les autres. L'exemple le plus caricatural est sans doute celui de la première année de médecine où un nombre restreint de places, fixé à l'avance indépendamment du niveau des élèves, limite les entrées en seconde année. La sélection des futurs médecins est ainsi réalisée en ne donnant leur chance qu'à ceux qui, à l'âge de la découverte du monde, des enthousiasmes face à un avenir à construire, sont capables de mettre leur énergie, leur intelligence, au service exclusif de leur lutte solitaire contre tous les autres. Pour parfaire l'incohérence du procédé, cette sélection s'opère en fonction des résultats dans des matières n'ayant que peu de rapports avec la médecine.

Certes, il est normal de n'accepter en seconde année que les étudiants capables d'en suivre utilement l'enseignement ; mais cela nécessite un examen où chacun manifeste ses propres capacités, non un concours où il doit faire croire que ces capacités sont supérieures à celles des autres.

L'argument avancé pour justifier ce concours est l'engorgement de la profession médicale : il faut bien limiter le nombre des praticiens ! Mais la régulation nécessaire devrait raisonnablement être effectuée beaucoup plus tard. Notre société est assez riche pour se donner le luxe de faire suivre quelques années d'études médicales à des jeunes qui ne seront pas médecins mais bifurqueront vers des carrières d'architectes, de magistrats ou d'ingénieurs. La formation reçue à l'occasion de ces études serait précieuse pour l'approfondissement de leur réflexion quel que soit le domaine où ils développeront leur compétence. Partout est vantée la fluidité des carrières, est évoquée la nécessité des passerelles entre professions. C'est dès l'adolescence que ces possibilités devraient être offertes.

Le vice fondamental du système des concours est de figer le destin de chacun dès la fin des études. Comment justifier d'utiliser les titres obtenus à vingt ans pour définir la compétence à cinquante ? La formule « ancien élève de... », constamment utilisée, est révélatrice de ce vice collectif. Espérons qu'elle sera bientôt considérée comme un signe d'infantilisme de notre société.

... à une école qui épanouit

Beaucoup d'autres réformes seront nécessaires pour que cette société prenne enfin au sérieux les objectifs de respect, d'égalité des chances, de justice, qu'elle proclame sans y croire. Mais, en commençant par le système éducatif, et, au cœur de celui-ci, par les institutions dotées du plus grand prestige, elle pourra peut-être conduire ces changements avec sagesse plutôt que de subir les convulsions d'une révolution brutale.

Cela est vrai au cœur de chaque nation, mais plus encore pour cet ensemble désormais interactif qu'est l'humanité. Les tensions grandissantes entre nantis et démunis, entre Nord et Sud, peuvent peut-être encore être résolues sans destructions dramatiques ; là encore, l'espoir ne peut guère être fondé que sur le développement de l'éducation.

Il ne s'agit évidemment pas d'uniformiser le contenu des programmes ou les méthodes pédagogiques, mais d'apporter à tous les jeunes humains des chances égales d'accès à la formation de leur intelligence. Peu nombreuses sont les nations qui y parviennent aujourd'hui pour leurs propres citoyens. Étendre cette égalité à toute l'humanité sera une rude tâche. Mais, par chance, les avancées techniques la rendent aujourd'hui possible.

Le concept de « patrimoine commun de l'humanité » proposé dès sa création par l'Unesco a été adopté par toutes les nations ; elles sont capables de mettre leurs ressources en commun lorsqu'il s'agit de sauver le temple de Borobudur ou celui d'Abou Simbel.

De même pourrait-on proposer le concept d' « objectif commun de l'humanité » unissant tous les États dans une dynamique collective. Le premier de ces objectifs communs devrait être la généralisation de l'accès à l'éducation. Ne peut-on imaginer que le coût des systèmes éducatifs de tous les pays de la planète soit financé par un trésor commun alimenté par tous ? Les impôts payés par les citoyens des nations les plus riches serviraient à payer les salaires des instituteurs et des institutrices des populations les plus pauvres.

La mondialisation ne soulève guère d'enthousiasme lorsque banquiers et commerçants s'affrontent pour mettre au point les règles de la concurrence. Elle susciterait un espoir unanime si politiques et éducateurs cherchaient les moyens d'enseigner à tous les hommes l'art de la rencontre.

Utopie ? Certes. Sans doute le XXIe siècle ne viendra pas au bout de cette tâche. Espérons que le troisième millénaire y parviendra.

POUR ALLER PLUS LOIN

Jacquard, A., *La Légende de la Vie*, Paris, Flammarion, 1992.

Jacquard, A., *J'accuse l'économie triomphante*, Paris, Calmann-Lévy, 1995.

Jacquard, A., *Petite Philosophie à l'usage des non-philosophes*, Paris, Calmann-Lévy, 1997.

Jacquard, A., *À toi qui n'es pas encore né(e)*, Paris, Calmann-Lévy, 2000.

L'École publique, c'est dépassé !

Walo Hutmacher
sociologue
université de Genève

Pourquoi finir par une telle question ? Existe-t-il des gens qui, délibérément ou non, sont en train de préparer la privatisation de l'École ? Certains le craignent. Un « complot » est-il en préparation ? Un groupe de pression international serait déjà à l'ouvrage, formé d'une cinquantaine d'entreprises européennes d'envergure mondiale, connu sous le nom de « Table ronde des industriels européens » (ERT dans l'abréviation anglaise) et qui bénéficierait, par ailleurs, de l'oreille attentive de la Commission de la Communauté européenne.

Le complot des entrepreneurs

Résumons ici, rapidement, les arguments de ceux qui craignent « le complot des entrepreneurs » :

— Les nouvelles technologies de l'information et de la communication changent de fond en comble les conditions d'accès à l'information et aux connaissances. Mais les écoles traditionnelles sont lentes à s'approprier ces nouveaux moyens.

— En revanche, la construction et l'exploitation de

réseaux d'enseignement et de formation à distance recèlent un important potentiel de richesses. Un véritable marché de l'enseignement est là, à portée de main.

— À la faveur du traité de Maastricht, une alliance est en train de se construire entre les milieux économiques et la Communauté européenne en vue de développer de tels réseaux.

— Le scénario des industriels serait à double détente : conserver les écoles traditionnelles, mais y rendre intensif l'usage des nouvelles technologies afin de fournir aux élèves, pendant la scolarité obligatoire, un « socle de compétences » indispensable. Ils deviendront, ainsi, par la suite, de bons consommateurs des réseaux privés d'enseignement à distance.

— En parallèle, l'ERT a aussi initié un projet plus confidentiel, voire occulte : développer un système européen d'accréditation des compétences susceptible de rendre caducs, à moyen terme, tous les diplômes nationaux européens. Ce marché de la certification constituerait, en même temps, un système de fichage des individus digne des œuvres de science-fiction les plus noires... d'où le nom de l'émission de télévision qui fit quelque bruit en développant ces thèses : « Le cartable de Big Brother ».

Le danger du manichéisme

Il y a, sans aucun doute, quelques bonnes raisons de s'inquiéter des intentions des industriels européens à notre égard. Mais il ne faudrait pas qu'en se cantonnant dans une attitude dénonciatrice, nous éludions de vraies questions qui se posent à nous aujourd'hui. Il existe bien, par exemple, une tension entre les différentes éducations nationales et la construction de l'Union européenne : la question de l'harmonisation des cursus et des diplômes devra donc être posée un jour ou l'autre. Par ailleurs, le rapport de l'École publique aux nouvelles technologies est trop souvent défensif : à ignorer ou à suspecter systématiquement ces dernières, ne s'en interdit-on pas un usage intelligent au bénéfice de tous les élèves ? Enfin, l'éducation coûte de l'argent. Elle en rapporte aussi. Il n'est pas sacrilège d'en parler. Comme il n'est pas scandaleux de demander qu'on établisse un bilan des investissements scolaires et qu'on évalue la qualité des services que l'École est censée rendre.

Les opinions sur ces questions révèlent souvent une attitude d'indignation offusquée qu'il est important de dépasser. Que les entreprises et les milieux économiques portent un regard critique sur l'École publique n'est ni surprenant ni inconvenant dans une société démocratique. Bien sûr, les enseignants ont raison de lutter pour la défense des valeurs fondamentales auxquelles ils adhèrent. Mais ils mettraient, à leur tour, la démocratie en danger si, en tant que professionnels de l'école, ils prétendaient au monopole du discours sur l'institution scolaire, ses buts et ses résultats.

La mondialisation de l'économie et la privatisation de l'École

La privatisation de l'École est-elle vraiment à l'ordre du jour alors que, dans tous les pays européens, les dépenses publiques pour l'enseignement ont atteint des niveaux records et s'y maintiennent ? Peut-on imaginer que les entreprises veuillent mettre en péril un système qui a tant contribué à la création des richesses et au développement des économies nationales ?

Mais il y a un fait nouveau : les forces économiques se déploient désormais à l'échelle mondiale. Les écoles nationales pourront-elles résister à cette mondialisation des échanges ? Car l'École publique traditionnelle, celle que nous connaissons encore, est bien une « École d'État ». Si l'État n'est plus la référence essentielle pour la vie des hommes, l'« École d'État » a-t-elle encore une justification ? La vraie question n'est donc pas : « L'État doit-il se désengager de l'éducation au profit des entreprises privées ? »... Mais, bien plutôt : « L'État – et avec lui son École – est-il voué à disparaître ? » Ou encore : « L'État doit-il, malgré la mondialisation des échanges, rester la garant d'une École qui demeure une "institution publique" ? »

En effet, quand on évoque la « mondialisation », c'est, avant tout, pour décrire la globalisation des marchés économiques. Celle-ci a effectivement connu une accélération foudroyante depuis une vingtaine d'années grâce au développement des nouvelles technologies de l'information et de la communication, dont Internet est la plus étonnante et intéressante manifestation. Ces technologies, en abolissant les contraintes de temps et de distance à l'échelle de la planète, permettent de gérer « en temps réel » – c'est-à-dire simultanément – des entreprises dont les sites de production, de contrôle et de distribution sont éparpillés à travers tous les continents.

Dans un champ de luttes féroces, un formidable processus de recomposition et de restructuration du pouvoir économique est en cours. À moyen terme, il est vraisemblable que les concentrations, les restructurations, les fusions et les délocalisations d'entreprises se poursuivront à l'échelle de la planète. Chacun d'entre nous, en tant que consommateur attaché à ses légitimes intérêts personnels, est impliqué dans ce processus : le simple geste de mettre de l'essence dans notre voiture fait de nous des artisans quotidiens de la mondialisation.

Première donnée essentielle donc : la mondialisation des échanges n'est pas vraiment un choix. C'est une réalité. Nous devons faire avec. Il nous faut la penser aujourd'hui comme nous avons pensé, jadis, la rotation de la terre et la gravitation universelle. Nous ne pouvions pas nier la pesanteur, mais, en comprenant ses lois, nous avons pu construire des avions. Nous avons gagné de nouvelles libertés parce que nous avons intégré de nouvelles contraintes.

Deuxième donnée : la mondialisation est l'aboutissement logique de l'« occidentalisation » de la Terre. Notre civilisation européenne « se diffuse » sur la planète, la « conquiert » ou encore l'« envahit », selon les jugements que l'on porte. Ce phénomène apparaît comme le dernier avatar d'un long processus de l'histoire européenne. Nous en sommes les artisans et les premiers bénéficiaires.

Les missions de l'École dans l'État-nation

Selon des modalités diverses, l'École publique fait partie de l'arsenal des méthodes de gouvernement des États-nations modernes. Les « Écoles d'État » que nous connaissons ont ainsi accompli, un peu partout dans le monde, une double mission : d'une part, intégrer et homogénéiser dans une culture commune les populations métissées et changeantes qui habitaient les territoires nationaux. Et, d'autre part, accentuer la différenciation culturelle et identitaire d'une nation donnée par rapport aux sociétés nationales « étrangères ». Il est clair que cette double mission est menacée aujourd'hui par l'apparition du « village planétaire » : dans ce dernier, les individus se replient dans des niches identitaires tout en devenant, simultanément, les citoyens d'un monde virtuel dominé par la consommation de produits standardisés.

Face à la mondialisation, l'École doit rester une affaire d'État

Dans le contexte général de la mondialisation, l'École doit-elle rester une affaire d'État ? Il faut se poser la question. On pourrait, en effet, laisser les institutions scolaires passer progressivement sous la coupe de l'économie. Ce serait sans doute beaucoup plus lent et difficile que ne l'imaginent ceux qui stigmatisent le « grand complot » de l'ERT : les traditions culturelles sont, en effet, très fortes en matière d'éducation, les programmes et les connaissances à enseigner ne peuvent être homogénéisés rapidement en raison des héritages historiques et des diversités linguistiques. Mais l'accélération des échanges entre les hommes, la multiplication de programmes de formation internationaux, le développement des nouvelles technologies de l'information et de la communication... tout cela peut amener progressivement les systèmes scolaires vers l'usage des mêmes outils, l'apprentissage de connaissances communes, voire l'adoption progressive d'une même idéologie implicite. De plus, l'existence de grandes disparités en matière éducative peut amener certains pays développés à livrer « clés en main » des programmes et des outils de formation aux pays émergents.

Ce mouvement n'est pas, en lui-même, condamnable. Il est même possible que les convergences qui se manifestent progressivement entre les systèmes scolaires soient particulièrement positives et favorisent la solidarité et la paix entre les peuples. Mais rien ne garantit qu'il en soit ainsi si cette évolution n'est dictée que par les lois du marché. Car le marché est aveugle et ne connaît d'autre principe que le profit. Les États doivent conserver le pouvoir en matière éducative :

1. Parce qu'il existe des valeurs irréductibles aux seules valeurs marchandes, même dans une société où l'éducation et la formation ont aussi une valeur marchande non négligeable.

2. Parce qu'il y va, génération après génération, de la relecture interprétative des legs de l'histoire, du présent et de l'avenir.

3. Parce que l'action éducative porte sur le long terme, que le sens et la manière de vivre ensemble dans des collectivités humaines sont ici en jeu, quelle que soit d'ailleurs l'extension de ces collectivités (nationale, régionale, mondiale).

4. Parce que l'action éducative et la formation participent du contrat entre générations et qu'au fil des générations successives, elles ont des conséquences collectives aussi bien culturelles que sociales et économiques.

5. Parce que éduquer, c'est exercer une influence sur la vision que les jeunes se font du monde et d'autrui ; l'existence même de l'École oblige les familles à ne pas monopoliser cette influence, mais à la partager au nom d'un bien commun dont elle ne sont pas les seules garantes.

6. Parce que l'École publique, même si elle est loin de pratiquer l'égalité, garde une fonction centrale et croissante, que le marché ne peut pas remplir, de redistribution de ressources, de chances de vie et de destinées sociales.

Pour toutes ces raisons, il est nécessaire que l'État garde la responsabilité de l'École, même et surtout dans un monde où l'économie mondialisée cherche à imposer sa loi. L'éducation est un domaine qui doit relever du débat démocratique, du consensus construit progressivement entre les personnes, de la confrontation des points de vue dans des institutions qui permettent de faire émerger « le bien commun ».

Vers des « usagers » citoyens...

Mais peut-on prendre appui sur le fait que l'École doit être une « institution publique » pour récuser toute idée de « contrôle » par ceux pour qui elle est faite ?

Prenons l'exemple de la justice qui est l' « institution publique » par excellence : elle doit délibérément être au-dessus des intérêts individuels pour trancher en faveur de l'intérêt collectif. Le procureur ne s'adresse pas à des individus, il parle à des « justiciables ». Mais l'histoire montre que la fidélité de l'institution à sa mission passe par la prise en compte du point de vue des « justiciables » qui en observent, de l'intérieur, les dysfonctionnements. Ce qui est pris alors en compte, ce n'est pas le fait que le justiciable ait ou non satisfaction dans le différend qui l'a amené là. Mais le jugement qu'il peut porter, en tant qu' « usager » sur la façon dont l'institution fonctionne. Chaque justiciable, en effet, est aussi un citoyen qui peut s'exprimer sur ce qu'il a vécu dans l'institution judiciaire ; il peut tenter de convaincre d'autres citoyens que telle ou telle procédure est inadéquate ou injuste ; les citoyens, une fois convaincus, peuvent peser pour imposer un changement qui devra, alors, être entériné par les instances démocratiques légitimes. Le justiciable aura fait évoluer l'institution dont il était un « usager » de manière à ce qu'elle soit plus conforme aux principes qui la fondent.

De même, l'institution scolaire doit reconnaître que ses « usagers » – les parents et les élèves – peuvent contribuer à la faire progresser pour qu'elle soit vraiment fidèle au projet qui la fonde : démocratiser l'accès aux savoirs, former des citoyens lucides, actifs et solidaires. Cela n'implique pas que tous les élèves et leurs parents soient contents des résultats qu'ils obtiennent à l'école, ni qu'ils s'expriment publiquement à tout propos en montant en épingle leur cas individuel. Mais cela suppose qu'ils puissent s'exprimer sur les conditions de travail et d'apprentissage que l'École leur offre. Et, plus encore, qu'ils adhèrent au sens de l'institution scolaire.

Des changements profonds s'opèrent dans nos sociétés : les citoyens exigent plus de transparence, davantage d'informations, une rigueur plus grande dans l'explicitation des projets et des moyens mis en œuvre par leurs institutions. C'est la conséquence du développement du sens critique que l'École a elle-même contribué à promouvoir. C'est une réussite des enseignants. Il faut s'en réjouir et ne pas craindre, frileusement, que cela paralyse ou handicape nos institutions. Il faut, surtout, donner aux « usagers » les cadres nécessaires pour s'exprimer en tant que « citoyens » sur les institutions qui sont les leurs. C'est ainsi, par la confrontation des points de vue de chacun sur l'institution de tous, par la concertation régulière et poussée entre les différents partenaires de l'École, par de vrais débats démocratiques sur l'éducation que nous entendons donner à nos enfants, que l'institution scolaire progressera.

L'École publique : une garantie et une chance

Le XIXe siècle, siècle « éducateur » par excellence, faisait de l'instruction la condition de l'exercice de la démocratie. Il faut inverser la proposition : *c'est la décision démocratique qui, aujourd'hui, doit déterminer les finalités, les modalités et les conditions de l'enseignement dans l'institution scolaire publique*.

Ainsi, l'École publique restera publique si ses « usagers » participent à la définition de son projet et à l'invention des moyens de sa réussite. Elle restera publique si ses « usagers » croient fermement que le caractère « public » de cette institution représente pour eux, tout à la fois, une garantie et une chance. La garantie qu'aucun groupe de pression – social, idéologique ou commercial – ne viendra y imposer ses intérêts privés. La chance de pouvoir participer collectivement, dans un processus démocratique, à la définition de ses missions. Mais il faut, pour cela, que ceux qui en ont la charge sachent montrer que cette institution est bien effectivement, concrètement, une garantie et une chance... Et l'École, alors, restera publique parce qu'elle fera en permanence la démonstration de sa qualité.

En dépit, ou à cause, du spectre de la privatisation, dans le contexte de la mondialisation, un chantier considérable est ouvert : refonder l'institution scolaire. Les enseignants et leurs associations professionnelles y sont évidemment, de droit, les ouvriers de la première heure. Mais qui peut contraindre leurs partenaires – et les parents d'élèves, en particulier – à ne se présenter qu'à la onzième heure, quand la tâche serait finie et que les ouvriers rentrent à la maison ?

CONCLUSION

Pour aller plus loin ensemble...

Philippe Meirieu
professeur à l'université Lumière-Lyon 2

Les parents d'élèves et les enseignants veulent, les uns et les autres, une école de qualité. C'est leur droit. C'est même leur devoir. Mais la qualité ne se décrète pas. Elle se construit.

Dans la tradition républicaine, c'est l'État et son administration qui sont chargés d'imposer des normes assurant une égale qualité des enseignements sur tout le territoire national : ils le font à travers l'élaboration de textes réglementaires rigoureux, le contrôle hiérarchique par les inspecteurs de tous les niveaux de l'institution, la vigilance jacobine des gestionnaires, la formation des enseignants à une mission sociale et politique clairement identifiée, le respect scrupuleux de programmes nationaux garantissant l'unité nationale.

En matière scolaire, comme dans bien d'autres domaines, si nul ne conteste vraiment la nécessité du rôle de l'État, ce dernier, depuis vingt ans, est en train de changer : les lois de décentralisation, l'évolution du comportement des « usagers » des services publics, la reconnaissance de l'importance de la mobilisation des acteurs locaux dans des projets d'établissement modifient radicalement le paysage. L'État ne contrôle plus, il « régule ». La qualité ne vient plus de l'exigence du « sommet », elle se fabrique « à la base ». Certes, quand la base se trouve incapable, en raison de difficultés particulières, d'assurer une qualité minimale, l'État intervient : il corrige les trop grandes inégalités en injectant des moyens supplémentaires ou diligente des fonctionnaires pour rétablir la discipline républicaine.

Une telle évolution présente, à l'évidence, des dangers : on glisse facilement de la « mobilisation du local » à la « mise en concurrence des établissements ». On bascule ainsi d'une conception de la qualité fondée sur l'exigence de l'État, garantissant le bien commun, à une idéologie de la compétition où la rivalité est censée permettre à chacun de donner le meilleur de lui-même.

Et l'on en arrive ainsi à des alternatives radicales : vaut-il mieux un « service public » médiocre mais égalitaire, ou bien des « services au public » inégaux mais où peuvent exister des zones d'excellence représentant des modèles possibles pour le progrès de tous ? Vaut-il mieux des écoles identiques, sans originalité, sans effort pédagogique particulier... ou bien des écoles en concurrence invitant chaque parent à développer les stratégies les plus efficaces pour mettre ses enfants dans « la meilleure classe », au risque de laisser se développer de véritables ghettos ? En définitive : vaut-il mieux une école publique de mauvaise qualité, tirée vers le bas par le conformisme, la peur de se singulariser, l'incapacité à reconnaître et rétribuer les efforts de ses acteurs... ou bien une école privatisée (aussi bien dans l'actuelle « école publique » que dans les actuelles « écoles privées ») dans laquelle coexistent des filières et des établissements si hétérogènes que l'unité même de la nation en est compromise ?

Les parents d'élèves et les enseignants sont, ensemble, confrontés à la même difficulté : comment garantir la qualité du service public d'éducation en responsabilisant ses acteurs ? Comment assurer l'équité républicaine tout en affranchissant les personnes du contrôle tatillon d'une bureaucratie centralisatrice ? Comment offrir les marges de choix revendiquées légitimement par les personnes sans laisser se creuser des inégalités insupportables ?

Nous n'avons que trop tardé à poser ces questions et à engager une réflexion commune constructive. Nous avons laissé se développer de véritables guerres de religion que tout cet ouvrage nous invite à dépasser pour construire la paix civile sur un nouveau « pacte scolaire ».

Il faudra, pour cela, que les Français se donnent un vrai projet politique pour leur École. Qu'ils tranchent, au plus haut niveau, sur des questions aussi essentielles que les objectifs de la scolarité obligatoire, la carte scolaire, la mixité sociale dans les établissements et les classes, les droits et devoirs réciproques des élèves, des parents et des enseignants. Car c'est bien à l'État, à travers les institutions de la République, de garantir un projet éducatif national cohérent pour tous ses enfants. Et c'est au sein de ce projet que doivent être encouragées toutes les initiatives capables d'en favoriser la réalisation. L'appel au local ne constituera pas alors un danger de désagrégation du projet national, mais bien un moyen essentiel de sa réalisation. Au sein d'un service public national d'éducation aux finalités clarifiées, les acteurs pourront se mobiliser dans chaque établissement pour inventer les moyens de faire vivre ces dernières au quotidien. À chaque niveau, parents, enseignants, élèves et partenaires de l'école devront s'interroger collectivement sur les meilleures manières d'incarner cette « obligation de moyens » dont tout cet ouvrage dit l'importance capitale, et qui devra devenir progressivement le principe constitutif de la notion même de « service public ».

La France aime les paradoxes : les jacobins et les girondins s'y livrent en permanence à de subtils jeux de cache-cache. Bureaucrate, tatillonne, croulant sous les règlements et les contrôles, la France est aujourd'hui jacobine sur les moyens. En panne de projet national pour son École, elle est girondine sur les fins : du moment qu'un établissement scolaire respecte à peu près les formes administratives, il peut mettre en œuvre n'importe quelle politique éducative. C'est l'inverse qui doit s'imposer : nous devons inventer ensemble un service public résolument jacobin sur les fins et délibérément girondin sur les moyens. Ce ne sera pas facile tant le défi est nouveau. Raison de plus pour s'y mettre sans tarder.

TABLE DES MATIÈRES

Introduction : Les enseignants et les parents sont dans un bateau... un ministre tombe à l'eau..., *par Philippe Meirieu* 9

PREMIÈRE PARTIE

POUR UN NOUVEAU « PACTE ÉDUCATIF »

par Philippe Meirieu 13

DEUXIÈME PARTIE

LA SITUATION ET LES ENJEUX DE L'ÉCOLE AUJOURD'HUI

« C'était mieux avant ! » *ou* comment échapper à la nostalgie du tableau noir de la République, *par François Dubet* 91

« Ça coûte trop cher pour pas grand-chose ! » *ou* comment évaluer les coûts et les résultats de l'institution scolaire, *par Jean-Jacques Paul* 103

TROISIÈME PARTIE

APPRENDRE DANS L'ÉCOLE D'AUJOURD'HUI

« Rien ne vaut les bonnes veilles méthodes ! » *ou* comment échapper aux simplifications rapides, *par Cécile Delannoy* 125

« L'orthographe fout le camp ! » *ou* comment sortir de la désolation, *par Danièle Manesse* 134

« Il n'y a plus que la télé et les jeux vidéo ! » *ou* comment retrouver le goût des grandes œuvres, *par Jean-Michel Zakhartchouk* 148

« Les maths, c'est l'enfer ! » *ou* comment sortir du casse-tête des mathématiques, *par Roland Charnay* 161

« L'école, je n'en veux plus ! » *ou* comment faire face à un refus ou à un échec scolaires graves, *par Serge Boimare.* 179

QUATRIÈME PARTIE

AGIR ENSEMBLE DANS L'ÉCOLE D'AUJOURD'HUI

« Les notes, les bulletins, le travail à la maison, c'est la crise ! » *ou* comment mieux aider les enfants dans leur travail scolaire, *par Dominique Sénore* 197

« Ils ne savent plus se tenir ! » *ou* comment réapprendre à vivre ensemble, *par Bernard Defrance* 211

« Hors des grands lycées, point de salut ! » *ou* comment choisir la « bonne école », *par Gilbert Longhi* 223

« Les enseignants sont des irresponsables ! » *ou* comment reconstruire la confiance entre les familles et l'école, *par Hervé Baro* 235

« Les profs, on ne peut jamais les voir ! » *ou* comment renouer le dialogue dans l'intérêt de l'enfant, *par Claude Rebaud* 249

CINQUIÈME PARTIE

PROJETS ET UTOPIES

« Assez de pédagogie... qu'on travaille enfin ! » *ou* comment y voir clair dans un vieux débat, *par Daniel Hameline* 262

« Hors de la réussite scolaire, point de salut ! » *ou* comment faire de l'École un lieu créateur d'humanité, *par Albert Jacquard* 275

L'École publique, c'est dépassé ! *par Walo Hutmacher* 285

Conclusion : Pour aller plus loin ensemble, *par Philippe Meirieu* 295

ÉGALEMENT CHEZ POCKET
LITTÉRATURE GÉNÉRALE

ABGRALL JEAN-MARIE
La mécanique des sectes

ALBERONI FRANCESCO
Le choc amoureux
L'érotisme
L'amitié
Le vol nuptial
Les envieux
La morale
Je t'aime
Vie publique et vie privée

ALLÈGRE CLAUDE
Toute vérité est bonne à dire

ANTILOGUS PIERRE/
FESTJENS JEAN-LOUIS
Guide de self-control à l'usage des conducteurs
Guide de survie au bureau
Guide de survie des parents
Le guide du jeune couple
L'homme expliqué aux femmes
L'école expliquée aux parents

ARNAUD GEORGES
Le salaire de la peur

BARJAVEL RENÉ
Les chemins de Katmandou
Les dames à la licorne
Le grand secret
La nuit des temps
Une rose au paradis

BARRAULT MARIE-CHRISTINE
Le cheval dans la pierre

BERBEROVA NINA
Tchaïkovski

BERNANOS GEORGES
Journal d'un curé de campagne

BESSON PATRICK
Le dîner de filles
L'orgie échevelée
La Titanic

BLANC HENRI-FRÉDÉRIC
Combats de fauves au crépuscule
Jeu de massacre
Démonomanie

BOISSARD JANINE
Marie-Tempête
Une femme en blanc
La maison des enfants

BORDONOVE GEORGES
Vercingétorix

BORGELLA CATHERINE
Marion du Faouët, brigande et rebelle

BOTTON ALAIN DE
Petite philosophie de l'amour
Comment Proust peut changer votre vie
Le plaisir de souffrir
Portrait d'une jeune fille anglaise

BOUDARD ALPHONSE
Mourir d'enfance
L'étrange Monsieur Joseph

BOULGAKOV MIKHAÏL
Le Maître et Marguerite
La garde blanche

BOULLE PIERRE
L'épreuve des hommes blancs
La planète des singes
L'énergie du désespoir

BOVÉ JOSÉ
Le monde n'est pas une marchandise

Bragance Anne
Anibal
Le chagrin des Resslingen

Brialy Jean-Claude
Le ruisseau des singes

Burgess Anthony
L'orange mécanique
Le testament de l'orange
L'homme de Nazareth

Buron Nicole de
Chéri, tu m'écoutes ?
Mon cœur, tu penses à quoi ?

Buzzati Dino
Le désert des Tartares
Le K
Un amour

Carr Caleb
L'aliéniste
L'ange des ténèbres

Carrière Jean
L'épervier de Maheux
Achigan
L'indifférence des étoiles

Carrière Jean-Claude
La controverse de Valladolid
Le Mahabharata
La paix des braves
Simon le mage
Le cercle des menteurs
Entretiens sur la fin des temps

Cesbron Gilbert
Il est minuit, docteur Schweitzer

Chang Jung
Les cygnes sauvages

Chalon Jean
Le lumineux destin d'Alexandre David-Néel
Chère Marie-Antoinette
Journal de Paris 1963-1983
Journal d'Espagne 1973-1998

Chateaureynaud G.-O.
Le congrès de fantomologie
La faculté des songes

Chazal claire
L'institutrice
À quoi bon souffrir ?

Chimo
J'ai peur
Lila dit ça

Cholodenko Marc
Le roi des fées

Clavel Bernard
Le carcajou
Les colonnes du ciel
1. La saison des loups
2. La lumière du lac
3. La femme de guerre
4. Marie Bon Pain
5. Compagnons du Nouveau Monde

La grande patience
1. La maison des autres
2. Celui qui voulait voir la mer
3. Le cœur des vivants
4. Les fruits de l'hiver

Jésus, le fils du charpentier
Malataverne
Lettre à un képi blanc
Le soleil des morts
Le seigneur du fleuve
L'espagnol
Le tambour du bief
Les petits bonheurs

Collet Anne
Danse avec les baleines

Comte-Sponville André/ Ferry Luc
La sagesse des Modernes

Condé Maryse
Ségou
1. Les murailles de la terre
2. La terre en miettes

La colonie du Nouveau Monde
Désirada
La migration des cœurs
Le cœur à rire et à pleurer

Courrière Yves
Joseph Kessel

Cousteau Jacques-Yves
L'homme, la pieuvre et l'orchidée
La lampe de sagesse

Decaux Alain
L'abdication
C'était le xxe siècle
1. De la Belle Époque aux années folles
2. La course à l'abîme
3. La Guerre absolue
4. De Staline à Kennedy

Histoires extraordinaires
Nouvelles histoires extraordinaires
Tapis rouge

Deniau Jean-François
La Désirade
Mémoires de 7 vies
1. Les temps nouveaux
2. Croire et oser

Deviers-Joncour Christine
Opération bravo

Evans Nicholas
L'homme qui murmurait à l'oreille des chevaux
Le cercle des loups

Faulks Sebastian
Charlotte Gray

Fitzgerald Scott
Un diamant gros comme le Ritz

Forester Cecil Scott
Aspirant de marine
Trésor de guerre
Retour à bon port
Pavillon haut
Le seigneur de la mer

France Anatole
Crainquebille
L'île des pingouins

Franck Dan, Vautrin Jean
Les aventures de Boro
La dame de Berlin
Le temps des cerises
Les noces de Guernica
Mademoiselle Chat

Gallo Max
Napoléon
1. Le chant du départ
2. Le soleil d'Austerlitz
3. L'empereur des rois
4. L'immortel de Sainte-Hélène

La Baie des Anges
1. La Baie des Anges
2. Le Palais des fêtes
3. La Promenade des Anglais

De Gaulle
1. L'appel du destin
2. La solitude du combattant
3. Le premier des Français
4. La statue du commandeur

Genevoix Maurice
Beau François
Bestiaire sans oubli
La forêt perdue
Le jardin dans l'île
La Loire, Agnès et les garçons

Giroud Françoise
Alma Mahler
Jenny Marx
Cœur de tigre
Cosima la sublime

Grèce Michel de
Le dernier sultan
L'envers du soleil – Louis XIV
La femme sacrée
Le palais des larmes
La Bouboulina
L'impératrice des adieux

Halimi Gisèle
Fritna
Le lait de l'oranger

Hamilton Jane
La carte du monde

Hermary-Vieille Catherine
Un amour fou
Lola
L'initié
L'ange noir

Hirigoyen Marie-France
Le harcèlement moral

Jacq Christian
L'affaire Toutankhamon
Champollion l'Égyptien
Maître Hiram et le roi Salomon
Pour l'amour de Philae
Le Juge d'Égypte
1. La pyramide assassinée
2. La loi du désert
3. La justice du Vizir

La reine soleil
Barrage sur le Nil
Le moine et le vénérable
Sagesse égyptienne
Ramsès
1. Le fils de la lumière
2. Le temple des millions d'années
3. La bataille de Kadesh
4. La dame d'Abou Simbel
5. Sous l'acacia d'Occident

Les Égyptiennes
Le pharaon noir
Le petit Champollion illustré

Janicot Stéphanie
Les Matriochkas

Joyce James
Les gens de Dublin

Kafka Franz
Le château
Le procès

Kaufmann Jean-Claude
Le cœur à l'ouvrage
Corps de femmes, regards d'hommes
La femme seule et le Prince charmant

Kazantzaki Nikos
Alexis Zorba
Le Christ recrucifié
La dernière tentation du Christ
Lettre au Greco

Kennedy Douglas
L'homme qui voulait vivre sa vie
Les désarrois de Ned Allen

Kessel Joseph
L'armée des ombres
Le coup de grâce
Pour l'honneur

Lainé Pascal
Anaïs Mue

Lamy Michel
Les Templiers

Lapierre Alexandra
L'absent
La lionne du boulevard
Fanny Stevenson
Artemisia

Lapierre Dominique
La cité de la joie
Plus grands que l'amour
Mille soleils

Lapierre Dominique et Collins Larry
Cette nuit la liberté
Le cinquième cavalier
Ô Jérusalem
... ou tu porteras mon deuil
Paris brûle-t-il ?

Lê Linda
Les trois Parques

Lesueur Véronique
Nous, les infirmières

Levi Primo
Si c'est un homme

Lewis Roy
Le dernier roi socialiste
Pourquoi j'ai mangé mon père

Loti Pierre
Pêcheur d'Islande

Lucas Barbara
Infirmière aux portes de la mort

Mallet-Joris Françoise
La maison dont le chien est fou
Le rempart des Béguines
Sept démons dans la ville

Manfredi Valerio
Alexandre le Grand
1. Le fils du songe
2. Les sables d'Ammon
3. Les confins du monde

Mauriac François
Le sagouin

Michener James A.
Alaska
1. La citadelle de glace
2. La ceinture de feu

Mexique

Milovanoff Jean-Pierre
La splendeur d'Antonia
Le maître des paons
Russe blanc

Mimouni Rachid
De la barbarie en général et de l'intégrisme en particulier
Le fleuve détourné
Une peine à vivre
Tombéza
La malédiction
Le printemps n'en sera que plus beau
Chroniques de Tanger

Miquel Pierre
Le chemin des Dames

Mitterrand Frédéric
Les aigles foudroyés
Destins d'étoiles
Lettres d'amour en Somalie

Moggach Deborah
Le peintre des vanités

Monteilhet Hubert
Néropolis

Montupet Janine
La dentellière d'Alençon
La jeune amante
Un goût de miel et de bonheur sauvage
Dans un grand vent de fleurs
Bal au palais Darelli
Couleurs de paradis
La jeune fille et la citadelle

Morgièvre Richard
Fausto
Sex vox dominam
Cueille le jour

Nakagami Kenji
Mille ans de plaisir

Naudin Pierre
Cycle d'Ogier d'Argouges
1. Les lions diffamés
2. Le granit et le feu
3. Les fleurs d'acier
4. La fête écarlate
5. Les noces de fer
6. Le jour des reines
7. L'épervier de feu

Nin Anaïs
Henry et June (Carnets secrets)

O'Brian Patrick
Maître à bord
Capitaine de vaisseau
La « Surprise »
L'île de la Désolation
La citadelle de la Baltique
Expédition à l'île Maurice
Mission en mer Ionienne

Orban Christine
Une folie amoureuse
Une année amoureuse de Virginia Woolf
L'âme sœur
L'attente

Pears Iain
Le cercle de la croix

Perec Georges
Les choses

Peyramaure Michel
Henri IV
1. L'enfant roi de Navarre
2. Ralliez-vous à mon panache blanc !
3. Les amours, les passions et la gloire

Lavalette, grenadier d'Égypte
Suzanne Valadon
1. Les escaliers de Montmartre
2. Le temps des ivresses

Jeanne d'Arc
1. Et Dieu donnera la victoire
2. La couronne de feu

Picard Bertrand, Brian Jones
Le tour du monde en 20 jours

Purves Libby
Comment ne pas élever des enfants parfaits
Comment ne pas être une mère parfaite
Comment ne pas être une famille parfaite

Queffelec Yann
La femme sous l'horizon
Le maître des chimères
Prends garde au loup
La menace
Noir animal

Revel Jean-François
Mémoires
La grande parade

Rey Françoise
La femme de papier
La rencontre
Nuits d'encre
Marcel facteur
Le désir

Reynaert François
Nos années vaches folles

Rice Anne
Les infortunes de la Belle au bois dormant
1. L'initiation
2. La punition
3. La libération

Rifkin Jeremy
Le siècle biotech

Rivard Adeline
Bernard Clavel, qui êtes-vous ?

Roberts Monty
L'homme qui sait parler aux chevaux

Rouanet Marie
Nous les filles
La marche lente des glaciers
Les enfants du bagne

Sagan Françoise
Aimez-vous Brahms…
… et toute ma sympathie
Bonjour tristesse
La chamade
Le chien couchant
Dans un mois, dans un an
Les faux-fuyants
Le garde du cœur
La laisse
Les merveilleux nuages
Musiques de scènes
Répliques
Sarah Bernhardt
Un certain sourire
Un orage immobile
Un piano dans l'herbe
Un profil perdu
Un chagrin de passage
Les violons parfois
Le lit défait
Un peu de soleil dans l'eau froide
Des bleus à l'âme
Le miroir égaré
Derrière l'épaule...

Saint-Exupéry Consuelo de
Mémoires de la rose

Salinger Jerome-David
L'attrape-cœur
Nouvelles

Sarraute Claude
Des hommes en général et des femmes en particulier
C'est pas bientôt fini !

Saumont Annie
Après
Les voilà quel bonheur
Embrassons-nous

Sparks Nicholas
Une bouteille à la mer

Steinberg Paul
Chroniques d'ailleurs

Stocker Bram
Dracula

Tartt Donna
Le maître des illusions

Thibaux Jean-Michel
Pour comprendre l'Égypte ancienne
Pour comprendre les celtes et les gaulois
Pour comprendre la Rome antique
Le roman de Cléopâtre

Troyat Henri
Les semailles et les moissons
1. Les semailles et les moissons
2. Amélie
3. La Grive
4. Tendre et violente Elisabeth
5. La rencontre

La ballerine de Saint-Pétersbourg

Valdés Zoé
Le néant quotidien
Sang bleu *suivi de*
La sous-développée
La douleur du dollar
Café nostalgia

Vanier Nicolas
L'odyssée blanche

Vanoyeke Violaine
Une mystérieuse Égyptienne
Le trésor de la reine-cobra

Vialatte Alexandre
Bananes de Königsberg
Chronique des grands micmacs
Dernières nouvelles de l'homme
L'éloge du homard et autres insectes utiles
Et c'est ainsi qu'Allah est grand

Villers Claude
Les grands aventuriers
Les grands voyageurs
Les voyageurs du rêve

Waltari Mika
Les amants de Byzance
Jean le Péregrin

Wells Rebecca
Les divins secrets des petites ya-ya

Wickham Madeleine
Un week-end entre amis
Une maison de rêve

Wolf Isabel
Les tribulations de Tiffany Trott

Wolfe Tom
Un homme, un vrai

Xénakis Françoise
« Désolée, mais ça ne se fait pas »

Achevé d'imprimer sur les presses de

BUSSIÈRE

GROUPE CPI

à Saint-Amand-Montrond (Cher)
en août 2001

POCKET - 12, avenue d'Italie - 75627 Paris Cedex 13
Tél. : 01-44-16-05-00

— N° d'imp. 14474. —
Dépôt légal : septembre 2001.

Imprimé en France